为了人与书的相遇

威廉 · 莎士比亚（1564—1616）

目 录

作者前言

本书之意不在论述莎士比亚的戏剧和诗歌，而是记述产生这些诗歌和戏剧的主要社会生活。这是无以计数的尝试中的又一次尝试。倘若我论及莎士比亚和其他人的一些作品内容或写作手法，我的目的不在于提供文学史料或进行文艺批评，而是因为本书涉及的人物大多是职业作家，他们在艺术上的追求往往与他们如何对待自己的生活密切相关。但第一位的毕竟是生活，尤其是某个特殊人物的生活。我知道，由于可以用作撰写莎士比亚传记的史料寥若晨星，人们惯于用约翰逊博士[1]或许会称为“歌功颂德狂想曲”之类的东西凑数。但是，我们又全都厌烦人家再要求我们称颂莎士比亚运用元音和跨行句的风格，或者要求我们感奋于他的哲理的现代性，或他对于人类心灵的深刻了解。真正的文学批评自然又当别论，但是这已经成为一项非常专门的事业，这样的一部书肯

---

1 塞缪尔·约翰逊（Samuel Johnson，1709—1784），一般称为“约翰逊博士”，英国著名作家、文学批评家、词典学家，曾编注《莎士比亚戏剧集》，编纂第一部英语词典。

定是容纳不下的。

我在这里所要求的，是古往今来每一个莎士比亚爱好者按自己的意思为莎士比亚画像的权利。人们没有合适的颜料和画笔，知道自己终将画出拙劣失真的肖像。不过，我可以求助于一些真正的画像，或者换一句话说，我的任务是帮忙画好这些画像。

关于莎士比亚，我已经写过两部虚构作品——一部是长篇小说，是为了 1964 年纪念他的四百周年诞辰，多少有点仓促写成的；另一部是关于他生平的剧本，是为一部长过史诗片的好莱坞电影写的。这两部作品既有大量经得起考证的史实，也有大量揆度，甚至还有连依据都没有的虚构。现在这部书只作推断而杜绝虚构，审时度势、小心翼翼地择词，如“很可能是……”，“可以想象，当时会……”，等等。不过有一章，我在再现《哈姆莱特》的首演情景时，压下了那嘶哑的要求审慎的小小鼓号声，大胆断定那位演员赖斯是威尔士人，而没有说他可能、或许是威尔士人，甚至还让他在《亨利五世》和《温莎的风流娘儿们》中扮演弗鲁爱林和休·爱文斯师傅的角色。在此，读者可以看到一个小说家的手笔，但愿他们能够适当通融。除此之外，其他章节的所有断语都可以视为真实无谬的。

我曾经写过一篇文章说，倘若在发现莎士比亚的一部新剧和发现他的一张洗衣单之间可以任选其一，我们每次都会投票选他的脏衣服。莎士比亚给人留下的形象始终是如此模糊不清，而他的朋友本·琼生[1]却像一口钟那样清晰，而且比钟还要响亮，这就是我们对莎士比亚尾随不舍的原因之一。每个传记作家都盼望自己觅得一鳞半爪反映莎士比亚真实生活的新线索，譬如 1598 年 5 月 7 日撕裂的一片指甲，或在英王詹姆斯一世首次召剧团入宫演出时患重感冒；然而这种线索始终未见。我们从莎士比亚的十四行诗中看到他披露心迹，但是这些诗只能证明他坠入了情网，然后又挣扎了出来，这是人人都会遇到的事情。我们需要的是足以形成一个人物的书柬、药方和日常琐事。令人恼怒的是莎士比亚什么也没有提供，而琼生却是顶着山一般高的肚皮，板着岩石一般硬的面孔，迫不及待地凑上来说话。我们只是从今昔沃里克郡毫无根据的街谈巷议中才知道，莎士比亚不会喝酒，还染上了淋病。不过，街谈巷议意味着关切，乃至爱戴。令人鼓舞的是，今天能够看到莎士比亚有时会被当做活着的民间精灵，涂在厕所的墙上，或出现在小酒店的玩笑声中。可惜本书容纳不下这些东西，因为它尽管有许多缺点，还是太真实可靠了。

安东尼·伯吉斯

1970 年于马耳他

1 本·琼生（Ben Jonson，约 1572—1637），英国剧作家、诗人、评论家，其艺术创作对英语诗歌和舞台喜剧产生了持久影响，被认为是詹姆斯朝仅次于莎士比亚的剧作家。

序　幕
Prologue

伊丽莎白一世于1558年登上英国王座，时年二十五岁，那是我们视为她最伟大臣民的那个男子诞生前约六年。她是亨利八世与安妮·波琳所生的女儿。亨利王执意娶那位年轻女子为妻，终于造成英国王室离异和立新教为国教的一段历史。在英国和异邦的天主教徒眼中，伊丽莎白无权继承王位，因为她不是合法婚姻所生。然而，西班牙国王本人虽说不久便成为伊丽莎白的死敌，眼下却是支持她：不让信奉新教的伊丽莎白登基，就要让信奉天主教的苏格兰女王玛丽即位，而玛丽是嫁给法国皇太子的。法国和西班牙这两个天主教大国之间的争斗，使信奉新教的英国得以幸免于纷扰。等到法国皇太子去世，西班牙可以放手以天主教反改革派的名义征服英国时，英国已强大得无法征服了；不过，这一点是两国经历了长时间的艰苦斗争才得以证明的。

伊丽莎白青年时代的英国缺钱少船，兵力不足，穷得对外无以御敌自卫，对内难以制服政敌；所谓政敌，主要是那些认为她的新教主张走得太远和那些认为她走得还不够远的人。英国的全部岁入仅及五十万镑，根本无法维持一架名副其实的专制主义机器，包括庞大的官僚机构和秘密警察系统。伊丽莎白若想稳坐王位，达到安内以及攘外的双重目的，只能运用诸如狡黠、魅力和外柔内刚等个人禀赋。她具有男子的头脑和女子的心术。

伊丽莎白是个有学识的女子，通晓语言学、神学、音乐、诗歌，酷爱戏剧、露天表演、狩猎和舞蹈。她聪敏过人，始终不愿结缡，而是以其未婚女子（称为“处子”）之身作为诱饵，作为武器。她继承了父亲的倔强执着的品格和爱国热忱，摈除了他的暴戾脾性。她继承了母亲的妩媚和妖娆，摈除了她的愚鲁和轻率。伊丽莎白头脑清醒，因而能够保住自己的脑袋。她也始终守住了自己的一颗心，不让任何男子掳去。苏格兰女王先是心被掳去，接着脑袋也丢了。伊丽莎白是即位四十五载之后才尽其天年的。她幸而有诸如威廉·塞西尔勋爵[1]、弗朗西斯·沃尔辛厄姆爵士[2]等大臣的辅弼，而这些人也有幸得到她的恩宠。

伊丽莎白喜欢以自己的方式执掌朝政，但是她并不热衷于使用专制的手段。她曾对国会说：“我感激上帝赋予我如此品格，使我即便是被剥去衮服逐出王国疆界，依然可以穿着荆钗布裙，在任何信奉基督的土地上生活。”她珍惜自己的个性，也珍惜他人的个性，只要这种个性能够用于增进本国的利益。在她的治理之下，英国变成了赫赫海洋大国。个人的占有欲磨砺着人们的航海本领，那正在开拓的新世界有大量

---

1 威廉·塞西尔（William Cecil，1520—1598），第一代伯利勋爵，著名政治家，先后担任英国国务大臣和财政大臣四十年，是伊丽莎白一世的主要顾问。

2 弗朗西斯·沃尔辛厄姆（Francis Walsingham，约 1532—1590），曾任英国国务大臣，为伊丽莎白一世建立了庞大的特务机构。

的财富，等待着勇敢、好奇的人们去占有。在这种占有欲中注入爱国主义精神和对于克兰默[1]祈祷书的爱好，便可获得一支足以荡平拥有任何数量不可战胜的无敌舰队的海军。

英国一度处于世界的边陲。如今美洲大陆被发现继而开拓为殖民地，英国成了世界的中心。英伦三岛上的居民重新感到了自己的重要，重新感到了自己的力量，激发起一种热情和活力，一种简直是亘古未有的对于生活的热爱。甚至对于自己的语言，那遥远的、一度被冷落的方言，也引以为豪，并且渴望造就一种堪与当时的意大利文学媲美，甚而接近古罗马文学的英国文学。英语本身也在熔炉里熔炼——它不是一成不变的、高雅的、由大学才子们控制的语言，而是粗犷的、丰富的、随时准备进行任何探险使之更加丰富的语言。英语就像是那艘“金鹿”号航船[2]。

这是有利于一位伟大的英国诗人诞生的时代。

1 托马斯·克兰默（Thomas Cranmer，1489—1556），英国新教改革领袖，英王亨利八世委任的第一个新教坎特伯雷大主教，曾编纂许多祈祷书，玛丽一世即位恢复天主教为国教后被当做异教徒烧死。

2 1577 年英国冒险家弗朗西斯·德雷克（Francis Drake）指挥“金鹿”号（Golden Hind）帆船开始环球航行，远航至西班牙在美洲的殖民地掠得大批财物，1580 年回国后受到伊丽莎白一世的加封。

第一章 家庭
Home

莎士比亚在戏中说了许多反对追逐功名利禄的话，但这只是戏，只是供人们打发三两个无聊时辰的娱乐，不是作者深思熟虑之后表达自己信念的严肃声明。关于这个手套工匠、剧作家、诗人、演员和乡绅的人品，我们知之甚微；但我们确实知道的一点就是，他热衷于功名利禄。我们可以把这看做是他从父亲那里继承的品质，因为约翰·莎士比亚也是热衷于功名利禄的。约翰的父亲理查·莎士比亚是沃里克郡埃文河畔斯特拉福镇（Stratford-on-Avon）东北数英里外斯尼特菲尔村的一个自耕农。约翰并不满足于为菲薄的收入在田间耕作，也不甘心在手足胼胝的乡巴佬中间苦度终生。于是，他成了店主，并且逐渐上升，终于爬到了在一个美丽的市镇上担任长老议员的显赫地位。

早在十六世纪中叶，斯特拉福已是一个美丽的市镇。它坐落在绿树成荫的河谷，镇上居民约一千五百人，周围作物繁茂，牛群满谷。当时有一部地名词典概之为 Emporium non inelegans——一座不乏优雅诱人之处的集镇。它离伦敦不出一百英里，与伍斯特、沃里克、班伯里、牛津等中部历史名城交通畅达；它不是死气沉沉的穷乡僻壤。镇上的建筑遐迩闻名。圣三一教堂和圣十字公会的小教堂都是十三世纪的建筑物。埃文河上架着休·克洛普顿爵士（Sir Hugh

Clopton）在 1490 年修建的一座大桥，风格不落俗套。克洛普顿爵士永远使人想起世上尚有更伟大的抱负，远非约翰·莎士比亚之流所能实现，因为他离开斯特拉福，去伦敦就任市长了。即便是威廉·莎士比亚也未曾有过这份尊荣，不过他的抱负不在市政方面。对于他，能够买下休·克洛普顿爵士留在斯特拉福镇那所房子[1]，并在那里扮演他最后的角色——一位退隐的普通乡绅，这已经是心满意足的了。

就一个自耕农的儿子通常所能实现的目标而言，约翰·莎士比亚的抱负——做一个生意兴隆的小镇店主和受人尊敬的小镇议员——已经很体面了。然而他尚有其他奢望，一种神秘莫测的、涉及血统的奢望。他想使自己的姓氏周围不但有今日业绩的光辉，还有昔日荣誉的氛围。Shakespeare 无论过去还是现在都是一个令人十分称心如意的姓氏，因为它意味着进击和情欲[2]，任何离奇的拼法——比如 Shogspar，Choxper，或者文书们独出心裁的其他拼写——都不能完全掩盖莎士比亚某个远祖的好斗形象。不过约翰知道，莎士比亚不是贵族的姓氏。十六世纪七十年代，当他第一次申请一幅家徽，即要求朝廷承认他拥有乡绅的地位时，他求助于某个据说曾经得到亨利八世册封的、朦胧而伟大的远祖的亡灵。人们始终不知道约翰的这位远祖到底是谁，因为他未做任何

---

1 即“新宅”（New Place）。莎士比亚后来买下这所“当地最好的住宅”，并于四十八岁退隐故里后在此颐养天年。

2 莎士比亚的姓氏 Shakespeare，是“挥舞长枪”的意思。

说明便很快撤回了申请，撤回的原因我们以后再说。1596 年约翰重新提出申请，其信心在很大程度上来自儿子威廉的成就（而且是钱财更甚于艺术方面的成就），但此时他关于血统的主要依据是从别处获得的。他希望自己娶了“尊敬的乡绅亚登之嗣女”一事，可以打动纹章院首席执掌的心。我们知道纹章院最终还是授予他一幅家徽，而且我们还可以假设他们更多是根据莎士比亚的成就而不是亚登的血统。尽管如此，在 1599 年确认授予他那幅家徽时，纹章院正式加了这样一句话：“我们同样已将此家徽与上述韦林考特的亚登之古老家徽另合于一盾。”

韦林考特实际上是威姆考特，位于斯特拉福西北三英里，威廉·莎士比亚和当地人称之为温考特，而温考特之名曾在《驯悍记》的序幕中提到。亚登之嗣女就是玛丽。莎士比亚一家在约翰另辟蹊径之前，一直是亚登家的佃户。一个自耕农佃户的儿子追求一个贵族地主小姐，并且赢得了她的欢心，其中自有其令人心满意足的浪漫之处。然而，亚登家族便是血统高贵，其景况也不尽然高贵了。罗伯特·亚登是威姆考特的农庄主，理查·莎士比亚就是在他经营的斯尼特菲尔农庄上做佃户。罗伯特的生活是舒适的，但他必须为这舒适的生活付出力气。他在家中是最小的儿子，处于法国人称之为“小兄弟”（cadet）的地位。亚登家族的真正荣誉和财富不在斯尼特菲尔农庄，而是在伯明翰附近一个叫做派克府的宅第。尽管如此，小兄弟对自己属于这样一个家族依然可以感到自豪，他们在诺曼人征服英国[1]之前就很有势力，其财产在“征服者”威廉一世治下损失甚微。当英国还是一个盎格鲁－撒克逊王国的时候，亚登家族原称特奇尔家族；盎格鲁－撒克逊的姓氏成了被征服者的象征以后，他们就改用了亚登这个中部大森林的名字。这个亚登森林不是《皆大欢喜》中那个亚登森林，那个森林是莎士比亚别出心裁的创造，不过人们可以想象，这是他不无自豪地按他母亲娘家的姓氏创造的。《皆大欢喜》中的亚登森林也是一位公爵的领地，威廉·莎士比亚还在其中细心地安插了一个威廉。

玛丽是罗伯特·亚登的第八个女儿。罗伯特在1556年去世时，留给她的那份遗产意外可观：六镑多的现款和一个六十英亩的农庄，叫阿斯比斯。这农庄在那个准备娶她的男人看来，必然是一宗日后可作抵押的有用的家产，其现金价值比耕种价值重要。他很高兴自己能在1578年穷途潦倒的日子里用它押得四十镑钱。不过在1557年，即大体是他们结婚那年，他们感受到的只是新生活带来的兴奋。这自耕农的儿子是个独立的老板，那贵族的女儿就是老板娘，两口子在一座繁华而不俗的乡间集镇拥有自己的房屋和店铺。他们乐于摆脱祖辈传下的农家生活的格局，这在某种意义上说是颇有伊丽莎白朝的特色的，不过玛丽可能比约翰守旧一些。他们

1　1066年诺曼底公爵威廉引兵渡海征服英国，结束了盎格鲁－撒克逊人对英国的统治。

离玛丽娘家的宅院和庄园只有数英里，与几位长房无疑也有往来；这些亲戚从派克府取道牛津去伦敦途中，甚至会在斯特拉福镇亨利街的店堂歇脚。至于宗教信仰，亚登家族多半笃信古老的天主教，而作为店主的约翰·莎士比亚则很可能赞成严格的勃朗主义或清教徒的信条；这种信条最终将在英国中部盛行，并且把全国变成一个神圣共和国。[1]无论约翰还是玛丽，我们都没有史料可以说明他们是非常虔诚的教徒；这种不冷不热的态度，加上对于社会地位的追求和对于自己家族的炽烈的（或热切的）自豪，似乎都传给了长子。

约翰·莎士比亚经营的是手套生意，他必定还以此为基础顺便做些其他买卖：除了对小牛皮的商业价值发生兴趣外，对牛犊身上的其他产品肯定也有兴趣。他可能买回活牛，宰好卖掉牛肉，然后再裁出手套的皮料。有人无疑会把约翰说成是屠夫，还让年轻的威廉在高谈阔论中屠宰小牛，让他再现那血淋淋的献祭演变为戏剧的过程，似乎他就是勃鲁托斯[2]，而那些小牲畜则个个都是凯撒。请回忆《哈姆莱特》中这样的对白：

---

1 勃朗主义者（Brownist）代表英国新兴资产阶级，主张各教堂脱离国教，由教徒自己管理；领导人罗伯特·勃朗（Robert Browne，约 1550—1633）后期背叛自己的主张，成为国教的牧师。“神圣共和国”指 1649 年克伦威尔处死查理一世后建立的共和政体。

2 勃鲁托斯（Brutus，前 85—前 42），罗马共和国晚期元老院议员，出身贵族世家，后来组织并参与了对凯撒的谋杀。凯撒十分喜爱勃鲁托斯，死前最后的遗言感叹为何是勃鲁托斯杀了他。

波洛涅斯：我扮的是裘力斯·凯撒；勃鲁托斯在朱庇特神殿里把我杀死。

哈姆莱特：他在神殿里杀死了那么好的一头小牛，真太残忍了。[1]

这些都是凭空想象的，信不信悉听尊便，只要不去想象莎士比亚的住处满屋飘香就可以了。威廉的家可能不是一个屠房，但他无疑是在某种特殊的臭气中诞生的。至于手套生意，我们千万不能以为约翰·莎士比亚会像如今人们开设一爿烟草铺那样，怀着逢场作戏的轻松心情开始这种营生。他必须是手套制作、鞣革和制领行会的会员，而这又需要七年的学徒期。按斯特拉福的镇志记载，早在 1552 年他就在亨利街做手套生意了。他和玛丽·亚登想必是在他生活安定的时候结婚的；人们买他的手套，前途一片光明。约翰擅长装饰五指，他的儿子日后则擅长装饰五音步。[2]

在公职方面，约翰·莎士比亚结了婚、生活安定下来之后便开始一帆风顺。镇上一个单身议员是无法显得干净利落的：镇长请客，议员就需要有一个妻子相随赴宴；同僚显达登门拜访，玩弄政治游戏（“如果我们争取到足够的选票，我们就可以把此公和他的议案一起搞掉！”），他也需要有个主妇在

1 见《哈姆莱特》第三幕第二场。

2 莎士比亚十四行诗均采用“抑扬格五音步”。

餐桌旁斟酒让菜。1557年，约翰当选为市镇议会议员，并被委以麦酒品尝吏这样一个需要头脑清醒的差使。他在1558年是治安官，1559年是量罚吏（地方法院裁决罚金，其金额需酌情量定，并无条文可循）。然后1562年他被任命为司库官。他就任此职达四年之久，这是没有先例的。司库官的责任非常重大，它包括掌管全镇的账目，在发生瘟疫（如1564年威廉出生那年就发生过）之类的灾祸时赈济灾民，有剧团来访时发放菲薄的酬金等等。因此，女王剧团来斯特拉福演出时给九先令，伍斯特伯爵剧团来时给十二便士（说十二便士而不说一先令听起来多一点），这就是约翰的所作所为了。我无需强调约翰任司库官期间的这类事情与我们的主题有什么关系。年轻的威廉了解演员，知道他们如何搭班子，做些什么事。1568年约翰当上了民政官，这项任命使他得以自称乡绅，并且谋求一幅家徽。

我们知道约翰提出了这项要求，但是后来又撤了回去。1577年，在担任公职及要员二十年后，他不再出席市镇议会的会议。他出了一点事。1578年，他是未能为镇上一支治安队——四人执钩刀，三人执长矛，一人执弓箭——提供经费的六名长老议员之一，他也不再支付长老议员法定每周四便士的贫民救济金。他负债了。1579年，他不得不将妻子的阿斯比斯农庄抵押出去。可以想象，他为了公务，即为了自己仕途的荣誉，忽略了店堂里的生意。1586年，由于他未能在生意上尽心，自然也就被剥夺了仕途上的权利：“莎士比亚先生接到通知不出席镇务会议，并且长期缺席。”他告别了长老议员的毛皮大衣。

约翰·莎士比亚还遇到了其他麻烦。1580年，他和同区的一百四十人受到威斯敏斯特高等法院传讯，要他们为不再破坏女王陛下的安宁具保。他没有出庭，因而被课以二十镑罚金。同时，他还因为曾替一个跟他处境相同的人作保，另被罚了二十镑。其实，他并没有作出任何惊人的举动破坏女王陛下的安宁。他很可能只是怏怏不乐而怒形于色，不做礼拜又不去参加镇务会议而已。不参加英国国教的礼拜仪式就是违法，就是破坏安宁。无论我们多么一厢情愿，也不能想象他会在酒后大声宣扬清教的上帝比国教的上帝好；拒绝服从国教，可以采取消极行动。三年后，玛丽·莎士比亚的娘家就爆发了反对国教的积极行动。亚登家族的一名成员由于参与一宗天主教的阴谋被砍头，而这头颅又被悬挂在伦敦桥头示众，供鸢鹰们啄食。莎士比亚家的人都知道，有个人随时准备无情打击天主教和清教这两个异端邪说。此人便是坎特伯雷大主教惠特吉夫特[1]；他从伍斯特主教区升任英格兰新教上帝的正式执鞭，是个十分讨厌的家伙。约翰·莎士比亚未能实现自己的小小抱负，却尝到了刑罚的厉害。只是到了十六世纪最后几年，威廉赚了钱重整门楣，事情才又好了起来。

---

1 约翰·惠特吉夫特（John Whitgift，约1530—1604），1583年任坎特伯雷大主教，曾任伊丽莎白一世顾问，以残酷镇压宗教异端著称。

威廉是莎士比亚家的第三个孩子，但又是第一个度过幼儿期生存下来的孩子。琼出生于1558年。没有史料记录下她是什么时候死的，但是我们应当假定她在1569年第二个琼出生前就已经不在人世了。这第二个琼日后证明，琼这个名字本身并非缺乏生命力。她活到七十七岁的高龄，而且在嫁给帽商威廉·哈特以后，成为莎士比亚家族繁衍后代的唯一成员，使莎士比亚家族的血脉至今依然在哈特家族的血管中搏动。约翰和玛丽的第二个孩子玛格丽特生于1562年11月，卒于翌年4月。在英格兰，4月一向是个残酷的月份，不仅是《荒原》[1]中那种讽刺意义的残酷。水仙花虽然开放，但是寒风刺骨，人们经过漫长的冬季之后，体质虚弱。他们的另一个女儿安妮，是在1579年4月八岁时夭折的。威廉本人日后也将在4月故世。不过，他也敢于违反天意，偏要在4月出生。那是1564年，在一个疫疠肆虐的季节里。毫无疑问，他的母亲决意保住这第三胎也是第一个儿子的小生命，匆忙把他带到威姆考特，带到远离疫区、空气洁净的地方。

我们不知道威廉的确切诞辰，但是教区记事录中有这样的记载：威廉，约翰之子，1564年4月26日受洗。那时，天主教依然保留着婴儿出世后尽早接受洗礼的老习俗：洗去孩子灵魂上的原罪，这样即使他立即夭亡，知道他不是在地狱边缘受苦，多少也是一种宽慰。既然威廉殁于1616年4月

1 《荒原》(*The Waste Land*)，T. S. 艾略特的长诗，其中有“四月是残酷的月份”句。

23 日，人们就顺便把他的生日定为 4 月 23 日。这也是圣乔治节，有助于加强莎士比亚作为英格兰沙文主义荣耀的作用。[1] 巧妙的对称是一种无伤大雅的魔术。我们将会看到它切中《圣经 · 诗篇》第四十六篇中的诗句，把莎士比亚的伟大姓氏拆成两节，分别插在其他光辉字眼中间，使之永垂青史。[2] 莎士比亚也一度被认为是在人类遗传学上创造奇迹的人。他的第一个孩子在他婚后六个月便来到了人间，而且活得欢蹦乱跳。谁都不敢把犯过失的污名加于这位诗圣。因此，是上帝对他特别恩宠，缩短了他妻子的妊娠期。

由于我们仰慕其人，或者更确切地说，仰慕其作品——这是偶像崇拜的副作用——连他的名字也附上了一种魔力。譬如我们总是喜欢认为，史上唯一一位英国籍教皇尼古拉斯 · 布雷克士比亚 [3]，是诸神想使他成为世界伟人而把他归入了恰到好处的姓氏范围；当然，如果他也姓莎士比亚那就太过分了。这位艾德里安四世以其训令《可赞颂者》(*Laudabiliter*)，折断了爱尔兰的长枪。而与他的姓氏同韵的那个人，则完全

---

1 圣乔治（St. George）为英国的守护神，传说曾杀恶龙。

2 莎士比亚（Shakespeare）的姓氏原意为“摇动长枪”（Shake speare），《圣经 · 旧约 · 诗篇》第四十六篇有“山虽摇动……耶和华……折弓，断枪”等句。详见本书第十八章。

3 尼古拉斯 · 布雷克士比亚（Nicholas Breakspear，1100—1159），即罗马教皇艾德里安四世，1154 至 1159 年在位，据说曾将爱尔兰作为教皇封地赠予英王亨利二世。其姓氏意为“折断长枪”，后半部与莎士比亚的相同。

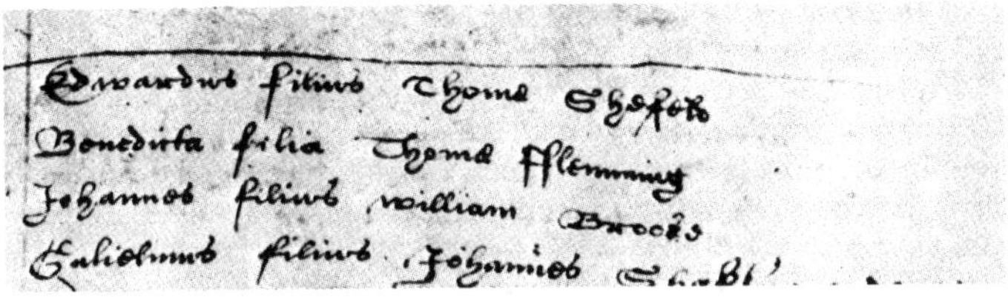

圣三一教堂的记事录中记载着莎士比亚接受洗礼的日期为1564年4月26日，这是有关这位诗圣的最早的文字记载。

是一副好斗但亲切的形象。[1]神在做些什么自然自己心里有数。至于教名，我们则愿意认为“威尔”这个昵称是最恰当不过的。我们不想称弥尔顿为杰克，不过莎士比亚似乎要求人家对他用亲昵的称呼。这与一种富于创造力的情欲、对淫词亵语的癖好和下面这首十四行诗中描述的复杂的吁求有关：

假如女人有满足，你就得如“愿”，
还有额外的心愿，多到数不清；
而多余的我总是要把你纠缠，
想在你心愿的花上添我的锦。
你的心愿汪洋无边，难道不能
容我把我的心愿在里面隐埋？
难道别人的心愿都那么可亲，
而我的心愿就不配你的青睐？
大海，满满是水，照样承受雨点，
好把它的贮藏品大量地增加；
多心愿的你，就该把我的心愿
添上，使你的心愿得到更扩大。
　　别让无情的“不”把求爱者窒息，
　　让众愿同一愿，而我就在这愿里。[2]

---

1 “莎士比亚”与“布雷克士比亚”韵脚相同。“莎士比亚”可以拆分为 shake 和 spear，意为“摇动长枪”，故不如“折断长枪”富有侵略性。

2 莎士比亚十四行诗第 135 首。

在此，诗人最大限度地利用了威尔（Will）这个名字的涵义：肉欲、阳物、阴户等。[1]这首十四行诗用语俏皮、淫秽，必然是供人抄录、记熟并在客栈或伦敦四法学院吟哦取乐的。在此，我们看到威尔怀着更大的雄心走在伦敦街头。威尔·莎士比亚——这名字是对雄性穿插能力的一首小小的赞歌：此乃摇动长枪、穿透女儿膜者也。从现在起，我们将称他威尔而不是威廉。

威尔诞生并幸免于夭亡之后，莎士比亚家的男性成分开始顽强地维护自己的权利。第二个儿子吉尔伯特、第三个儿子理查分别于1566年和1574年出世。最后一个儿子叫埃德蒙，生于1580年，即莎士比亚家道中落的那年。如果不算第二个女儿琼，他们的寿命都不长：威尔活到五十二岁，吉尔伯特四十五岁，理查三十八岁。与威尔一样成为演员的埃德蒙，仅活了二十七个年头。除威尔以外，兄弟数人膝下均无子女，威尔的儿子也在十一岁时夭折。这样，玛丽·莎士比亚一共生下子女八人，三人幼年早殇，只有一人达到古稀寿数。

我们不知道威尔的兄弟姊妹是什么模样。关于他们的生平，我们也一无所知，甚至连埃德蒙的舞台生涯都没有一点记载。十八世纪时有人说：吉尔伯特有一次去伦敦，看到哥哥威尔扮演一个风烛残年的长须老者，需要由别人抬到桌旁

1 诗中的“愿”、“心愿”，英文为Will，尚有“肉欲”的意思，与莎士比亚的教名威廉的昵称威尔同为一词，因而有双关或更多的涵义。这是莎士比亚时代流行的一种文字游戏。

用餐，边吃边听人唱歌。这显然是指威尔扮演《皆大欢喜》中的亚当。至于理查，理查只不过是一个人名罢了。

威尔的兄弟姊妹相貌如何，性格怎样，如果我们大胆设想一番，把这作为充实威尔实际生活背景的一种手段，也是无伤大雅的。我们完全可以想象，威尔是一个住在亨利街那所房屋里会吃、会唱、会睡觉的孩子；为了方便起见，也可以让他周围的人显得更实在些，而不只是一重重挂着名牌的亡灵的虚光。就我而言，我愿意利用《爱的徒劳》中那首歌，把他的妹妹琼设想为满身油污、大部分时间在冷水中刷锅洗盘的姑娘。[1] 我把吉尔伯特看作是个虔诚得乏味，或许还患有癫痫的人，《裘力斯·凯撒》和《奥赛罗》中的癫痫均源于此。我想象他是个迟钝的割皮工，慢吞吞地裁割着手套的手掌和边角皮料，生来就是他父亲在手套业中的继承人。关于理查，詹姆斯·乔伊斯在《尤利西斯》的《西拉与克里布迪斯》一章中，通过斯蒂芬·迪达勒斯[2]，教我们把事情想得邪恶一些。威尔的妻子叫安妮。《理查三世》中的那个恶棍理查又驼又跛，他勾引了一个女子，也叫安妮。在《哈姆莱特》中，又是一个弟弟勾引了哥哥的遗孀，而这个哥哥的儿子与威尔自己的

1 指《爱的徒劳》第五幕第二场中《冬之歌》的一句，“哆喊，哆呵！它歌唱着欢喜，当油垢的琼转她的锅子。”（Tu-who, a merry note, /While greasy Joan doth keel the pot.）

2 斯蒂芬·迪达勒斯（Stephen Dedalus），詹姆斯·乔伊斯塑造的一个带有强烈自传色彩的人物形象，是《青年艺术家的肖像》的主人公，也是《尤利西斯》中的重要角色。

儿子哈姆奈特，名字非常近似。人们认为这出戏在环球剧场上演时，威尔扮演了哈姆莱特的父亲的鬼魂。那先王的弟弟叫克劳狄斯，意思是瘸子。理查三世与克劳狄斯集一身于现实生活中的理查。他可能是个狡黠、好色之徒，随时准备在威尔离家去伦敦期间，干那乱伦的勾当。他可能是跛脚，但是他也可能是个品行端正、体魄健全的青年，热爱长兄，尊敬大嫂。至于埃德蒙，除了是个淌着口水、在起居室铺着灯心草蒲席的地板上到处乱爬的黄口小儿外，我想象不出他是什么模样的。从《李尔王》的埃德蒙身上找不到他的影子。

威尔的双亲约翰和玛丽的形象从各方面的实际需要看，似乎已经相当清晰实在，无需求助于小说家的想象力。玛丽常常谈到自己的门第，但她或许也是一位真正的世家女子，在丈夫潦倒时，没有把亚登和莎士比亚两家的产业多做比较，去伤害别人的感情。她生了许多孩子，也死了许多孩子。她学会了如何做一个小心谨慎、逆来顺受的家庭主妇，默默忍受着哀伤与折磨，只是始终未学会抑制自己对门第的骄傲。约翰是个感情奔放的人，不过有时也会意气消沉、郁郁寡欢。他喜欢滔滔不绝，或许还有点夸夸其谈，好用大话吓唬人。如此二人的结合，加上文学天赋，自然会生出一位演员兼剧作家的儿子了。若说老两口儿有许多时间欣赏文学作品，那是值得怀疑的；不过我们也无需假定他们有谁是文盲。人们知道约翰·莎士比亚签署文书是画十字的，但这也不能证明他是文盲，因为伊丽莎白时代许多知书识字的人，偶尔也会懒得签上自己的大名（或许是懒得为自己的姓名定下一个统一的拼法），于是便随意涂上一个十字充数。便是如今，商人们为了显示自己是如何繁忙，也常在信件中涂上一个无法辨认的符号代替签名。玛丽很可能上过学，因为伊丽莎白朝的许多女孩子都上学。他们在亨利街的家里甚至会有几本书——一本日内瓦圣经[1]、一本祈祷书和一本诸如安德鲁·布尔德的《健康概要》那样的手册（此书轻则毫无用处，重则可能致命）。但是，把真正的文学带入家庭的是威尔。

莎士比亚老夫妇是慈祥的父母，这是我们没有理由可以怀疑的。研究父子恩怨的经典著作《众生之路》的作者塞缪尔·巴特勒[2]曾经指出：莎士比亚剧本中的父子都是好朋友。一个忤逆的儿子打死自己的老子，这是《特洛伊罗斯与克瑞西达》中尤利西斯所能想象的人伦崩溃的最可怕征兆之一。倘若这可以说明伊丽莎白朝父亲的地位宛若神明，那么我们就可以认为，这是一种人们处之泰然的风尚，它与所有风尚一样无害，因为风尚是无需认真对待的。而在维多利亚朝的英国，慈父就是那令人畏惧、难以揣摩而又复仇心重的耶和华，戴着一顶吸烟帽，神秘莫测地在帽檐下吞云吐雾。人们不能认为，年轻的莎士比亚会强压住心中阵阵可怕的弗洛伊

1 英国新教流亡者于1560年在日内瓦出版的圣经英译本，后由英王詹姆斯一世的钦定本取代。

2 塞缪尔·巴特勒（Samuel Butler，1853—1902），英国作家，长篇小说《众生之路》为其晚年代表作，发表于1903年。

德式的冲动。[1]他在父亲身边遇到的任何麻烦，都是外界强加的而不是内在的。他对于双亲的爱，似乎可以从他成年后献给他们的礼物中得到证实——献给母亲的是《皆大欢喜》中亚登森林那牧歌式的王国，献给父亲的是一幅乡绅的家徽。为了这家徽，父子二人可以像兄弟一般相对而笑，举杯同庆雄心之实现。

1 奥地利心理学家、精神分析学派的创始人弗洛伊德认为：存在于人的潜意识中的所谓性本能是人的心理的基本动力；一个孩子在潜意识中对待双亲会爱其异性者，恨其同性者。

第二章　学校
School

浪漫主义学派的莎士比亚传记作家，一向喜欢把这位艺术家极力描绘成爱冒险的年轻人，F. J. 弗尼瓦尔[1]就是其中的一个：

> 于是，我们这位栗发、褐睛、白皮肤、红脸蛋儿的孩子上学了……从一个人的童年可以看到他的壮年；透过这孩子，我看到了一个身材魁梧而动作敏捷的大汉：红脸膛，高额角，淡褐的眼睛，茶色头发，生龙活虎，易冲动，好询问，富于同情心，他会寻找各种乐趣，进行任何冒险，会陷入困境，脱身后就一笑了之……

人们读着这个会略感不安，纳闷除了语气像《学童习作》[2]之外，它到底还有什么不妥之处。我们有两三幅成年莎士比亚的肖像，知道他的面容与脸型。额角高可能是因为谢顶；我们还可以随心所欲地看到那孩子额前披着几缕栗色鬈发。卡

1 F. J. 弗尼瓦尔（F. J. Furnivall，1825—1910），英国哲学家、编辑，以编写早期的英语教科书著称。

2 《学童习作》（*Boy's Own Paper*），英国一份面向十几岁男孩读者的故事刊物，从 1879 年到 1967 年出版。

罗琳·斯珀詹[1]博士在《莎士比亚的肖像》一书中，根据自己对威尔的戏剧和诗歌中某些描写的先入之见，要我们相信威尔容易感情冲动，并且还深知自己动情必形之于辞色。威尔可能不会隐藏什么，也不善于为逃避法律制裁而掩饰自己。我们可以假设他身体健康，因为他安全地度过了4月出世的风险，又幸免于瘟疫的捉弄。我们没有理由怀疑他天资聪颖机敏、感情丰富多变。我自己的眼睛近视，猜他也是近视眼。他能够明察自然界的细枝末节和人类面庞上的感情流露，他像是一个习惯于用力凝视的人。他无疑是个好读书的人；其他孩子自找麻烦时，他可能在读书。

这倒不是因为有许多书值得读，按今天的标准，那时并没有许多书，学校也未必会鼓励学生爱好书本。威尔可能很早就开始接受公共教育，七岁时入了一所小学校。他入学前可能已经会读写英文，因为他学过一本儿童识字册——“A per se A，B per se B”等等，一直到“& per se &”，使我们有了 ampersand。[2]那时候学会英文字母就可以缀字成文：无需学拼音规则（如“除了在 c 后面，总是先 i 后 e”），也不用管 symmetry 和 cemetery，harass 和 embarrass 等发音相近的词拼写的不同。当时的英文在很大程度上是凭印象拼写的，

1 卡罗琳·斯珀詹（Caroline Spurgeon，1869—1942），英国莎士比亚学者。《莎士比亚的肖像》（*Shakespeare's Imagery*）试图对莎氏作品中出现的人物形象进行归类分析，以此研究莎氏其人。

2 这几句是孩童背诵字母的口诀。ampersand 是“&”的记号名称。“& per se &”读作“and per se and”，连读即为“ampersand”。

它有待于内战[1]时期马虎潦草的新闻写作使之合理化。报社编辑们为赶发稿件，但求省略，无暇顾及传统的做法，即增加虚字母以填补或“调整”每行的字间空隙（如把 then 写成 thenne，wit 写成 witte，甚至把 only 写成 ondelyche，使各行取齐）。这种拼法尤其有待于 1755 年约翰逊博士的大词典加以规范化。To learne too wrytte doune Ingglisshe wourdes in Chaxper's daie was notte difficulte.[2] 谁都不会怪你拼错了什么字，因为根本就没有缀字法。上自伊丽莎白女王陛下，下至黎民百姓，什么拼法都有。

小学校的宗旨是为儿童考入文法学校进行艰苦的学习作准备，入学条件是具有最低限度的读写能力。文法学校的宗旨只有一条，那就是它的名称规定的——学习文法，而且是拉丁文法。历史、地理、音乐、手工、体育、生物、化学、物理等，什么都不学，只学拉丁文法。圣保罗公学的首任校长威廉·李利（William Lily）已于 1522 年故世，却因他编写的一本《文法基础》，好像依然还活着；这本书是伊顿和威斯敏斯特两所公学[3]的世俗圣经，也是斯特拉福文法学校的世俗圣经。年轻的莎士比亚必须接受李利文法的严格训练，这是通向古罗马灿烂文化的迂腐、乏味的道路。

---

1 即十七世纪英国资产阶级革命时期的内战。

2 即 To learn to write down English words in Shakespeare's day was not difficult，意为“在莎士比亚时代学会写英文字并不难”。

3 英国两所贵族学校。

在我们今天的学校课程中，拉丁文正在消失，有一些自称学习古罗马文学的学生甚至连奥维德或维吉尔[1]的原著都未曾读过。但是，伊丽莎白朝的英国人视罗马帝国为德政的楷模，他们心目中的英雄是罗马英雄。不列颠（Britain）一度被认为是某个叫布鲁图（Brutus）的人缔造的。一本英国历史教科书，与莱亚门的编年史一样，也曾被直接称为一部《布鲁特》（*Brut*）[2]。古罗马人便是死人，比起英国人，无论是死是活，都处于更高的现实水平。英语是有生命的、活动着的、凌乱的语言，因而它缺乏李利摊在他的解剖台上的拉丁文那种平静、完美的形式。诚然，英国出过一个杰弗里·乔叟[3]，然而他的语言古怪，诗句似乎不合格律。人们必须到古老的世界中去寻找文化素养。希腊的伟大是公认的，但是英国没有许多希腊学者，在斯特拉福这样的小镇更是没有。大学才是专门研究希腊文化的适当场所。而罗马文化已经吸收了希腊文化的精华，人们可以通过拉丁作家了解特洛伊战争和尤利

---

1 奥维德（Ovid，前 43—约 18）和维吉尔（Virgil，前 70—前 19）都是古罗马诗人。奥维德的代表作《变形记》是欧洲许多文学作品的原始素材。维吉尔的作品对欧洲文艺复兴和古典主义时期文学影响较大，代表作为史诗《埃涅阿斯纪》。

2 十三世纪英国诗人莱亚门（Layamon）曾写下传奇诗体编年史《布鲁特》，记述从特洛伊的陷落到布鲁图（Brutus of Troy）抵达不列颠的历史。该诗影响了中世纪英格兰的历史写作，也为后来许多作家提供了灵感，包括托马斯·马洛和博尔赫斯等。

3 杰弗里·乔叟（Geoffrey Chaucer，约 1340—1400），英国诗人，人文主义作家的最早代表。当时英国贵族通用法语，他改用伦敦方言进行创作，对英国民族语言的形成有较大影响。

西斯历经艰险的全部过程。[1]拉丁文包容了一切。学习拉丁文是理所当然的事，无需像今天这样寻找学习的理由。“孩子们，今天我们开始学习拉丁文。也许你们会感到奇怪，在今天这样的时代，我们怎么还会自找麻烦去学一个早就死亡了的民族的语言呢？别打呵欠，威瑟比同学！”当时，根本不用这一套。伊丽莎白朝的拉丁学者挥舞着权威的教鞭，而且不幸的是有时他们真的大肆挥舞。

伊丽莎白时代的教育家普遍认为知识必须靠填塞，有时甚至必须靠挥鞭抽打才能装入学童的脑袋。在儿童问题上，华兹华斯和卢梭等人提倡的浪漫主义观点，还要等到两个多世纪之后才时兴；到那时，儿童才被视为天赋智慧的宝库。[2]华兹华斯看到婴儿全身闪着生前知识的灵光，他肃然起敬，称婴儿为最好的学问家。他认为婴儿出世时就已经懂得永恒的真理，而长大成人则是逐渐把这种天赋的智慧遗忘，使它的灵光在平凡白昼的朦胧中消失的过程。这种见解是柏拉图早就提出的。他在对话录《斐多篇》中提出：一个从未受过教育的奴隶儿童，经过苏格拉底的耐心引导或教育，能够做

1 特洛伊又名伊利昂，是小亚细亚北部古城，在今土耳其境内。荷马史诗《伊利亚特》叙述了古希腊人和特洛伊人的战争。尤利西斯是罗马神话中的英雄，即希腊神话中的俄底修斯或奥德修斯，他在特洛伊战争中献木马计，使希腊军队大胜；荷马史诗《奥德赛》描写了他在战后回国途中的艰险经历。

2 华兹华斯（William Wordsworth，1770—1850）是英国浪漫主义诗人，对儿童问题有许多论述。卢梭（Jean Jacques Rousseau，1712—1778）是法国启蒙思想家、哲学家、教育家、文学家，在教育上主张顺应儿童的本性，任其身心自由发展。

高等几何题。伊丽莎白朝的人知道这篇对话录，但是没有认真对待。

在那个时代，父母可以是慈祥的，但决不会多愁善感。他们对孩子毫无浪漫主义的想法，这或许是因为孩子是随时会遭到不测的，像威尔的姊妹们那样一个接一个地死去，要有别的孩子取代他们。便是从莎士比亚父母不愿意浪费琼这个美好的名字，也可以看到他们的现实主义的一个侧面。孩子应该尽快长大成人，可以给他们穿成人式样的服装，催他们赶快长大——儿童应当穿童装是非常新的想法。儿童的一举一动必须尽快学成大人的模样，太慢了不是父母而是教师要操心的事情。这是原罪的一部分，必须用教鞭把它打掉，腾出空间给有用的（也就是无用的）成人知识；这是迫在眉睫的任务，容不得孩子们把时间消磨在玩耍上。学校是冷酷无情的。尽管课桌上都放着百合花[1]，但是那些被屁股磨得光滑的板凳绝不是安乐的玫瑰苗圃。

冬季，学童们每日清晨七时到校，而夏季则是六时。他们先做晨祷，祈求上苍使自己成为圣洁的好孩子，学得满腹拉丁文，然后埋头学习到九时方可吃早饭。饭后学到十一时，便可天从人愿地得到整整两个小时的午休，回家享受一天中那顿正餐。午后一时返校，咸肉、黑面包羼酸麦酒在腹中辘辘作响，一直苦熬到五时为止。每周休息两个半天，一年有

1　指李利的《文法基础》。李利的姓氏 Lily 是“百合花”的意思。

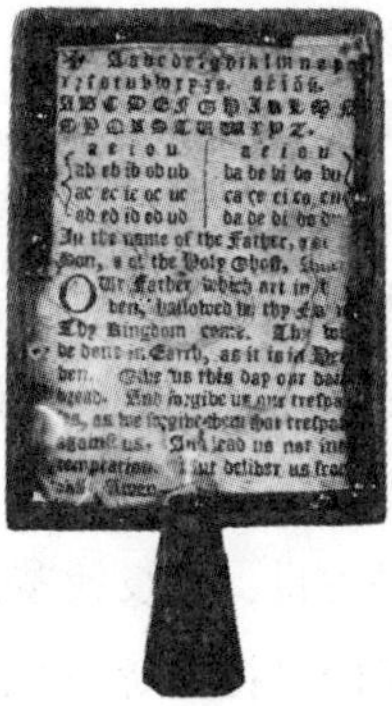

当时人们都盼望孩子们赶快长大成人，因此就让他们穿成人式样的服装，还用这种识字牌填鸭式地教他们学字母。

四十天的假期。若是教学内容丰富多样，教学方法开明切实，如此学习一天或许尚能忍受。但是，那时的方法不是靠引导而是硬塞。甚至连一位耶稣会的拉丁文教师也对我说：教育（educate）一词来自与 manducare 同源的 educare，是“吃”的意思，与词典中 educare 的释义毫不相干 —— 词典中的 educare 与 educere 相近，意思是“引出”。词源学上的这种谬误，似乎是伊丽莎白朝的教学法的根本问题，而且那种填塞的方式又粗手粗脚，铺头盖面，刻板得令人咋舌。

人们可以相信，威尔的老师并不是把拉丁文的古罗马诗歌、戏剧和历史视为学得拉丁文法后可以达到的使人心旷神怡的新天地，而是视为说明文法规则的有用材料。罗马人热心著书立说，就是为了李利先生可以编出一套文法教科书。就我们了解的威尔上学时斯特拉福文法学校的主要教师而言，没有什么东西可以使我们不怀疑他们至少是缺乏创见的。当然，他们也不像是一批虐待狂。无论如何，沃尔特·罗奇是不太关心教育的，他辞去教职，在镇上做了律师。那是 1571 年威尔只有七岁的时候。随后便是西蒙·亨特，他是个秘密的天主教徒，虽说倾向于耶稣会[1]，却又不遵守纪律。1585 年他在罗马去世，是反改革运动的支柱之一。1575 年从他手中接过教鞭的是托马斯·詹金斯，威尔士人，莎士比亚显然把他转化为

1　耶稣会是十六世纪在欧洲兴起的天主教修会，反对宗教改革的主要集团；主张不择手段渗入宫廷和整个社会，影响和拉拢显要人物对抗改革。会规要求绝对忠于教皇，服从会长的严格纪律。

《温莎的风流娘儿们》中的休·爱文斯师傅而使他彪炳千古。休师傅（Sir Hugh，此尊称不是指爵士，而是指得到神学士称号的牧师）是个可爱的喜剧人物，他教书并不挥舞教鞭令人生畏。像舞台上所有威尔士人一样，他把有些浊辅音发成清辅音，如识破福斯塔夫男扮女装是因为发现他脸上的“福须”。有趣的是他在检查一个叫威廉的孩子的拉丁文时，自己的发音使快嘴桂嫂闹出了像“珍妮的人格”[1]、“火腿”[2]之类的乡野笑话。这是稚气未脱的学童卖弄的小聪明，可能直接取自1575年威尔只有十一岁时詹金斯刚到学校的那段生活。

我们不能怀疑威尔从学校的拉丁课本中学到了一点东西，也许是学到许多。他十分喜欢奥维德。十六世纪末，弗朗西斯·米尔斯[3]写道：“奥维德的聪明伶俐的灵魂，寓居于语言甜美流畅的莎士比亚体内，一如人们认为优福玻斯的灵魂，寓居于毕达哥拉斯的体内。”[4]倘能读到这句话，莎士比亚是会飘飘然的。威尔的剧作中的古典形象，往往取自奥维德的《变

1 在《温莎的风流娘儿们》第四幕中，休师傅考问威廉“复数属格”怎么说（What is your genitive case plural），威廉答“horum, harum, horum”，桂嫂误以为 genitive case plural 是 poor Jenny's case（可怜的珍妮的人格），horum 是 whore（妓女）。

2 休师傅发音重浊，把“c”发成“g”，单数宾格 hanc hoc 于是念成 hang hog；hang hog 在英语中听起来像“挂猪肉“，火腿要挂起来风干，所以桂嫂猜想是“火腿”的意思。

3 弗朗西斯·米尔斯（Francis Meres，1565—1647），英国作家，著有《智慧宝库》一书，曾列出莎士比亚截至1598年的全部剧作。

4 优福玻斯是希腊神话中的特洛伊勇士。毕达哥拉斯（Pythagoras，约前580—约前500）是古希腊哲学家，主张灵魂轮回说。

形记》。这部神话故事共十五卷，以神奇的变形为主题松散地联系在一起，收入了大部分希腊、罗马神话，甚至包括裘力斯·凯撒遇刺和变为神的故事作为全书的精华。皮拉摩斯与提斯柏的故事[1]见于第四卷；我们大多数人是在《仲夏夜之梦》中初次读到这个故事，因而无从认真对待。（顺便说一句：这对不怕高墙阻隔的情侣是异邦巴比伦人，不是希腊或罗马人。）第四卷中还有珀耳修斯与安德罗米达的故事[2]。年轻的威尔在《变形记》第十卷中读到关于维纳斯与阿都尼的故事，不过，他可能只是因为这神话触及自己的私生活，才考虑以他俩为题材自己写一首诗[3]——关于此事，我们以后再说。《冬天的故事》中采满沃里克郡鲜花的普洛塞庇那[4]见于《变形记》第五卷。使莎士比亚的诗篇和戏剧妙趣横生的所有神话故事，都可以从《变形记》中找到。

威尔很可能并不完全依靠拉丁文了解奥维德的作品。《变

---

1 皮拉摩斯与提斯柏是神话中巴比伦一对隔墙居住的恋人，由于父母反对，不得不透过墙隙倾吐爱情。一次去野外幽会时，皮拉摩斯发现提斯柏的斗篷沾满血迹、撕成碎片弃在路边，以为心上人已被狮子所害，即自刎而死。提斯柏随后亦殉情。

2 珀耳修斯是希腊神话中天神宙斯之子，他杀死海怪，救出埃塞俄比亚公主安德罗米达，并娶其为妻。

3 指莎士比亚所著长诗《维纳斯与阿都尼》。

4 普洛塞庇那，即天神宙斯与谷物女神得墨忒耳所生之女珀耳塞福涅。她在采花时被冥王哈得斯劫至冥府为后。其母悲痛欲绝，致使田园荒芜、饥馑四起。宙斯遂命哈得斯准其每年春天回到母亲身边。

形记》曾由阿瑟·戈尔丁[1]翻译，并于威尔诞生后不久出版。埃兹拉·庞德[2]说过："在我们从戈尔丁的译作中读到奥维德的作品之前，难道我们能够……懂得奥维德吗？在我们之中，有谁的拉丁文是这样好，这样富于想象，甚至连戈尔丁也不能帮助他理解原文中他未能理解的细枝末节和魅力？"下面便是戈尔丁翻译的《变形记》第五卷中的几行：

当普洛塞庇那在这座花园中玩耍，
采着蓝的紫罗兰和白的百合花，
当她怀着少女的心愿将裙儿兜满，
一心要超过园中所有的女伴。忽然，
狄斯[3]发现她，爱上她，追上前，紧相依。
爱情竟这样到来，匆忙、炽烈、性急。

戈尔丁采用了老式的十四节韵律，每行七个抑扬格音步，威尔必然会感到它比较粗糙。不过英国诗歌还须博采借鉴，即便尚无文艺复兴时期那种浮华的音律，流畅的叙事风格已在诗中出现了，这是从翻译技艺中学得的。

在莎士比亚诞生之前，这种翻译技艺在萨里伯爵出版的

1 阿瑟·戈尔丁（Arthur Golding，1536—1605），英国翻译家，译有多部古罗马名著。

2 埃兹拉·庞德（Ezra Pound，1885—1972），美国诗人、文艺评论家，1908 年赴英后成为伦敦现代派诗人领袖，代表作有《诗章》等。他还译过中国诗歌。

3 即冥王哈得斯。

《维吉尔的埃涅阿斯选卷》(1557)中，已经形成了一种试验性的格律，日后将使英国文学的整个面目为之改观，并使伊丽莎白时代的戏剧得以成为我们所了解的模样。[1]

他们个个鸦雀无声，凝神专注
御座上的埃涅阿斯王子开口说：
女王啊，既然这已是您的意志，
我应该重温胸中的难言悲痛：
希腊人如何把弗里吉亚[2]毁灭，
又使苦难特洛伊城池倾覆，
这些凄惨事情我都亲眼看到。

这是第一首无韵诗，是萨里伯爵为处理维吉尔的六音步无韵诗设计的。[3]假如萨里伯爵未曾找到适当的诗体翻译古罗马的史诗，那么伊丽莎白朝的戏剧（或弥尔顿时期的史诗）将会如何呢？要寻找这个问题的答案自然是徒劳无益的。其他人也可能会想到无韵体，否则戏剧或许会发展成《罗密欧与朱

1 萨里伯爵（Earl of Surrey）即亨利·霍华德（Henry Howard，约1517—1547），是首先在英国诗歌中应用法国和意大利式格律的英国诗人。他的译作《维吉尔的埃涅阿斯选集》是英国第一部无韵体诗。埃涅阿斯是维吉尔的史诗《埃涅阿斯纪》的主人公特洛伊王子。他在特洛伊陷落时，背着父王冒火出逃，在外流浪多年，最后到达意大利，成为朱里安家族始祖并建立了罗马城。

2 弗里吉亚（Phrygian），公元前约十二世纪小亚细亚中部古国，公元前约七世纪灭亡。

3 萨里伯爵的译文为五音步无韵体。

丽叶》和《理查二世》中大量使用的那种押韵偶句。但是在莎士比亚诞生之前，无韵诗已经产生并且存在了七年之久，倘若英国人不是如此崇尚古典诗作，非把它们译成英文而后快，无韵诗也许不会产生。新文学往往是在翻译旧文学的过程中产生的。

我们可以假设：除了奥维德和维吉尔以外，其他罗马诗人，如贺拉斯，或许还包括一些卡图鲁斯和卢克莱修的作品，也列入了斯特拉福文法学校的课程表。[1] 在散文方面，可能包括李维、凯撒和塔西佗[2]（不过塔西佗的作品比较危险，因为此人过分违反李利先生的文法规则）。伊丽莎白时代的人可以从苏维托尼乌斯的《十二位凯撒》中，找到他们喜欢的那种道德剧和传记兼而有之的特点。普鲁塔克更善于道德说教，他的《名人传》从希腊和罗马历史中选出二十三对杰出人物一一加以对比，为狭隘的语文课提供了僵化的伦理教育；不

1 贺拉斯（Horace，前 85—前 8）是古罗马诗人、批评家，著有《诗艺》，主张写诗须以古希腊诗歌为典范，讲求格律，寓教于乐，对欧洲古典主义文学理论影响较大。卡图鲁斯（Catullus，约前 84—约前 54）是演说家和抒情诗人，采用希腊格律，诗句充满智慧、激情和讽喻。卢克莱修（Lucretius，约前 99—约前 55）以哲理长诗《物性论》著称于世。

2 李维（Livy，前 59—17）是历史学家，其《罗马史》文笔生动活泼。裘力斯 · 凯撒著有《高卢战记》，他论战争的文章被认为是言简意赅的范文。塔西佗（Tacitus，约 55—约 120）也是历史学家，其《论演说者对话录》文辞凝练优美。

过，普鲁塔克是用希腊文进行写作的。[1]威尔日后（或许甚至是在学生时代的课余时间）将从诺思[2]根据阿缪特[3]的法文译本转译的版本中读到普鲁塔克的作品。他的罗马剧也大量依据诺思的英译本；看看诺思如何描述克莉奥佩特拉乘坐画舫，莎士比亚又如何用无韵诗将诺思平淡无奇的文字升华到令人惊异的地步，就可以证明。这是一个突出的例子，从中可以看到威尔如何以诺思为前导，轻而易举地一气呵成了他的诗篇。诺思提供的素材是散文体的，稍加处理即可成诗。神笔一挥，便把冷冰冰的北方[4]转化为火热的南方（无论当时如何，埃及理应如此）。诺思是这样描写的：

> ……她不愿用其他方式启程，执意乘自己的画舫顺西纳斯河而下。这画舫是黄金做的舵楼，紫色的帆，白银的桨随着长笛、双簧管、瑟舌琴、六弦提琴等乐器演奏的乐声不停地划着。至于她自己，斜卧在用金色的锦绸制成的天帐之下，衣着打扮像通常画卷中的维纳斯女神。紧挨她的两旁，站着一些眉目清秀的小童，装扮得如画师笔下的丘比特，用小羽扇

---

1 苏维托尼乌斯（Suetonius，约 69—140）是罗马历史学家，其《十二位凯撒》是从凯撒到德米申十二个罗马帝王的传记。普鲁塔克（Plutarch，约 48—约 125）是希腊散文家、传记作家，著有《德行》一书，但以其《名人传》闻名于世。

2 托马斯·诺思（Thomas North，约 1535—约 1602），英国翻译家，以转译《名人传》闻名于世，许多莎剧均取材于此。

3 雅克·阿缪特（Jacques Amyot，1513—1593），法国人文主义者、翻译家。

4 诺思的姓氏 North 是“北方”的意思。

替她扇凉。还有她的侍女们美丽得像海上的鲛人神女，像主管人间一切欢乐、魅力和美的女神；她们或掌舵，或操持缆索。画舫上散发出阵阵异香，飘向人山人海的码头，沁入人们的心脾。那人群，有的沿着河岸紧随画舫，有的不断拥向码头迎接她的到来。城里万人空巷，都是为了一睹她的风姿，结果市场上剩下安东尼一人坐在宝座上等待觐见……

莎士比亚是这样描写的：

她坐的那艘画舫就像一尊在水上燃烧的发光的宝座；舵楼是用黄金打成的；帆是紫色的，熏染着异香，逗引得风儿也为它们害起相思病来了；桨是白银的，随着笛声的节奏在水面上下，使那被它们击动的痴心的水波加快了速度追随不舍。讲到她自己，那简直没有字眼可以形容；她斜卧在用金色的锦绸制成的天帐之下，比图画上巧夺天工的维纳斯女神还要娇艳万倍；在她的两旁站着好几个脸上浮着可爱的酒涡的小童，就像一群微笑的丘比特一样，手里执着五彩的羽扇，那羽扇的风，本来是为了让她柔嫩的面颊凉快一些的，反而使她的脸色变得格外绯红了……

她的侍女们像一群海上的鲛人神女，在她眼前奔走服侍，她们的周旋进退，都是那么婉娈多姿；一个作着鲛人装束的女郎掌着舵，她那如花的纤手矫捷地执行她的职务，沾沐芳泽的丝缆也都得意得心花怒放了。从这画舫之上散出一股奇

妙扑鼻的芳香，弥漫在附近的两岸。倾城的仕女都出来瞻望她，只剩安东尼一个人高坐在市场上……[1]

罗马人写了戏剧，于是普劳图斯和泰伦斯[2]就必须列入斯特拉福的课程表。显然，《错误的喜剧》可以证明莎士比亚曾经仔细研究过普劳图斯的《孪生子》，但是他在自己戏剧生涯之初，身无分文之际，是否有闲情逸致阅读普劳图斯的作品，看人家如何写孪生兄弟演出阴差阳错的闹剧，这是值得怀疑的。他可能在学校读过《孪生子》，或者（我们以后将看到另一种可能）在学校教过这部著作，并且记住了它的内容，可以把它作为习作喜剧的样板。斯特拉福文法学校教师詹金斯除了有威尔士人的意志外，可能还有他们的表演才能，在他指导之下，可以想象学童们真会演出《孪生子》或泰伦斯、普劳图斯的其他剧本，并且还邀请那些感到骄傲却又看不懂的家长出席，看着表情丰富的威尔在临时搭起的舞台上神气活现地走来走去，说着外国话。普劳图斯和泰伦斯的作品即便尚未开始帮助威尔本人准备从事专业的戏剧创作，至少也在帮助学校以外的人。尼古拉斯·尤德尔原是伊顿公学的校长，因受到某种莫名的严重控告而被解职，后来就任比较

---

1 见《安东尼与克莉奥佩特拉》第二幕第二场。莎士比亚原文为诗体，此处译文为散文体。原书引用的莎士比亚作品，本书译文均依据人民文学出版社1994年版的《莎士比亚全集》，只在少数地方作了必要的改动。

2 普劳图斯（Plautus，约前254—前184）与泰伦斯（Terentius，约前190—前159）均为古罗马喜剧作家，作品大都改编自古希腊剧作家米南德的喜剧。

开明的威斯敏斯特公学的校长。他在威尔诞生前八年就去世了，但在临终前还是写成了英国的第一部世俗喜剧——《拉尔夫·罗伊斯特·多伊斯特》。不用说，他身上浸透了罗马人的喜剧性格。《耕牧百利》一书的作者托马斯·塔瑟[1]抱怨尤德尔曾经"为了一点小过失，甚至无缘无故"就把他狠狠鞭打一顿；由此可见，一个教师既可成为快活的戏剧家，也可成为虐待狂。或许尤德尔爱上了鞭梢嗖嗖的戏剧。

需要学习的还有悲剧作家塞内加[2]，虽然他受到伊丽莎白朝教育家的欢迎，但这与其说是因为他是一位剧作家，而且是非常有影响的剧作家，不如说是因为他是一位道德哲学家。他先后在卡利古拉、克劳狄和尼禄的统治下生活[3]，对于生与死有充分理由提出斯多葛派的淡泊的行动指南，从而深受都铎朝较为严肃的英国人的欢迎。不过，他招致卡利古拉的憎

1 托马斯·塔瑟（Thomas Tusser，约 1524—1580），英国诗人，其《耕牧百利》出版于 1557 年。

2 塞内加（Seneca，约前 4—65），古罗马哲学家、戏剧家，新斯多葛哲学派的主要代表，曾任尼禄的大臣。斯多葛派在公元前四世纪创立于雅典，早期有朴素的唯物主义倾向，传至罗马逐渐成为宣传宿命论的新斯多葛主义。塞内加的作品大都模仿古希腊的悲剧，对伊丽莎白朝的英国和十七世纪法国戏剧家影响极大。

3 卡利古拉是拉丁文 Caligula 的译音，意为"小皮靴"，为古罗马皇帝盖乌斯（Gaius，12—41）因幼时穿军靴而得的绰号；在位期间据说患有精神病，暴戾恣睢，反元老院失败后遭暗杀。克劳狄（Claudius，前 10—54）继位后，对内加强官僚统治，对外多次发动战争，曾占领不列颠、德意志、叙利亚和非洲北部，最后被其骄奢淫逸的妻子梅瑟莱娜毒死。其子尼禄（Nero，37—68）继位，以暴虐、放荡出名，先后处死生母、妻子及老师塞内加；后为元老院、近卫军唾弃，穷途自裁。

恨，在克劳狄之妻梅瑟莱娜的挑唆下被逐出罗马，回来后在尼禄暴政的最黑暗年代自戕身亡。他的作品的主题，是人在逆境中要维护尊严，正人君子的人格最终不可侵犯，以及保持一种孔子式的“仁爱”美德；他似乎使基督教与非基督教世界得以汇合。T. S. 艾略特从莎士比亚笔下心事重重的悲剧人物“黑夜行路吹口哨壮胆”的精神中，看到了塞内加的斯多葛主义。不过眼下，我们不得不将这个问题以及塞内加作为室内悲剧（只供私下吟咏不作公演的悲剧）作家对悲剧形式的影响，留待以后研究。威尔在学童时代可能很少接触到戏剧家塞内加的作品，到了自己写悲剧的时候便求教于那些译本和仿作。值得一提的是，第一部用英文写成的塞内加式悲剧《高布达克》[1]，早在威尔诞生前三年的1561年就在女王御前演出过。《悲剧十出》[2]也于1581年译出。因此，威尔试笔写悲剧是无需直接回到拉丁文中去讨教的。

假如威尔在童年时代便从译本中读到关于罗马人的故事，那么他是从哪里找到这些译本的呢？其实这是不成问题的。当地的教区长约翰·布雷奇格德尔有一个相当大的图书馆，甚至愿意把书送给可以从中得益者。除了他以外，必然还有其他好读书的人。当威尔还是个囊中羞涩的学童，人们怀疑约

---

1 《高布达克》，托马斯·诺顿（Thomas Norton）和托马斯·萨克维尔（Thomas Sackville）合作完成的无韵体诗剧，描写传说中的不列颠国王戈伯德将国土分给两个王子后造成内乱，王子双双被杀的故事。

2 即《塞内加悲剧十出》，由贾斯珀·伍德（Jasper Heywood）译成英文，1581年以四开本出版，对英国戏剧发展有重要影响。

翰·莎士比亚是否会掏腰包给儿子买书，摆到他与一个甚至几个弟弟合用的卧室书架上。不过，一个男孩想看书总是有办法弄到手的。若他日后的教育全要仰赖书籍，则更是如此了。

在有些人看来，莎士比亚在剧本中所显示的学识，似乎与一所乡间文法学校所能提供的简单的古典文学养料大相径庭。十九世纪，培根学派的邪说异军突起，其论点是：只有学识非凡、受过大学教育、精于法律与科学、毕业前曾去欧洲大陆作广泛见习旅行的人，才能写出据称是出身于沃里克郡粗陋的牛栏或猪圈的那个伶人的作品。培根派人士从“honorificabilitudinitatibus”[1]这个词（见《爱的徒劳》第五幕第一场）破译出了“这些剧本，即 F. 培根的产物，是为世界保留的”这层意思。我不想从破译密码的角度详细探究这些细节，这部板油似的喜剧，除了剧终那几首歌以外，他们非要说是培根所作那就悉听尊便吧。我只是想指出：确实有这样一些人，他们有了时间不去重读莎士比亚的剧本，从中获得艺术上的享受，却千方百计想否定莎士比亚是剧本的作者，把他的作品不仅归在培根的名下，而且还归之于随便哪个拥有头衔或大学文凭的人。他们提出的所谓“真正的作者”，人选颇多，从牛津伯爵到伊丽莎白一世本人。其中最似是而非

1 拉丁文：处于充满荣誉的状况。

的是威尔的同行、剧作家克里斯托弗·马洛[1]，说他曾为躲避仇敌的加害而装死，然后在逃亡期间为莎士比亚捉刀。这种说法自有其动人心弦之处，却纯属猜谜游戏或侦探小说之列了。

这些意见归纳起来就是认为：莎士比亚所受的教育从未超出一所免费的文法学校，不可能把自己造就成一位才华超绝的文豪。他从未接受更高的教育，这似乎是确凿无疑的。没有关于他上过大学的史料。他十几岁就结婚了，况且哪里有钱缴纳学费呢？但是，认为高深的艺术必须有高深的学识，这是无稽之谈。任何一个农民都可以自学写作，并且可以写得很出色。任何一个农民作家只要阅读适当的书籍，随时细心体察周围的事物，就可以给人以博学多才的假象。莎士比亚的戏剧经过艺术家的手段，给人的假象是：剧本的创作者是一个曾作广泛旅行，从事各种学识渊博的职业，并且在本国和外国的宫廷中弯过他那灵活的膝盖的人。才气横溢的表面不一定真正反映多闻博识的实质，因为尽管艺术家的任务可能就是根据自己的想象力创造朝臣、旅行家或学者，但他本人并不一定非是这些人物不可。培根学派和其他谬论，误以为艺术作品与学术著作是一回事：这部剧本显示出一点法律知识，因此作者必定学过法律；那部剧本的背景是在上蒙格雷利亚，因此作者必定到过那里。正在从事文学创作的艺

---

1 克里斯托弗·马洛（Christopher Marlowe，1564—1593），伊丽莎白时期剧作家、诗人，莎士比亚以前英国戏剧界最重要的人物，“大学才子”中成就最大的一位。主要剧作有《帖木儿》《马耳他的犹太人》《浮士德博士的悲剧》等。

术家中是没有培根学派的人物的，并且从来都没有过，因为他们太了解职业作家创作活动的方式了。

“一个专门注意人家不留心的零碎东西的小偷”——这是指《冬天的故事》中的奥托里古斯，也是指莎士比亚以及一切戏剧或叙事小说的作家。作家想要几句心理分析的术语，他无需阅读弗洛伊德的全部著作，只需从一本平装的术语汇编中抄一点，或在公共汽车上向哪位有学问的人悄悄讨教一下就行了。他想要了解马达加斯加或西潘果[1]，他就去问曾经到过那里的水手。只要看一下小说家的藏书室便可知道小说家其人：他的藏书既不能令人赏心悦目，也不能满足藏书人进行系统阅读的需要。他的书架上没有排列整齐的成套精装书籍，有的只是过时的赛马指南、卷了角的占星学年鉴、连环画期刊、旧书店买来的词典、学术价值不高的稗官野史以及写满在产科医院或动物标本商店无意间听到的各种奇闻的笔记簿。假若莎士比亚要建立自己的藏书室，我们可以断定它必然与培根的藏书室迥然不同。

就初学写作的人而言，他无论在学校曾经接受多少训练，都无法获得语言的天赋。进学校训练有如混迹于比林斯门[2]的脚夫或“垮掉的一代”之间一样，可以增加他的词汇量，但不能教会他一种根本的技艺，即如何把一个个单词缀成出人

1 中世纪传说中的东亚岛屿，一般人认为它相当于当今的日本。
2 伦敦渔市，以猥词著称。

意料的新句型，奇迹般地反映某些从未被人悟到的人生真谛。莎士比亚驾驭本国语言的盖世才华源于天赋，但是这种才华只有通过使用、观察和热爱英语才能得到培养，而学校是不教这门课程的。

英语是一种世人尚未认真对待的语言，莎士比亚爱其粗犷与柔美之心，并无与众不同之处。英语不属于外交语言，海外学者认为学它毫无意义，许多土生土长的学者，其中包括培根，宁肯将自己较为深邃的思想托付与拉丁文（拉丁文是不会死的，因为它已经死了）。莎士比亚并不是从英国文学中培养起对英语的热爱的。英国已经有了乔叟，他教导后代说，英语的前途有赖于它的一种方言，即在宫廷和大学中说的东中部方言，那是政府和上流社会使用的语言。然而，在乔叟写作的时代，这种方言正酝酿着剧烈的变革（它不像苏格兰、兰开夏等方言，它们虽然产生了文学，却缺乏大都会的提炼和使自身不断发展的那种内在活力）。威尔若是在学生时代培养了自己对英语的热爱，那不是由于伟大的人物曾经用它进行写作，而是由于英语是一种丰富的大众语言，由于他的思想在其间生存。

都铎朝的英格兰人像现代爱尔兰人一样，是非常健谈的。可以想象，他们说话时口若悬河，滔滔不绝，既质朴准确又漫不经心、用词不当。或许那是一种麦克卢汉式的交流方式，它本身就是信息，并展示了语言的根本职能：使人类在黑暗中保持社会交往。[1]人类是否真为传递消息或感情才学会使用语言，这是值得怀疑的。倒不如说人类一旦失去光明及令人慰藉的可见世界，就必须使自己深信：在那可能存在的黑夜的恐怖中，自己并非孤身一人。就说话而言，它不是一种非常严格的交流方式，因为说话的人时常会由于找不到恰当的字而言辞謇吃或词不达意，时常需要求助于动物性的“哼哈咕噜”，以及无疑代表了人类原始交流方式的手势。倘若将说话比作闪烁不定的听觉的烛光，人们只需使这烛光保持不灭即可。故事、闲谈、谜语、俏皮话在黑暗中消磨着时间，文学便由此——而不是由于陈词叙事的需要——产生。

莎士比亚是从一个乡间集镇的街谈巷议中汲取养料的，但是这种街谈巷议与伦敦的市井喧嚣相去无几。我们只需阅读纳什、格林、德克[2]这些小册子作者的作品即可发现：人们不论身份高低，都喜欢参加喋喋不休的闲谈；参加才华横溢的闲谈自然更好，但他们主要是喜欢谈话本身，而不是谈话可能产生的结果。在谈话中掺入一鳞半爪的学问，用几个自己创造或从书本中搬来的怪词，学拉丁范文那样造句（而不是古老乡间闲谈中无休止地使用“还有……还有……还

1 加拿大传播学家马歇尔·麦克卢汉（Marshall McLuhan，1911—1980）认为，一个社会的主要交流方式对该社会的一切重要方面，包括个人的思想活动过程，具有决定性的作用。主要著作有《理解媒介》《媒介即信息》等。

2 托马斯·纳什（Thomas Nashe，1567—约 1601）、罗伯特·格林（Robert Greene，1558—1592）和托马斯·德克（Thomas Dekker，约 1572—1632）均为英国伊丽莎白时代“大学才子派”作家、剧作家、诗人。

有……”），这就是接近于我们可以称之为莎士比亚时代的语言了。

培根学派的人竟然会把莎士比亚戏剧中的对白与深奥、微妙的学问联系在一起，这是非常奇怪的。莎士比亚笔下的人物，尤其是早期和中期作品中的人物，会滔滔不绝地高谈阔论（在《理查二世》中，“滔滔不绝地高谈阔论”是莎士比亚自己规定一个演员在朗读台词时使用的方式），直到被另一个人物滔滔不绝的高谈阔论压倒为止。剧中是找不到多少诸如培根的《随笔》那种言简意赅的笔法的。对白的内容可以从书本知识中吸收，取舍标准与其说是深信这些内容真有价值，或许不如说是从票房价值的角度，看什么东西可以讨好观众中的艺术行家；但内容在涉及宫廷礼仪和海外旅行的问题时，则可能显得缺乏依据。对白中会有村野的精明，有经心学得的礼貌，喜欢用谚语，甚至有模仿牧师口吻的倾向——因为礼拜日的布道是整个连续不断的说话行为的一个方面。事实上，对白会显出这位诗人的本色：一个乡村青年一心要在一场都市人的游戏中击败训练有素的都市人，但又时常没有耐心彻底学会全部课程。不过，培根派谬论的存在本身，又足以证明这个乡村青年确实学到了不少。假若威尔回到人间，见到培根派的观点，他是会感到高兴的。他的事业毕竟是一种虚构的事业。

但是眼下还不到威尔投入这番事业的时候。这位未来的诗人首先必须使自己耳聪目明，必须从国内外的神话故事、乡风民俗、地方行业中汲取养料，从出身较为高贵的亲戚、小客栈的过往旅客以及父亲店堂的主顾口中，汲取斯特拉福镇以外的大千世界的养料。同时，他的感情，他的神经中枢，也需要接受爱情的滋养和磨砺。

第三章 工作与娱乐
Work, Play

让我们想象一下威尔在父亲最为失意潦倒的1580年那时的境遇和前程。在那最残酷的4月，全家凄然度过未满八周岁即夭亡的安妮·莎士比亚的周年纪念。（司库官的账目中有这样的记载：“莎士比亚先生亡女之丧钟与柩衣费——八便士。”约翰虽则家道中落，区区此数尚不致使他破产。）1580年5月，玛丽又生得一子，取名埃德蒙，弥补了丧女之悲痛。这是最后一胎，很可能是难产；尽管我们不知道玛丽的确切年龄，她必定已接近四十，甚至是四十出头了。她的难产可能是约翰未去威斯敏斯特皇家高等法院出庭的主要原因。

威尔已经十六岁，体格健壮，颔下开始生须。他穿旧的紧身衣裤和长袜，但戴崭新的手套。他的弟妹们必然也是一副强装体面的寒酸相。这时吉尔伯特是十四岁，理查六岁，琼十一岁。没有关于他们是否受过公共教育的记载，也找不到威尔受过教育的史料，不过假定他曾经在王室创办的那所免费的文法学校就读，是很少会有人提出异议的。从他的剧本和诗篇中可以找到他受过传统教育的有力证据。推断他是在斯特拉福而不是在伯明翰、伍斯特或内瑟沃勒普接受这种教育，这也较为合乎情理。十六岁那年他可能已经辍学。他是如何安排自己的前程的呢？

威尔可能与吉尔伯特一道，做了一点缝制手套的活计，不过兄弟二人都没有像父亲那样正式在这一行业中谋生。他们的父亲此刻正是穷途潦倒、心灰意懒的时候，他是不会让儿子也走自己那条看来前途暗淡的道路的。如今，他的地位变得如此低下，公务上又如此名誉扫地，难道他真会把自己的手艺和生活道路推荐给那个聪明的长子？然而，威尔在找不到其他职业的时候，依然必须裁割皮料，把成品——一副副小牛皮或小羊皮手套——送往订货的人家，并且带着一丝苦笑，收下四分之一或半个便士的赏钱。他可能已经依稀知道自己需要什么样的前途，一面扮演着送货小童的角色，一面做着各种甜蜜的梦。重要的是要使莎士比亚这个姓氏重新受到尊敬。但是靠什么呢？不能靠做买卖。他肯定已经崭露了一点文学天才，在起居室里烦躁的母亲和孩子们的喧闹声中，在自己独占卧室的间隙，或在阳光明媚的河畔，零零星星地写下几行诗句。然而，他在文学创作上遇到的问题一定不小，而且令人沮丧。他可以仿效谁的作品呢？他应该写什么呢？

我想，他的目标是要成为一个诗人而不是散文家。当时的散文，像古希腊、罗马时期那样，是阐明实用之物或伦理道德的工具，是用来写菜谱、布道词和历史书的；它不是一门艺术。莎士比亚的名字只能靠艺术赢得人们的尊敬，不能靠一门简单的手艺。诚然这门手艺较缝制手套高尚，但是此时菲利普·锡德尼爵士[1]尚未著文证明，散文写得趣味盎然、娓娓动听、富于旋律，也可以成为一种近乎诗歌的艺术。一个人若是作了一首好诗，他或许可以写上一篇肉麻的题词，奉献给朝中某个达官显贵，恳请嘉纳，从而获得这个大人物的庇护。继之而来的可能是什么呢？是金钱的馈赠和上流社会的友谊，甚至最后还可能博得那位不鄙视诗歌、自己居然还写过几行的女王的青睐。年轻的威尔应该比他的父亲有更大的抱负，但是在青春年少之时，他只能把大胆的抱负寄托在梦想之中。

我以为，威尔不会在十六岁的时候就发现自己在舞台艺术中有远大的前程。伶人是一种无主之仆，他们只有借助某个贵族老爷名义上的庇护，才能幸免被人指为流民、乞丐。比起这一行业的低下地位，威尔或许更反感当时在斯特拉福市政大厅上演的戏剧中那些粗劣的诗句。后来在 1587 年，克里斯托弗·马洛以其诗剧《帖木儿大帝》使整个戏剧界为之愕然——这部作品的惊人成就在于诗句，它那独出心裁的残暴和烈火一般的激情，至今依然具有震撼和征服观众的威力——但是，那是七年以后的事情。时下，年轻的莎士比亚在家乡看到的戏剧，似乎希望渺茫。

然而，我感到威尔写成的第一首长诗可能是一部诗剧。

1　菲利普·锡德尼（Philip Sidney，1554—1586），英国诗人、评论家，代表作为田园传奇《阿卡狄亚》（一译《世外桃源》）。在论文《诗辩》中，驳斥清教徒否定艺术的观点，肯定古典主义原则。

他需要伸展自己的翅膀；即便是青春年少，也会考虑从奥维德的《变形记》中选择某个主题，试写一首叙事诗，甚至已经着手写了。但是，他在技术上会遇到巨大的困难。或许写比较松散自由的东西，像喜剧那样，要容易得多。何不试着改编普劳图斯或泰伦斯的一部剧本呢？何不使用无韵体诗写呢？这种诗虽说是至今受到人们鄙视的职业舞台的艺术手段，但是依然具有实现其原定目标的独到之处，即多少能够表达维吉尔的六音步无韵诗的流畅风格。萨里伯爵认为还可以的东西，对于威廉·莎士比亚来说也是可以的。[1]

我认为，威尔改写一部罗马喜剧的动机并不是纯粹的、自然产生的。我认为这要联系到人们猜测得最多的一个问题，即他在离开学校以后、未去伦敦演戏之前这段时间是何以谋生的。英国传记作家约翰·奥布里（John Aubrey）在1660年后查理二世王朝复辟时期写的《名人传略》中，关于莎士比亚的传略有许多地方是完全靠不住的，但是也提出了这样的看法："虽然本·琼生称他'通拉丁几希，懂希腊更微'，他早年曾在乡间任教，颇通拉丁文。"他在页边注明，这一情况是从"比斯顿先生"处了解的。此比斯顿先生即克里斯托弗·比斯顿之子，我们知道，克里斯托弗·比斯顿与莎士比亚是同一剧团的演员。奥布里提供的情况有许多是假的，也许这也是假的，但也有可能是真的。威尔天资聪明，对于诗歌的爱好

1　萨里伯爵译作《维吉尔的埃涅阿斯选卷》是英国第一部无韵体诗。

又足以使他乐于学习能够将他引向奥维德的拉丁文；让这样一个孩子在一所文法学校担任助理教员可能很有用处——这种假设至少是合乎情理的。甚至有人以为他在葛罗斯特郡任家庭教师。《理查二世》中关于巴克利堡的描写，似乎说明作者曾经亲眼见过塞汶河谷的乡村；《亨利四世》下篇中，夏禄提到的某些地名也取自这个地区。威尔可能在这一带住过不少时日，除教书外很难想象他还会做些什么。

威尔若是做家庭教师，而不是时刻受校长监督的文法学校助理教员，就更有可能在教学中进行一种特殊的实验，包括用英文而不是拉丁文演出普劳图斯的一出戏。有人认为威尔是在巴克利伯爵家中担任家庭教师；果真如此，伯爵是会欢迎这种实验的，因为他是著名的戏剧庇护人，还是一个以他的名字命名的剧团的保护人。让我们想象威尔如何开始将普劳图斯的《孪生子》译成英文。他像其他创造型艺术家一样，对于逐字逐句照着别人的意思翻译渐渐感到厌倦，终于使得整个译本虽说在主题、人物、主要情节上接近原作，却在遣词造句方面与原作相去甚远——他译得如此随心所欲，结果发展成一部原作。有一类具有创造型头脑的人会觉得完全忠实地复制——这是翻译者的美德——比重新创作困难。我认为莎士比亚就是这类人。开始时他打算写英文本的《孪生子》，结果却写成了《错误的喜剧》。

让我们把这两个剧本比较一下。莎士比亚的剧本：叙拉古与以弗所结下了冤仇，任何叙拉古人在以弗所被查获都必须缴纳一千马克的赎金，否则将被处死。叙拉古老商人伊勤在以弗所被捕，他交不出赎金，但以弗所公爵允许他说明冒险来以弗所的原因。伊勤有一对孪生子，都叫安提福勒斯。兄弟二人各有一名奴仆，也是同名孪生兄弟，叫德洛米奥。在一次海难中，伊勤和他的两个儿子及其奴仆失散了。他到处寻访他们的下落，终于来到以弗所。公爵有感于伊勤的遭遇，同意把缴纳赎金的期限放宽到傍晚。再说安提福勒斯（老大或老二），他带着大德洛米奥（或小德洛米奥），自失散后一直居住在以弗所；我们可以称他为以弗所的安提福勒斯。另一个安提福勒斯（老大或老二）那天早上带着小德洛米奥（或大德洛米奥）也来到了以弗所，寻找他的兄弟和母亲；我们可以称这个安提福勒斯为叙拉古的安提福勒斯。由于两个安提福勒斯长得一模一样，两个德洛米奥也是相貌完全相同，因此就发生了一连串阴错阳差的滑稽事情，致使以弗所的安提福勒斯被当做疯子关了起来，叙拉古的安提福勒斯为逃避其孪生兄弟好吃醋的妻子而躲入了尼庵。

伊勤由于无法缴纳赎金，被带走准备处死。但是以弗所的安提福勒斯恳求公爵宽恕他的父亲，叙拉古的安提福勒斯也前来请求；两对孪生兄弟终于同时露面，澄清了一切。同时，叙拉古的安提福勒斯避难的尼庵住持，原来就是伊勤失散多年的妻子爱米利亚。公爵被这大团圆感动，赦免了伊勤，全剧到此圆满结束。

普劳图斯的剧本故事情节较简单：叙拉古的一个商人有

一对相貌一样的孪生子。哥哥叫梅尼克穆斯，七岁时被人拐走；弟弟索西克勒斯为纪念丢失的哥哥，改称梅尼克穆斯。索西克勒斯（或梅尼克穆斯第二）长大后四处寻访哥哥的下落，来到哥哥居住的埃皮丹努斯。梅尼克穆斯第二与哥哥的情妇、妻子和岳丈卷入了一连串阴错阳差的纠纷，被断为精神失常，但是几乎被送入疯人院的却是梅尼克穆斯第一。最后一家人相会，消除了误解，幸福地团圆。

莎士比亚的剧本比普劳图斯的原作复杂得多。我不想妄称他的初稿与我们现在的版本十分相近。（顺便提一句，这个版本首演的时间不会晚于 1594 年。）我也不想断言他差不多是在学童时代就写成了初稿，尽管他的无韵诗极为无韵，更像是个聪明的六年级学生的作品，不像出自一个有抱负的诗人之手：

公爵：……或者叙拉古人涉足到以弗所的港口，这个人就要被处死，他的钱财货物就要被全部没收，悉听该地公爵的处分，除非他能够缴纳一千个马克，才能赎命。你的财物估计起来，最多也不过一百个马克，所以按照法律，必须把你处死。

伊勤：等你一声令下，我就含笑上刑场，从此恨散愁消，随着西逝的残阳！[1]

1 见《错误的喜剧》第一幕第一场。

所谓莎士比亚“销声匿迹的年月”是他刚过二十岁那几年；他离开斯特拉福镇去伦敦谋生（很可能是1587年）之前，或许是在学校任教，或许在做家庭教师。在此我无非是认为，与其把《错误的喜剧》——无论何种形式——看做是从事专业剧本创作时所写的，不如看做是业余教学时写的更恰当；并且这也是莎士比亚完成的第一部具有一定篇幅的作品。我认为它是一个纽带，衔接起莎士比亚蛰居斯特拉福静候机遇与他在伦敦作为“打杂的”[1]名扬天下这两个阶段。我想，他就是把这个剧本——尽管初稿也许只有一幕——交给一个剧团，以此表明自己一有机会施展抱负就能做到什么。

在结束《错误的喜剧》的讨论之前，我想指出：由罗杰斯和哈特[2]作词作曲的一部好莱坞音乐片《叙拉古的小伙子们》使这部剧本收到了最佳艺术效果。影片保留了莎士比亚的故事情节，摈弃了他的对白；它通过特技摄影使两对孪生兄弟在银幕上惟妙惟肖、真实可信，而这种效果在舞台上自然是无法取得的。发生的各种误会也确实可笑，笑声是由精彩的场面引起的笑声，而且几乎都是原作的意图。这出戏便是威尔看了，也不会因为删去了唧唧喳喳的长篇对白而感到遗憾。

天真的人以及培根门下的各派学生认为，莎士比亚专事

1 原文Johannes Factotum，格林骂莎士比亚的话。

2 罗杰斯和哈特是一对歌曲创作搭档，分别是作曲家理查德·罗杰斯（Richard Rogers，1902—1979）和抒情歌词作家洛伦茨·哈特（Lorenz Hart，1895—1943），他们一起合作了二十八部音乐剧。

创作以后所写的作品可以证明：他在那段较长的销声匿迹的时间里，除了教书以外还有其他职业。有人写了一些书，说莎士比亚曾经当过海员。达夫 · 库珀（Duff Cooper）甚至还发表研究报告，论述莎士比亚曾在军队中任士官，转战于低地国家[1]，是个不屈的战士。还有大量材料说莎士比亚曾在一位律师手下谋生，而一个蓄须谢顶的青年在积满灰尘的房间里趴在一些财产转让书上不停地勾勾画画，几乎成了威尔的人物写生。事实上，莎士比亚虽然在各种行业中大都显得像个奥托里古斯[2]，他在法律事务方面所显示的专业知识，却超出了“一个专门注意人家不留心的零碎东西的小偷”[3]所能掌握的范围。诚然，他喜欢购买房地产，具有庄户人的精明的眼睛，能够识别什么是骗人的生意经；但是，他在自己的剧本和十四行诗中挥洒自如地使用法律行话，听来似乎确实出自律师而不是当事人之口。例如在《哈姆莱特》墓地的一场戏中，有一节离题甚远的华彩段，全是各种诡辩托辞、法律条文、具结、双重保单、赔偿等大同小异的术语，还有把调门儿从一种行当转到另一种行当的谐调的和音：

---

1 即今日之荷兰、比利时及卢森堡，历来为兵家必争之地。

2 奥托里古斯（Autolycus），《冬天的故事》中滑稽的小偷，夸口说他是以赫尔墨斯的儿子奥托里古斯命名。赫尔墨斯是希腊神话中的商业之神，机智狡猾，拥有特殊的偷窃能力，被视为欺骗之术的创造者。据说他把诈骗术传给了自己的儿子。

3 出自奥托里古斯的独白：“我的父亲把我取名为奥托里古斯；他也像我一样水星照命，也是一个专门注意人家不留心的零碎东西的小偷。”见《冬天的故事》第四幕引子。

哈姆莱特：契约纸不是用羊皮作的吗？

霍 拉 旭：是的，殿下，也有用牛皮作的。

哈姆莱特：我看痴心指靠那些玩意儿的人，比牲口聪明不了多少。[1]

威尔要在斯特拉福的一家律师事务所或镇执事手下谋到一份差使可能不会太难，而且做文书也无需排除执教的可能：他或许是厌倦了一行（甚至是遭到解雇），又爱上了另一行。但是，在威尔（吩咐学童即席译出普劳图斯的戏，又将双重保单暂且搁置一旁）努力使自己成为一个诗人的时候，这两种行业，或半专业，是他势必从事的有利可图的职业中最有可能选择的两项。

生活不全是工作。都铎朝的斯特拉福镇是个单调乏味的去处，能够使人兴奋的事情无非是举行洗礼命名仪式，婚丧嫁娶，哪家在门前堆粪受到传讯（约翰·莎士比亚曾被传讯过一次），听长篇大论的布道，捉奸，不做礼拜（又是约翰·莎士比亚），折磨巫婆，虐待动物，贵族老爷出猎，看粗野流血的足球赛，闹鬼闹仙，碰到好人儿罗宾[2]（给他取这个压邪的诨名说明人们多么怕他），赶集，流动小贩兜售民谣歌本，逢年过节举行喜庆活动，母牛临产哞叫，宰牛犊，杀肥猪，夏

1 见《哈姆莱特》第五幕第一场。

2 好人儿罗宾（Robin Goodfellow），即英国十六七世纪民间传说中的顽皮精灵迫克（Puck），漫游乡间，伺机捉弄人。莎氏把它写进了《仲夏夜之梦》。

狩猎、放鹰、斗牛斗猿和踢足球是伊丽莎白一世的臣民喜爱的运动项目。

季家蝇太多，冬季水泵结冰，发生瘟疫，流行痢疾，收成不好，小伙子与大姑娘有私情，绿屋人杰克[1]游街，醉汉闹事，宗教狂拿地狱吓唬人，玩九柱戏[2]，在别人地界偷猎，少年打了老人，庆祝收获节，茅舍换顶，木屋起火，暴雨冲坏道路，大风刮倒树木，说下流笑话，牙痛，冬季饮食不周引起坏血病，等等。认为斯特拉福的生活无非如此是不至于大谬不然的。但除了这些，镇上也有其他活动。

例如，巡回剧团常来访问，由镇公所出钱在市政大厅演出，其中包括：1569、1575、1576、1581、1582、1584年的伍斯特伯爵剧团，1569、1587年（1587年那次可能十分重要，我以后再谈）的女王剧团，1573、1576、1587年的莱斯特剧团，1575年的沃里克剧团，1579年的斯特兰奇（德比伯爵）剧团，1581、1582、1583年的巴克利剧团，如此等等，不一一列举。此外还有歌舞、欢宴之王[3]、纪念罗宾汉的活动（罗宾汉是绿林中的一个精灵，就像后来成为哈姆莱特的阿姆莱特[4]），以及五朔节的庆祝活动。五朔节的活动是菲利普·斯塔布斯等清教徒一再谴责的，他在《陋习之剖析》（1583）一书中写道：

---

1 绿屋人杰克（Jack-in-the-green），英国传统五朔节扫烟囱迎接春天的庆祝活动中，由男子或儿童装扮成扫烟囱工，钻在鲜花、树叶扎成的圆锥形框架中，故名。

2 用球撞倒九个瓶状木柱的游戏。

3 中古英国圣诞节狂欢会的司仪。

4 莎士比亚悲剧《哈姆莱特》的故事原型，一说为流传自12世纪的丹麦王子阿姆莱特（Amleth）的传奇，故事见于格拉玛提库斯编撰的《丹麦人的业绩》。阿姆莱特是国王霍温迪尔之子，芬格妒忌并杀死兄长，娶嫂嫂葛茹莎。

……他们诚惶诚恐带回家的最主要的宝贝是五朔月花柱。那花柱（应称为臭气冲天的偶像）从上到下扎满鲜花野草，有时涂成五颜六色，由二十或四十对角上挂香花的公牛牵引。后面二三百个神不守舍的男女老少，头上有各种方巾和彩旗随风飘动；他们在地上撒麦秆，在花柱上绑嫩树枝，就旁搭起凉亭和遮阴篷。随后他们便开始大吃大喝，围着花柱又跳又舞，像异教徒在崇拜偶像。十足异教徒的一套！或不如说就是异教徒在向偶像顶礼膜拜！

因此，作为面容苍白的俊俏儿童身上花里胡哨的衣服而流传给我们的，诚如斯塔布斯了如指掌的那样，便是不敬基督的人对于勃起的阳物的崇尚，包括青年男女婚前在野地里犯下的私情。在都铎朝，斯特拉福像其他城镇和乡村一样，发生着许多贪欲的行为；其中有的非但无需偷偷摸摸，而且还按时受到颂扬，因为它们是一个农业社会拼命投入的整个生活进程的一个方面，有如家畜之繁育、禾苗之破土。在那个时代，青年男女很早便失去童身，我们不能以为威尔是例外。

第四章 婚姻
Marriage

维多利亚朝的臣民将这位埃文河上的诗圣视为基督教的思想家和道德上的引路人加以崇拜（那是在 1818 年英国编辑托马斯·包勒“包揽勒除”[1] 作品中粗鄙下流的内容，使之成为“家庭本莎士比亚”之后）。时至今日，依然有人视 4 月 23 日为圣人节，虔诚地庆贺他们从未拜读过的剧本和诗篇所产生的鼓舞力量。把高度的道德修养与高度的艺术造诣等量齐观，这是德国人的传统，也是盎格鲁－撒克逊人的传统。他们认为：艺术家越是伟大，他的道德情操就越高尚。这自然是无稽之谈。这些人视威尔为道德高尚的艺术家而加以爱戴；能够在此冒他们之不韪，录下威尔在婚前曾与人私通的史料，并且提出具体日期作为证明，这是一桩令人十分满足的事情。1582 年 11 月 28 日，沃里克郡有两个庄户人为某威廉·萨戈比亚（Shagspere，此拼法颇带粗俗味[2]）与某安妮·哈瑟维结为合法夫妻作保。伍斯特主教的记事录中就是如此记载的。但是在斯特拉福教区教堂的记事录中，我们又看到这样的记载：1583 年 5 月 26 日，一名女婴，威廉·莎士比亚之女，接

1 托马斯·包勒（Thomas Bowdler，1754—1825）于 1818 年出版了被认为更适合家庭阅读的删节版莎士比亚读本，英语中“删除不妥文句”（bowdlerize）一词由此而来。此处译为“包揽勒除”。

2 Shag 指杂乱，引申有交配的意思；spere 是 spear 的古体，枪、矛的意思。

受洗礼并被命名为苏珊娜。这婴儿是他们结婚刚满六个月就出生的。

有一些学者，尤其是那些不愿使自己的道德偶像成为泥足偶像的学者认为：他们二人必定是在1582年8月订婚的，而订婚即便是按基督教的习俗，也几乎等于完婚。我认为这种说法站不住脚，而且我想莎士比亚本人也不会认为它站得住脚。在《暴风雨》中，他让普洛斯彼罗警告说，假如腓南迪在与米兰达举行婚礼的“神圣仪式”之前侵犯她的处女贞操，那么“冷淡的憎恨、白眼的轻蔑和不睦”等最可怕的灾难将降临于他。威尔对这个问题的态度是很激烈的；我们可以认为他是在表达当时的法律观念和习俗。威廉·莎士比亚与安妮·哈瑟维（Hathaway，她的姓氏通常是这样拼写的）至少是在他娶她或者说她嫁他之前三个月就已经私通，并且可能根本未曾提到订婚之事。这纯粹是放荡的苟合，无疑是发生在盛夏的麦田里，而且威尔在《皆大欢喜》中对此记忆犹新：

小麦青青大麦鲜，
嗳唷嗳唷嗳嗳唷，
乡女村男交颈眠，
春天……[1]

1　见《皆大欢喜》第五幕第三场。

我们假定，这桩婚事是因为安妮已珠胎暗结，沃里克郡两个庄户人急于充当保人而促成的。围绕这件事仍然有某些费解之处。就在这两个农民作保——此事有充分的文字记载——的前一天，伍斯特主教区记事录中还有该教区为某个叫威廉·萨克比亚（Shaxpere）的男子与格拉夫顿寺某个叫安妮·惠特利（Anne Whateley）的女子出具结婚证书的明确记载。很少人会怀疑这个萨克比亚与安妮·哈瑟维的那个萨戈比亚是不是同一个人，不过倒是有人怀疑是否真有安妮·惠特利其人，因为他们想到都铎朝的文书缀字离奇，认定“惠特利”就是“哈瑟维”，只是拼法多少有点出格而已。然而，安妮·哈瑟维是肖特里人，非格拉夫顿寺人，文书们无论如何独出心裁，也不可能在地理位置或拼法上把一个地方变成另一个地方。两个地方都位于斯特拉福以西，如把肖特里并入某个大行政区，那将是并入斯特拉福而不是格拉夫顿寺。事情也确实早已如此，肖特里如今只是斯特拉福的一个郊区。格拉夫顿寺始终未被归并，它有宾顿、多德威尔和德雷顿三道屏障。

人们有理由认为威尔想娶一个叫安妮·惠特利的女子。这名字在英格兰中部相当普遍，连班伯里骡马市上一家上等饭店也叫安妮·惠特利。这女子的父亲可能是约翰·莎士比亚的朋友，也许是他的羊皮价格公道——总是有各种原因可以使莎士比亚和惠特利两家或两家已到婚龄的子女成为朋友。威尔受父亲差遣去格拉夫顿寺买羊皮，可能看中了人家那位小鹿一般羞涩、春天一般妩媚的千金。十八岁正是青春年少、柔情似水的年华，而且既然已经略通人道，自然会发现此番才是真情实意之所在，与他对肖特里那位哈瑟维小姐的感情大不相同。

但是，威尔既要娶安妮·惠特利为妻，为何又会落到非娶安妮·哈瑟维不可的地步呢？我以为这可以借用昔日妇女杂志中一些警世小说的一个简单而又现成的说法：他在感情上爱上了这个安妮而在肉体上又放不下那个安妮。为方便起见，我认为可以假定他是在1582年春初次与安妮·哈瑟维苟合，或许就是在5月的狂欢气氛中一时冲动酿成的。他必然在此之前就与她相识，但是他们之间年龄相去甚远，在他开始成年之前，他们是不可能枕席交欢的。二人相差八岁，完婚时安妮是二十六岁，威尔是十八岁。安妮的父亲理查·哈瑟维是肖特里的庄户人，1581年故世，留下的房屋原来叫休兰德农庄，如今叫安妮·哈瑟维农舍。他在遗嘱中责成嗣子巴塞洛缪迁入农庄，替母亲经营这片土地。理查的遗孀是继室，不是安妮的生母，因而安妮必定会感到自己只是生活在一些近亲的家庭之中：三个同父异母的弟弟，还有巴塞洛缪接管三个月后又添的一个弟媳（此时他已有能力娶妻）。这弟媳很可能自视为农庄的主妇，而理查的未亡人则是一家的老太太。安妮在这个家庭中没有真正的地位，不过无疑她必须做活，也许是照料乳牛。二十六岁已超过通常的出嫁年龄，她必然早就开始相当不顾一切地在寻找婆家，餐桌上或许已经有人指桑骂槐，说她迟迟嫁不出去。

找婆家的办法之一就是先与一个男子暗结珠胎，使他做下这件不体面的事情，然后在他耳边稍加威胁，或在他的背后顶上一支枪，这样他或许就会愿意接着做那件体面的事情。威尔的长诗《维纳斯与阿都尼》说的是一个年长色衰的女神，向一个情窦未开的美少年求爱。少年只爱狩猎；而少年的创造者使用 venery[1] 这个包含两层相悖意思的词语，必定曾给他带来一点玩弄文字的小小的快乐。那维纳斯能言善辩，放荡不羁，十分执拗；这少年傻头傻脑，撅嘴绷脸，拒不接受她奉献的宝藏。他撇下她去追逐野猪，却在野蛮法则之下被野猪獠杀。维纳斯哭了，部分是出于自怜，因为如今她再也无法勾引这血肉模糊的可爱身躯了。但是，威尔－阿都尼无疑是喜欢非狩猎性的 venery 的，因而维纳斯－安妮也无需在他耳边多费唇舌。而且，尽管他打算娶的是另一个女子，她还是不费唇舌地轻易取胜了。诚如斯蒂芬·迪达勒斯所说："谁想占有威尔，安妮都自有办法。"[2]

我以为，那个可能确实很可爱的少年威尔——茶褐色的头发，迷人的眼睛，伶俐的口齿，还时常吟咏拉丁诗句——春天在安妮身上尝到甜头之后，直到仲夏都不急于重返肖特里再尝那窃玉偷香的滋味。或许安妮已经提到在洞房中同床共枕的好处，可以免受田野里牛粪和麦芒之苦。但是"结婚"

---

1 Venery 一词作为中古英语，源于中古法语，意为狩猎；作为后期中古英语，源于拉丁语 Venus，即"维纳斯"，意为纵欲。

2 双关语：安妮的姓氏 Hathaway 拆开是 Hath a way，"有办法"的意思。

二字会吓坏任何年轻人，自然也会吓坏威尔。只是事情总是那样捉弄人，威尔竟坠入情网，爱上了一个更为年轻的安妮，并且自己也谈论起婚姻大事了。这个安妮是个贞洁的女子，非放荡不羁之属；她的家庭可能也决不容忍诸如订婚后同房的无稽之谈。要么举行圣洁的婚礼，要么什么也别想得到。因此，威尔在1582年漫长的夏季，只能与这女子神交；他痛感自己心愿难偿，或欲火难消。他没有采取不堪设想的举动，强行摘下那娇嫩的花朵，而是惊讶地发现自己竟身不由己地回到肖特里——阿都尼终于调转马头追逐维纳斯了。于是，在那8月的田野里又发生了一番肉欲的较量，其实是一种发泄情感的净化过程（威尔的头脑中歪理甚多，可能会如此申辩），为的是保持他对另一个安妮的纯洁的爱情，以待他们二人的双亲为他俩的婚礼祝福。这次8月的相遇使安妮·哈瑟维有了身孕。

康登医生为英国男子带来幸福是两个世纪以后的事情[1]，而眼下青年男女的私情是要冒风险的。但是，乡间的露水鸳鸯自有其简单易行的避孕方法，包括甘犯俄南之罪[2]，而且5月的纵欲也并不一定会在来年结出果实。然而，在那8月的日子里，威尔时运不佳，他太掉以轻心或太放纵自己了。

---

1 十八世纪的英国医生康登（Condom）发明了男用避孕套，并以其姓氏命名。

2 俄南之罪，即体外排精。源自《圣经·旧约·创世纪》第三十八章，故事大意是：犹大命其次子俄南与寡嫂同房生子立后，俄南知道生子不归自己，同房时便遗于地上。此举被耶和华视为罪恶，遂令俄南死去。

1582 年 11 月 28 日在伍斯特作保的那两个沃里克郡庄户人，是富尔克 · 桑德尔斯先生和约翰 · 理查森先生；他们或许是已故理查 · 哈瑟维的好友，忠心耿耿地照料朋友身后留下的女儿。我以为，在确信安妮有了身孕以后，他们便找到威尔，要他像个男子汉，弥补自己的过失。威尔可能会说：既然她可以与他如此随便，与别人也同样可以如此随便；这样回答虽说毫无绅士风度，却也合乎情理。两个庄户人听了自然不会吃他这一套，他们可能举起庄稼汉的铁拳吓唬他。到了 11 月，威尔可能预感生米既成熟饭，强迫完婚的事情即将发生，于是他便催促惠特利和自己的家庭，要求立即与那黄花闺女成婚。为什么那么急？要知道，12 月 2 日到次年 1 月 2 日这个月不经特许是不能举行婚礼的，而申请特别许可则要花很多钱——这与教会对耶稣降临节的态度有关——还有 1 月 27 日到 4 月 7 日这段时间，教会也是疯了似的禁止举行婚礼的。那么好吧，让我们省下这笔钱，把婚礼赶在耶稣降临节之前举行吧。孩子，你说得有理，去领结婚证书吧。于是，伍斯特的记事录中便出现了 11 月 27 日的那段记载。

就在这时候，桑德尔斯和理查森赶到，并且居然带来了四十镑钱——这在当时是一笔巨款，几乎可以购买斯特拉福那座最好的房屋“新宅”了。这笔钱是支付伍斯特主教及其忠实的下属的；他们为萨戈比亚其人和那个忸忸怩怩冒称“黄花闺女”登记的安妮出具特别许可证，一旦因此受到控告，这就是一笔赔偿。它是一种保金，保证新郎新娘均无使这门婚事在法律上不能成立的因素：二人皆从未婚嫁，亦无不可通婚的血缘关系。持有特别许可证意味着教堂只需连续两周发布预告即可主持婚礼，而不是通常所需要的三周。安妮通过其拳头发达、有钱有势的朋友，证明自己确实是“有办法”的。

另外那个安妮以及双方的家长必然是发现了这件事。威尔使一个姑娘（其实也很难说是姑娘）怀了孩子，又想逃避责任。威尔终于怀着痛苦的心情屈服了，无可奈何地被牵着鼻子拽入了屠房，或者说是洞房。他是被迫扮演体面的基督教绅士这个角色的。无论如何，这就是根据有案可查的史料提出的令人信服的看法，不过并不强求哪位莎士比亚仰慕者接受。当然，1582 年 11 月 27 日记载于主教区记事录的威廉·莎士比亚[1]，也可能并不是日后写诗编剧的那个人。沃里克郡的莎士比亚家族如今已经香烟断绝，但在都铎朝它也许是颇为人丁兴旺的。而第二天记录在案的那个萨戈比亚无疑就是我们的莎士比亚。对于那些但愿威尔的事业一开始便如结束时那样合乎资产阶级礼仪的人，这一巧合是令人欣慰的。然而我和诸如弗兰克·哈里斯[2]这样一些人只好告罪，因为我们认为，威尔被迫与一个非他真心相爱的女子结婚，而且这门没有爱情的亲事是促使他背井离乡，去伦敦谋求新的生活

---

1 即与安妮·惠特利出具结婚证书的萨克比亚。

2 弗兰克·哈里斯（Frank Harris，1856—1931），美国作家、戏剧家，著有《莎士比亚及其爱情生活》等。

的原因之一。

威尔与安妮建立家庭的时候，他们除了住在亨利街的双亲家中之外，别无其他去处。约翰·莎士比亚在家道兴旺时曾经买过一所房屋，但在中落时又把它卖了。安妮带来的妆奁甚微——六镑十三先令四便士，按她父亲的遗嘱是要“在她出嫁之日支付”。这对新婚夫妇自己是无力购买房屋的，而桑德尔斯与理查森二人此时已无法再慷慨解囊。当然，约翰·莎士比亚在亨利街的房产或许不限于目前作为威尔诞生地供人凭吊的那所房屋；他可能也是邻屋的主人。然而，人们无法清除这样的印象：安妮与威尔结婚时除卧室一间（即让吉尔伯特搬出与理查及埃德蒙合住）以外别无他处；结婚家具也只有一张双人床，按伊丽莎白时代的粗话，就是好让四条光腿（有人说是五条）在上面任意驰骋。这张床可能是安妮从肖特里带来的她父亲与继母结婚时的床，哈瑟维老太太既已居孀，自可用先夫前妻之女的单人床而无需这张双人床了。或许这张双人床就是威尔日后指明留给他自己的未亡人那张仅次于最好的床。无论他打算在身后留给安妮的遗产如何微不足道（按不成文法，安妮作为未亡人有权得到丈夫的一份遗产），他是难以剥夺她要回自己父亲那张双人床的权利的。不过，这自然纯属推测。

经过了起初相互猜忌的攻守较量之后（“我的儿子还是个乳臭未干的孩子而你已经年龄不小了”），玛丽·莎士比亚可能还是乐于家中有个成熟的儿媳，一个精于治家、勤于洗涮的帮手，尤其是自己生下了埃德蒙，已经开始感到年老力衰。家中有五个于家事无用的男人需要侍候，琼无论多么愿意做家务，毕竟只有十三岁。现在来了一个安妮代替殁了的安妮，而且比早已夭亡的第一个琼只大两岁，倘若琼活到今天的话。安妮或许从这位饱尝生儿育女甘苦的婆婆的疼爱中，得到了某种慰藉。至于她与丈夫如何相处，我们只能猜测。威尔也许依然是目光飘忽不定，向往着他在斯特拉福一带能够看到的更为年轻的血肉之躯。我认为《错误的喜剧》是在 1582 年至 1587 年之间构思并写出初稿；果真如此，那么人们从凶悍泼辣的阿德里安娜[1]身上寻找某种暗示也是情有可原的。阿德里安娜疑心丈夫有外遇，告诉一位住持尼自己如何狠狠地数落丈夫：

> 在床上他被我劝告得不能入睡；吃饭的时候，他被我劝告得不能下咽，没有旁人的时候，我就跟他谈论这件事；当着别人的面前，我就指桑骂槐地警戒他；我总是对他说那是一件干不得的坏事。

那住持尼严厉地训斥了她一番：

> 所以他才疯了。妒妇的长舌比疯狗的牙齿更毒。他因为听了

1 《错误的喜剧》中以弗所的安提福勒斯善妒的妻子。

你的詈骂而失眠，所以他的头脑才会发昏。你说你在吃饭的时候，也要让他饱听你的教训，所以害得他消化不良，郁积成病。这种病发作起来，和疯狂有什么两样呢？你说他在游戏的时候，也因为你的谯诃而打断了兴致，一个人既然找不到慰情的消遣，他自然闷闷不乐，心灰意懒，百病丛生了。吃饭、游戏、休息都受到烦扰，无论是人是畜生都会因此而发疯。你的丈夫是因为你的多疑善妒，才丧失了理智的。[1]

这些话是很有说服力的，足以使人联想到作者的真实意图，但是，威尔也可能是想到他人之妻的所作所为，或是一时跨入了纯戏剧想象的世界之中。

然而，妻子总是爱唠叨的，便是最好的妻子也难免如此。我感到，安妮若是对威尔耍泼，这与其说是因为怀疑威尔，莫如说更多是因为对自己新的生活景况不满。她何时才会有自己的房屋呢？威尔何时才能使她摆脱那小得可怜的卧室、公用饭厅和刺鼻的鞣酸味儿，得到一个家庭主妇而不是黄毛丫头应该享受的一切呢？只有等到他谋得一份像样的差使才有可能，但这又该是何年何月呢？执教是没有前途的，因为他没有学位；在法律界也不会有擢升的希望，也是因为没有学位。他在学写诗歌，但这又能有什么出息呢？她的父亲至少经营过一个兴旺的农庄，还留给她一份嫁妆；他威尔又算

1　见《错误的喜剧》第五幕第一场。

什么呢？既非庄户人又非正儿八百的手艺人，能有什么遗产留给儿女呢？

儿女，那自然又是一个问题；但是眼下最迫切的是空间问题。我们已经看到，苏珊娜于1583年5月26日受洗。1585年2月2日圣烛节[1]，哈姆奈特和珠迪丝这对孪生兄妹受洗。莎士比亚家原来人口已经相当可观，如今又添了四口。最好不要再生孩子了。《圣经·次经》中的犹太女英雄珠迪丝，在巴比伦作战时砍下了敌将霍罗福尼斯的头颅。霍罗福尼斯（Holofernes）有时是男性生殖器官的谑称；让珠迪丝·莎士比亚的到来预告父亲生育能力的结束。莎士比亚家从此再无生育儿女的记载，说明事情确实如此。

我打算在人名上任凭自己的意思异想天开一番，头脑冷静的读者完全可以不理睬。我很想假定威尔不是随意或为纪念别人而替儿女取名的，尽管有证据说明事实并非如此。有人说，哈姆奈特和珠迪丝是为邻居萨德勒夫妇取的名字。苏珊娜无非是个好名字，或者说是清教徒的名字，《圣经》上的名字，但是，苏珊娜还象征着清白受到年长者的肉欲的袭击。[2]日后，当苏珊娜·莎士比亚嫁给当地一个受人尊敬的医生为妻，成为苏珊娜·霍尔的时候，她断然否认自己与任何人有

---

1 纪念圣母玛利亚洁身的节日。

2 故事见《圣经·次经》中《苏珊娜传》。两位长老向巴比伦富商之妻苏珊娜求欢，遭拒后反诬她与一少年通奸。苏珊娜被判死刑，先知但以理受神指示介入此案，还之以清白。

过奸情，并且反使原告被教会逐出教门。在婴儿时期，她的名字是具有讽刺意味的：她是肉欲的产物，不是爱情的结晶，而且还涉及一个贪欲的年长者安妮 · 哈瑟维。在《爱的徒劳》中，威尔把一个迂腐的塾师命名为霍罗福尼斯，是取自拉伯雷笔下的高康大所雇用的迂腐的私人教师——《皆大欢喜》中提到了高康大，莎士比亚是熟读拉伯雷的作品的（霍特森博士[1]在论述《第十二夜》中“维比亚人”[2]的起源时，进一步证明了这点）。法语是法律事务必需的语言，斯特拉福镇的执事罗杰斯是否教过威尔法语？是否以拉伯雷的作品为教材？威尔想到自己曾经是塾师霍罗福尼斯之类的人物，是否在开始考虑《圣经》中的那个霍罗福尼斯以及与其有关的那个女子？他如今有一个孩子的名字是以字母 S 开始的，另一个将以 J 开始。此外，斯特拉福在 1 月底 2 月初或许会连降暴雨，洪水泛滥成灾，威尔可能会觉得自己有点像挪亚。挪亚有三个孩子，名叫闪（Shem）、雅弗（Japhet）和含（Ham），头两个以 S 和 J 开始，最后一个是 H。威尔不能用闪和雅弗这两个名字，但是他可以用含，也就是哈姆，或小哈姆（little Ham）[3]。哈姆奈特是个当时常用的爱称，常作教名或父名。在威尔童年，有个叫凯特 · 哈姆奈特的女子投埃文河自尽——有

1 莱斯利 · 霍特森（Leslie Hotson，1897—1992），文学学者，著有《马洛之死》《第十二夜的第一夜》《WH 先生》等。

2 《第十二夜》第二幕第三场中安德鲁爵士提到：“维比亚人（Vapians）越过了丘勒斯的赤道线哪，真是好得很。”

3 小哈姆即哈姆奈特（Hamnet）。

人说轻生是为了殉情。因慈父惨死而发疯的奥菲利娅也是溺死的。哈姆莱特（Hamlet）和哈姆奈特（Hamnet）这两个名字可以交替使用。在英格兰的乡间，人们觉得mn这两个辅音连在一起很难读，喜欢把chimney读成chimley，而且常在鼻音与舌侧音之间增加一个字母b作为过渡。至今我们仍能听到有人把chimney读成chimbley。年幼的哈姆奈特·莎士比亚在人们叫他吃饭或睡觉时，听到的可能是“Hamblet”！不过，我这段文字是毫无根据的。

威尔要经过很久才将自己的儿子演化为一个精神失常的丹麦王子，但是他在亨利街的五年婚后生活期间，有可能在创作一首长诗，即关于维纳斯与阿都尼的神话故事，取材于奥维德的《变形记》。这故事说出了他本人的遭遇，因而触动了他的心弦。长诗的形象真实生动，准确地再现了英国的乡间景色和那位十分真实可信的饶舌女神，因而名列伊丽莎白朝改编古典传奇文学作品之榜首，相比之下，其他作品无非是将古典传奇文学变成诗歌的一种冷冰冰的习作而已。《维纳斯与阿都尼》的语言是光彩夺目的，然而又充满着奇思妙喻和双关语（约翰逊博士曾说，在莎士比亚看来，模棱两可的双关语就是那个使整个世界为之湮没的致命的克莉奥佩特拉）；尽管措辞如此——而不是因为措辞如此——那蜗牛，那遭到追猎的野兔和嘶叫着的牡马，以及那肉欲的吁求，依然活生生地呈现在读者眼前。

《维纳斯与阿都尼》是以沃里克郡的乡村为背景的。那遭到追猎、“满身露沾濡”的“可怜的东西”，是英格兰乡村的一种动物——野兔。假如把这首长诗拍成某种附庸风雅的电视剧，人们根本无需把摄制组带到那满是魔草和水仙的乐园。维纳斯是英格兰的一个出身名门而极为贪欲的美貌女子，阿都尼是当地某权贵的娇娇儿。由于这首诗篇与作者本人境遇有关，我们多少可以无需怀疑安妮是个白皙的金发女子，丰腴高大，自有其作为成年女子的风韵。然而，我们不可过分强调诗的自传色彩。威尔给予这个年轻猎手的同情甚微：他一向是站在受猎者一方的。维纳斯尽管过于饶舌，却是文学作品中最有诱惑力的人物。我只是认为，在《变形记》的全部神话故事中，威尔唯独被这个故事吸引，是因为它以最普通的方式触及了他自己的生活，即一个成年女子企图勾引一个少不更事的小儿。假如他在婚后开始写一首较长的叙事诗，那么这就是第一首，无论它以什么形式出现。

《维纳斯与阿都尼》和《错误的喜剧》有一个共同的特点，就是对于两性的关系采取某种冷漠甚至是粗俗的态度。这两性关系可以说是纯粹的性关系，丝毫不掺杂爱情。请听维纳斯对阿都尼说的这番话：

“心肝，”她说，“我既筑起这一道象牙围篱，
把你这样在里面团团围定，紧紧圈起，
那我就是你的苑囿，你就是我的幼鹿。
那里有山有溪，可供你随意食宿游息。

先到双唇咀嚼吮吸，如果那儿水枯山瘠，
再往下面游去，那儿有清泉涓涓草萋萋。

“这座囿里水草又丰美，游息又可意，
低谷有绿茵芊绵，平坡有密树阴翳，
丛灌蒙茸交叶暗，丘阜圆圆微坟起，
给你又遮断了狂风，又挡住了暴雨。
苑圃既然这样美，那你为什么不作幼鹿？
纵有千条犬吠声狂，都决不能惊扰了你。”[1]

这地形是别出心裁的，不过以此描写炽烈的欲火未免有点过了。在《错误的喜剧》中，这地形变成了世界地理。叙拉古的德洛米奥进一步引申了这种比喻，但格调甚低。他说那个想要他的女人是浑圆的，像个地球。按约翰·邓恩[2]在一首诗中的说法，地球上必须标出各个国家。“她身上哪一部分是爱尔兰？”叙拉古的安提福勒斯问德洛米奥。“呃，大爷，在她的屁股上，那边有很大的沼地。”德洛米奥回答。那么尼德兰（荷兰，或 Hole-land）在哪里呢？“啊大爷！那种地方太低了，我望不下去。”[3]结婚并未赋予威尔心驰神往地使女性的身

1　见《维纳斯与阿都尼》第 229 行至 240 行。
2　约翰·邓恩（John Donne，1572—1631），英国玄学派诗歌主要代表，著有《世界的剖析》《灵魂的历程》等，内容晦涩，比喻怪诞，文字雕琢。
3　英语中尼德兰或荷兰是 Netherlands 或 Holland；前者是“地底”的意思，后者与 Hole-land 相近，即“洞穴之地”。

体超凡脱俗的能力，这是要有真挚的爱情作源泉的。那些主张神交的十四行诗的作者们“没有情妇，只有缪斯”，他们走到了一个极端；脸上带着学童窃笑的威尔走到了另一个极端。

婚姻不能仅靠性生活维持。威尔只是被肉欲吸引到安妮的身边，他或许时常会感到万分厌恶（他日后显然产生过这种心情，有一首十四行诗的第一行，“把精力消耗在耻辱的沙漠里”，就是证明）。要维持那过于庞大的家庭已非易事，担心家庭人口继续增加，可能使威尔感到应该节制自己的欲念。然而这是无法实现的。他必须离开安妮，至少是离开一个时期。这可能是他背井离乡的一个原因，也还有安妮在他耳边喋喋不休地抱怨他胸无大志的问题。1587年盛夏，威尔在一气之下或许会反唇相讥说，他和她一样盼望发迹，但只有离开斯特拉福才有可能。好吧，你走吧！我走，就走！

关于威尔离家的原因，有人还提出过一个更为戏剧性的说法，不过现在一般人都不以为然。这就是所谓威尔曾到查尔考特潜入托马斯·卢西爵士的庄园偷猎。查尔考特离斯特拉福整整四英里路，需要走很长的时间；要是拖一只鹿回来，无论有多少猎手同行也需要更长的时间。但是与传说相反，查尔考特当时尚未正式划为王室特许的猎园，因而在那里猎鹿在法律上并不算是偷猎。所谓威尔在偷猎时被托马斯爵士的看园人甚至是托马斯本人捉住，挨了鞭子，无理狡辩，锒铛入狱，又被幸而脱身的同伙营救出狱，立即逃往南方，如此之类，确实是惊险动人的电影镜头，只是我们找不到任何依据，连可能性的影子都没有。威尔很可能是一时冲动而离开家乡的，但这也是冰冻三尺非一日之寒。或许是因为镇上那个名叫理查·菲尔德的青年在伦敦一家印刷所学艺时，老板不幸去世，他则有幸娶了老板娘为妻，并接管了一家效率高、生意好的印刷所（日后，《维纳斯与阿都尼》就是菲尔德印刷的），而威尔看到别人发迹想到自己不免怆恨伤怀，便盘算起出门闯荡之事。或许是与安妮经过一番激烈口角之后毅然出走的，其情景足以写一首无韵诗或斩钉截铁的英雄偶句诗。然而，当威尔在夜色苍茫或晨曦中出走时，他会想到自己将成为一名演员和剧作家吗？

无论威尔在斯特拉福市镇大厅看过的多数戏剧和演出如何芜杂，至少有一位演员的才华激起了他的极大热情。这位演员就是居于所有专业艺术大师之首的爱德华·阿莱恩[1]。阿莱恩比威尔小两岁，已经是伍斯特伯爵剧团的一颗明星。我们知道，威尔在家乡度过童年时代并长大成人的时候，这个剧团曾经六次访问斯特拉福。后来阿莱恩成了马洛笔下悲剧人物的非常卓越的表演者，威尔本人也将为他写剧，他将以约翰·邓恩博士的佳婿、达利奇庄园的主人、达利奇神赐学院创始人等身份，享尽荣华而终其一生。他在青年时代无疑已经显出了光彩夺目的才气；透过他，威尔或许已经窥见一个诗

1 爱德华·阿莱恩（Edward Alleyn，1566—1626），英国演员，伊丽莎白朝戏剧界的主要人物，被公认为那个时代最重要的舞台表演艺术家。

人在戏剧舞台上所能赢得的荣誉。威尔看过阿莱恩的表演之后，自然再也无法鄙视演员的技艺。饱经夫妻争斗的唇枪舌剑的磨砺，他或许还在自己身上看到了演员天赋的种子。做一名演员还不能成为乡绅，但是瞻望未来，他或许已经看到这无非是待以时日而已。阿莱恩的身上或许已经有一位大庄园主老爷的影子在闪动。

1587 年夏季，女王剧团第二次莅临斯特拉福，也许是来演出《七大重罪[1]》。这家剧团的主要喜剧演员是迪克·塔尔顿（Dick Tarleton）和威尔·肯普（Will Kemp）。肯普的舞台生涯刚刚开始，日后他将作为莎士比亚的同台演员而达到自己事业的巅峰。塔尔顿的舞台生涯却已接近尽头。第二年他染上肝病，贫病交加地离开了人世。他是在 1583 年加入女王剧团的，并且曾经作为一位情趣横溢的即兴表演家和随机应变的滑稽演员而名噪一时。然而在这样一个剧团里，他有时显得太俏皮太冒失了，终于在 1587 年因不识时务地嘲弄他的第一位恩主莱斯特伯爵[2]而招致女王的不悦。威尔在斯特拉福度过青年时代的最后一个夏天时所看到的，是一个目光忧伤、体力衰惫，然而却是才华横溢的丑角。威尔结结巴巴或信心十足地要求加入剧团，或许就是向塔尔顿提出的申请。孩子，你这么大的年龄学戏是不行了。会改写剧本吗？于是，威尔

---

1 基督教以骄、贪、淫、怒、馋、妒、惰为人死后必入地狱的七大重罪。

2 即罗伯特·达德利（Robert Dudley，约 1532—1588），莱斯特伯爵（Earl of Leicester），伊丽莎白宠爱的廷臣，曾受命指挥英国海军与西班牙无敌舰队作战。

可能会拿出他的作品：一幕尚未完成的《错误的喜剧》，一二节《维纳斯与阿都尼》。你倒是写得一手好字，抄抄写写的速度快吗？这方面他可是训练有素的，不是吗？好，让我们看看他是如何出场的。

威尔出场的经过大体如下：由剧团的下榻处返回亨利街，打点好仅有的几件衣服，恳求父亲给几个钱，与诸亲好友洒泪惜别。从此他不再是斯特拉福的威尔。在一座大都市里，一个可爱的莎士比亚先生的角色正等待着他去扮演。这都市污浊、繁华、卑鄙无耻、杀机四伏，然而却是像他这样既无土地又无手艺的新的一代人唯一可望发迹、成名的去处。

第五章　伦敦

London

本书叙述至此，应该奏起花哨的传统华彩乐段，以标志威尔初见伦敦的情景。很好，那就奏起来吧。威尔来到的那座城市，与如今这座荒唐的通都大邑毫无共同之处。那是个发展得超出一般规模的村庄，一时还不急于向西扩展。因皮卡迪利府而得名的皮卡迪利街，只是一片与世隔绝的乡间庄园，住着一户靠缝制皮卡迪领，也即皱领[1]发了财的人家。伦敦古城大体就如今日的伦敦商业区——拥挤，杂乱，空气中散发着泰晤士河的臭气。这河是伦敦的交通要道。乔叟时代的伦敦人没能在河上架设桥梁，伊丽莎白女王的臣民们也只是修起了那座伦敦桥。人们通常乘小船摆渡，听船老大吆喝："东边去喽！"和"西边去喽！"河上有商贩的小船，也有豪华的游艇，王室成员间或也乘艇出游。岸边时而锁着一些囚犯，他们必须在这里经受三次潮水的冲刷。[2]泰晤士河还须冷眼观看那个时代其他野蛮残暴的标志——古城门和伦敦桥头枭首示众的人头。

这座城市街道狭窄，鹅卵石的路面到处是垃圾，湿滑难行。拥挤的房屋之间夹着无数阴暗的小巷。人们向窗外倾倒便

1 皱领，文艺复兴时期欧洲贵族男女穿戴的一种带皱褶的高领饰，在英国主要流行于伊丽莎白一世时期。

2 当时英国海盗被判绞刑后在海边执行，其尸体须经海潮的三次冲刷方可收殓。

壶，或俗称夜壶。路旁没有排水沟，舰队河[1]的臭气令人作呕。然而伦敦也有自己的天然清道夫——雍容大度的鸢鹰拾起破布、垃圾，在树杈上筑窠。这些鸟儿津津有味地啄食地上的一切，清扫着街道。威尔初到伦敦看到的街头奇景之一，或许就是这些鸢鹰在法庭旁的尖桩上撕啄着刚割下的人头。但是，乡间的气息也飘入城内，清除着人为的污浊。面颊红润的挤奶女工清晨便在街头出现，还有那叫卖新鲜水芹的小贩。

这是一座喧闹的城市——鹅卵石的路上兽蹄嗒嗒，车轮辘辘，商贩们大声吆喝，徒工们争吵斗嘴，还有行人互相推搡怒骂倚墙而走，生怕被挤进泥泞的路沟。便是平时交谈，人们也必定粗声粗气，因为按如今的标准，他们都是有七分醉意的。那时谁都不喝白水，茶也尚未传入英国，麦酒是标准的饮料，并且酒味甚浓。早餐几盅有助于人们带着悠然自得或寻衅好斗的心绪开始一天的生活，午餐几盅可以恢复上午消耗的精力，晚餐几盅保证人们在粗重的鼾声中得到安息。上等人家喝葡萄酒，这酒可以增进友好的情谊，也可以导致利剑交锋。那不是一座我们能够称之为头脑清醒的城市。

伦敦人喜欢唱歌，这也许是因为几盅麦酒下肚，令他们心情愉快的缘故。在市民中有大量的歌曲流行，街上就可以买到民谣的乐谱。音乐作为消遣与音乐作为精神陶冶之间的鸿沟，那时根本不存在；到我们这个时代这才是恼人的问题。

1　原为潮水河，流入泰晤士河，后来成了臭水沟。现已填塞，改为暗沟。

像伯德、威尔克斯、威尔比那样的音乐大师，还有那位郁郁寡欢的天才约翰·布尔，都乐于谱写《车夫的哨声》《约翰，快来吻我！》等题材的幻想曲。[1]至于有教养的阶级，人们认为一位绅士或淑女能够参演几段小曲对唱，并不是一桩了不起的事情。拿起新歌谱就演唱（英国音乐家的读谱能力在欧洲大陆的乐队指挥中至今享有盛名），犹如拿起书来就朗读一般，都不是什么罕见的天赋，而他们的一些小曲，我们是难以不事先练习便演唱的。娴熟的鲁特琴（或吉他）和直笛演奏家不乏其人。盛行的键盘乐器是维金纳琴——这样叫或许是因为人们认为它适于少女弹奏，而当未婚的伊丽莎白一世据说也精于此道时，这名称就越发显得贴切了。[2]（伊丽莎白时期这个词是复数形式的——成双成对。）比较响亮的乐器有短号（象牙或木质的管乐器，孔如直笛，音似小号）和萨克巴特，即我们如今的长号。伊丽莎白朝的人对于悦耳、雄健的和声是颇为着迷的。

夏天，威尔可以从敞开的窗户，从理发铺（店堂中会有一名男童，和着鲁特琴边唱边为顾客剪发剃须），自然还可以从旅店里听到歌声传出。在这充满音乐的伦敦城，他必须学会如何谱写不仅可以作为剧本演出，而且演出后尚可供人们

---

1 伯德（William Byrd，1543—1623）、威尔克斯（Thomas Weelkes，约 1562—1623）、威尔比（John Wilbye，1574—1638）和布尔（John Bull，约 1562—1628）都是莎士比亚时代的著名作曲家。伯德擅长宗教音乐，威尔克斯和威尔比善作民谣，威尔克斯和布尔还分别是风琴和键盘乐器的演奏家。

2 维金纳琴（virginal）是十六七世纪的一种小型键盘乐器。该词原意为“处女的”。

传吟的抒情诗。他必须既是威廉·莎士比亚，又是洛伦茨·哈特。从他日后的剧本涉及音乐的地方，人们似乎可以清楚地看到，他的音乐知识是相当丰富的。譬如，麦克白夫人激励丈夫的话——“把你的勇气拧到尽头吧！”——就是直接借用调准鲁特琴的动作。《罗密欧与朱丽叶》也充满着音乐技巧的双关语。演员在歌舞方面必须具备十分丰富的知识和娴熟的技艺，因为较为典雅高贵的观众都是歌舞专家。音乐与歌词，音乐与舞蹈动作是密切配合的。女王自己就是一代舞蹈家。

我们是难以将这种对于艺术的热爱和对于凶残行为的昭彰嗜好联系在一起的。在莎士比亚自己的剧本中，从早期的《泰特斯·安德洛尼克斯》到后期的《李尔王》，倘若我们看到其中描写的残暴行为而咋舌退缩，我们就是误将威尔视为我们之中的一员，以为他只是偶然无辜地陷入了属于他那个时代的凶残。然而，威尔只是偶然才“属于所有的世纪”[1]；他本质上是他们中的一员，是属于弗洛伊德诞生之前的时代，那时人们热衷于看到任何足以使血流加快、欲火中烧的事物。尽管我们无法理解，这种凶残与爱美的天性却可以协调一致。因此，在泰彭[2]执掌绞索的绞刑吏，就必须不只是一名刽子手。要在被绞者最后合眼之前挖出他的心脏给他自己看，这是需要高超的手艺的；而肢解一具尚在冒热气的尸体，其动作也

---

1 莎士比亚同时代的英国大戏剧家本·琼生语，见于1623年出版的莎士比亚戏剧集，即“第一对开本”的献诗。

2 泰晤士河一支流，流经海德公园东北角的绞架，是昔日伦敦刑场的代名词。

刽子手在尸体冒着热气时剖腹挖心，大卸八块。这两幅漫画式的木刻掩盖着中世纪绞刑和杀头的野蛮。

必须像一位真正的艺术家一般敏捷、准确。

穿过伦敦街头，宛如穿过死亡与苦难之巷——鸢鹰啄着暴尸的眼珠，勃赖德韦尔[1]的娼妓在皮鞭下凄厉地嚎叫。威尔后来在《李尔王》中写下了挖眼珠的情节，但是他对鞭笞娼妓的那个人进行了猛烈的抨击，说他是伪君子，急不可耐地贪欲着自己皮鞭下裸露的肉体。威尔看到了他那个时代的虐待狂背后的原因，但是他没有徒费笔墨去写改良派的小册子。他接受了现状。他接受了人们在他工作的剧场附近的河岸街纵犬追逐撒克逊与哈里亨斯这两头著名的大熊借以取乐，以及一头吓破胆的人猿被群狗撕碎的景象。他还接受了"绞刑吏的那双手"——当麦克白看到自己的手就是那双手时，他想的不是那个操绞索的刑吏，他想的是那双伸入受害者腹腔的手，捧着那团鲜血淋淋的脏腑。威尔接受了现状，改变现状不是他的使命，因为他是一个剧作家，一个生活的记录者。他接受了一位想必也和凡人一样残忍的上帝的赐予——乞丐们的染病之躯和不时光顾人间的瘟疫。

伦敦尽管有这一切可怖的景象，但是它的荣耀似乎依然使它堪称世间最令人向往的去处。它是一个名副其实的首都，不是欧洲大陆上某些死水一潭的穷乡僻壤。泰晤士流入欧洲的河川，欧洲的河川又流回泰晤士。伦敦是英国新教的首都，也是全世界新教的首都。当沃里克郡的威尔 1587 年来到伦敦，

1　十六世纪设立的感化院。

他正好遇上一个沸沸扬扬的议题，而远方的斯特拉福对此只能捕风捉影。这议题就是：日耳曼国家经过改革的教会能否继续存在下去。这是宗教问题，又是政治问题，因为新教一旦灭亡，通过新教获得发展的国家也将随之灭亡；这些国家使用本国语言的《圣经》，又像英国那样以俗人作为全国教会的领袖。反改革派的势力主要是西班牙，它是强大的，并且尚未显示其全部威力。英国是个弱国，但它团结在一位才华横溢的领袖之下。1587 年，伊丽莎白五十三岁，治理这个国家已有二十八年之久。按当时的标准，她年事已高，但是依然身体健康，清癯袅娜，头脑清醒，精力充沛。早年辅弼她执掌朝政的谋臣们则不可同日而语了：塞西尔和沃尔辛厄姆业已年高朽迈，莱斯特也开始恣意纵欲而变得过于肥胖。然而伊丽莎白一世依然是欧洲最聪明、最狡黠的君主，而欧洲也是深知其人的。

女王早已逾越生育年龄，再也不能利用她那一度撩人的处女身玩弄王朝联姻的伟大游戏了。（本·琼生曾对霍桑登的德拉蒙[1]表示，他怀疑女王是否真能婚嫁，说她“有一道无法与男子交欢的处女膜”。）王位的继承是长期存在的问题，它既是英国新教的烦恼，也是整个欧洲新教的烦恼。但是，1587 年比以往许多年都充满希望。威尔若是在那年 2 月到达

1 霍桑登的德拉蒙（William Drummond of Hawthornden，1585—1649），苏格兰诗人、文学家，著有文学评论《与琼生对话》。

伦敦，而不是我们主观假设的夏季，他就会遇到一片钟声叮当、篝火熊熊、礼炮齐鸣和醉汉欢闹的景象。2月8日，苏格兰女王玛丽至死笃信天主教，被处以极刑，清除了对新教王位的一大威胁。苏格兰曾一度跟着约翰·诺克斯[1]斥责玛丽为“耶洗别女王”[2]，此时却愤怒了；然而玛丽的儿子詹姆斯六世却瞩目于自己的前程。[3]“我若宁要母亲而不要王位，那将是何等糊涂与反复无常呢？让世人裁断吧！尽管我的荣誉驱使我坚持主张保全她的性命，我的宗教信仰始终推动我憎恶她的行为准则。”——这是他仅在一年之前发表的忤逆言论。那些曾担心会有一个天主教徒从苏格兰登上英国王位的人们再也无需担心了。英国的天主教徒失去了希望的中心。他们当中有些人指望西班牙国王腓力的女儿继而要求继承王位，却发现在自己的同宗教友中，有太多人认为自己首先是个英国人，然后才是天主教徒。即便西班牙真是罗马教皇的持剑之臂，它毕竟是一个异邦，时刻威胁着英国的国土。

当威尔在伦敦第一个寓所安顿下来的时候，这种威胁日见迫近了。人们倒并没有惊慌，但也采取了许多防范措施，

---

1 约翰·诺克斯（John Knox，约1505—1572），苏格兰宗教领袖、苏格兰长老会创始人。1558年发表《反抗残暴的妇人统治第一声号角》，抗议英格兰和苏格兰的女王统治。

2 耶洗别（Jezebel）是古以色列国王亚哈残忍放荡的王后，提尔国王谒巴力的女儿，在以色列鼓励异教崇拜，迫害先知。故事出自《旧约·列王记》。

3 詹姆斯六世后于1603年继承伊丽莎白一世的王位，成为英国国君，改称詹姆斯一世。

譬如将信奉天主教的普通教徒投入监狱，拷打惯会含糊其辞的耶稣会教士，甚而施之以绞刑和剖腹挖心、凌迟等酷刑。流亡罗马和杜艾[1]的英国天主教徒辱骂伊丽莎白不仅是异教头目，而且还是乱伦野种和淫妇，癖好“某种难以出口的、不可思议的肉欲”。他们这样做于国内的教友毫无益处。伊丽莎白本人可能是个“异端”，但她并不褊狭盲信、中伤诽谤。她更乐于按照胡克（Richard Hooker）《教会组织法》的原则来组织英国教会，给大多数教派的基督徒以共存的空间。不容异端的做法将给天主教徒、自由思想者和演员的生活同样带来麻烦，那不是女王的意思。一种新的宗教狂热正在崛起，它在市政要员和枢密院中不乏代表人物。沉默寡言的爱国天主教徒较之大吵大闹的好斗新教徒更能为伊丽莎白的基督教所容纳，但是就头脑不如女王精明的人而言，问题十分简单：天主教就是西班牙，而西班牙是敌人。

西班牙入侵的威胁直至1588年才见诸行动。这是威尔认识到何谓英国的爱国主义，这种爱国主义在大众戏剧中又如何有用的一年。1587年，人人都认为战争将起。然而，即便伊丽莎白的臣民们还蒙在鼓里，女王与她的谋臣们明白，英国是难以负担战争的重荷的。财政拮据，而且再也不能采取强取豪夺寺院财产或残酷没收私人产业的办法筹措资金。英国不像欧陆各国那样由王室出面向富有的臣民借债，而多是

1 法国北部城市，西班牙国王腓力二世在此为英国教士设有罗马天主教神学院。

以高息告贷于安特卫普[1]，并以伦敦金融城作保（即由商家以货物抵押）。除了准备战争以外，英国尚有其他需要用钱的地方。譬如，宫廷是展示英国的文化、智慧、美丽和骑士精神的大橱窗，是外国人眼中的一大奇观，也是本国繁华的幻象。因此，它必须保持光彩夺目的外表，那些已经把祖上遗产挥霍殆尽的贵族们不能衣着褴褛，他们必须从王室的腰包中谋求帮助。但是真正耗费国家有限资财的是维持欧陆各国的新教势力并使之有希望发展下去。英国必须打破腓力二世对尼德兰[2]的控制，帮助法国的胡格诺派教徒，镇压爱尔兰的反叛和英格兰北部天主教徒的暴动。然而使伊丽莎白感到羞怒的，是很大一部分军费落入了军官们的私囊。这些军官像福斯塔夫一样，听任自己的士兵食不果腹、衣不蔽体。[3]在这种情形下，女王居然仍能保持一支海军可用，用今天仍未过时的一句话说就是：她要感谢上帝。

英国在海上的成就，并不是那些腋下夹着公文包的海军将领们在白厅内外团团转、进行大量谋划的结果。伊丽莎白朝的英国名义上实行高度集中的专制政治，实际上喜欢个人的进取精神。于是，与西班牙交战虽说主要是集体的行动，但在战争正式爆发之前，其实就在个别袭扰的基础上展开了。

---

1 比利时重要的商业中心，以银行业著称。

2 十五世纪中叶建立国家，十六世纪初为西班牙统治，十九世纪初成立荷兰王国。

3 莎士比亚笔下的喜剧人物福斯塔夫在《亨利四世》中靠征兵发财，他的姓名与英国历史上靠战争发财的职业军人 John Falstoff 相似。

德雷克与霍金斯旁若无人地将舰队驶入西班牙的海军基地，骚扰正在组建的无敌舰队，并且同样旁若无人地掠夺西班牙的财物。对于这样的海盗行径，女王陛下公开是不表赞成的，但是她在私下的评价则是另一回事了。[1]德雷克这条海龙是个奇才。他和他的海盗弟兄们毫不怀疑英国能够在海上战胜西班牙，因为那是轻便灵活的新战术与笨重迟缓的老战术之间的较量。西班牙人建造的舰队在地中海平静的水域可能适用，但是在他们希望称雄的更为浩瀚的海域，则完全丧失战斗力。他们进行海战的方式也是中世纪的：由一座浮动堡垒带着抓钩逼近敌舰，钩住不放，然后放出步兵与敌人在甲板上进行肉搏，而水兵则在一旁观战。英国的战舰则轻便、敏捷。早在英国海军的真正缔造者亨利八世的时代，这些战舰已经装备了舷炮。战斗是水兵们的战斗。

当威尔在这奇妙的一年来到伦敦的时候，他不仅可以了解到他日后的观众的脾性和卖座的题材，若是在蒂尔伯里，他还会学到一点君王气慨的辞令。下面便是伊丽莎白一世在检阅她的军队时说的一番话：[2]

---

1 德雷克（Francis Drake，约 1540—1596）和霍金斯（John Hawkins，1532—1595）都是英国冒险家，常在海上拦劫西班牙运载金银的船只，并远航至西班牙在美洲的殖民地走私和贩卖奴隶。他们把劫得的财物与女王分赃，女王封他们为海军大将。

2 1588 年伊丽莎白一世曾就西班牙无敌舰队的入侵问题，在位于英格兰埃塞克斯郡境内的蒂尔伯里（Tilbury）向英军发表了著名的演说。

> 我自知是一副弱女子的身骨，但我有一个国王而且是英国国王的勇气与秉性。帕尔玛[1]、西班牙或欧洲的任何君主胆敢侵犯我王国的疆界，我均鄙夷视之。为不使耻辱因我而至，我将亲自拿起武器，率领你们上战场，评定、犒赏你们的每一项功绩。

日后莎士比亚笔下的亨利五世也不会比女王说得更好。女王虽然可能是个极出色的演员，但是她的这番豪言并不是空洞的表演。有消息说，庞大的无敌舰队已被击溃，只有不足半数的舰只得以幸存，歪歪斜斜地逃回了西班牙；英国的战舰无一损伤。倘若帕尔玛公爵真如传闻那样入侵英国，他遇到的将是任何一个国家的史册上从未记载过的那种举国上下同仇敌忾的气氛，那种任何一位欧洲国家的领袖都未曾如此完美地体现，而且——即便是日后那位继承了滥用辞藻的才能的温斯顿·丘吉尔——也永远不会如此完美体现的爱国精神。帕尔玛没有入侵。西班牙国王终日躲在埃斯科里亚尔[2]祈祷。钟声响彻了英国，响彻了英国的首都。

威尔适逢其时来到了英国的首都。与西班牙的纷争尚未结束，但是一个弱小的民族已向世人证明：决心、爱国主义

1　即帕尔玛公国，在今意大利境内，十六世纪时臣属罗马教皇。下面提到的帕尔玛公爵即西班牙将军法内塞（Alessandro Farnese，1545—1592）。

2　十六世纪建于马德里西北的建筑群，其中有宫殿、修道院、教堂、学校和西班牙历代君王的陵墓。

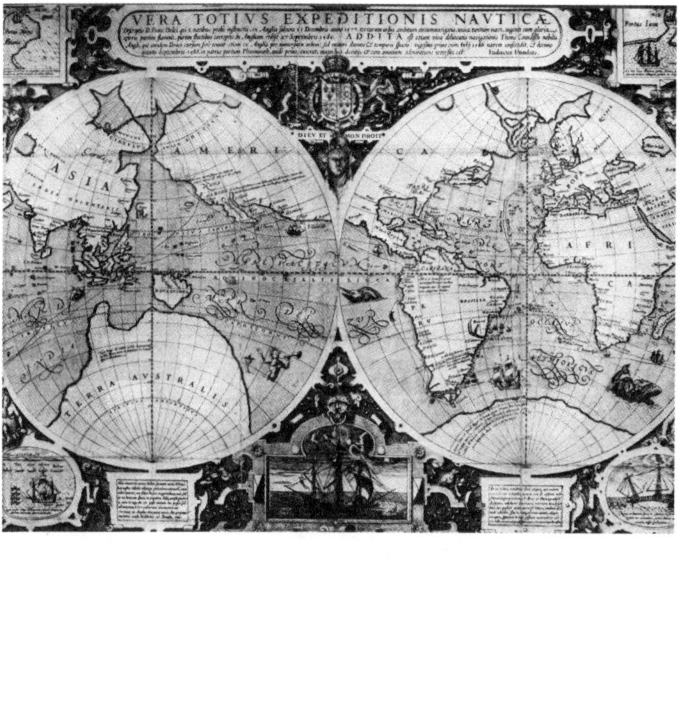

洪迪厄斯现代感十足的世界地图，绘出了德雷克与卡文迪什的海上航线。成功的环球航行与其说是仰赖幸运之神的垂青，莫如说是由于当时了不起的航海知识。

和个人进取的激情可以制服一个强大帝国的威力。首都的信心，即整个英国的信心，需要一种大众的艺术形式加以体现，而威尔，人民的一分子，一旦学得其中精要，是最有资格担负这一使命的。戏剧已不再是一宗专供百无聊赖的乡村小镇消磨时光的商品，不再是斯特拉福市政大厅偶尔给予人们的那种小小的款待。戏剧是那个大千世界的一个侧面。

第六章　戏剧

Drama

“职业”（professional）这个词有两层意思。它意味着为了挣钱而做的某些事情，也意味着技艺、荣誉、献身和精益求精的精神，这两层意思都适用于伊丽莎白－詹姆斯一世统治下全盛时期的戏剧。在此之前，人们纯粹是抱着挣钱的目的参加编剧和演出的。而在这种褊狭的、见钱眼开的做法之前，数个世纪以来，戏剧活动都是业余的。

戏剧最初是作为一种法术问世的。为了求雨、迎春、祈年而进行的仪式，是原始人类生活的一个重要部分。主宰季节更迭与大地生殖的自然力量一旦被人格化为神，人们就有可能进行某种法术般的戏剧表演。在一年最黑暗的季节中，当太阳渐渐变得暗淡无光的时候，没有科学知识的人们就会使用感应法术，为天上的火神治病。代表黑暗的演员与扮演太阳神的演员进行搏斗，太阳神获胜，黑暗倒地毙命。按感应法术的规律，这种象征性的表演一定会在现实生活中实现。当然，冬季过去，太阳恢复了它的光辉，于是感应法术似乎确实灵验。时至今日，即便是在文明开化的国度，最低级形式的感应法术依然有其信徒。不遂心的职员会用钢针刺入专横的上司的模拟蜡像，想用这种方法把他杀死。现实与现实的影像之间存在着某种感应的联系。我们要是看到亲人的像从柜上掉下，大多数人是会感到不愉快的。

在表演中，当代表生殖力的神，或象征物死而复生的时候，一种更复杂的原始戏剧-法术便产生了。在英国乡间，人们至今依然不时上演一种圣诞戏，让圣徒乔治把恶龙、土耳其武士和巨人特宾[1]杀死。一个医生上场，用一小瓶起死回生药救活死者，让他继续打下去。这种戏显然渊源于某种古老的祈年仪式。有时一头祭牲出场，因而“悲剧”（tragedy）一词——传统上指某个伟人（如俄狄浦斯）为了人民的利益而毁灭和死亡——可以追溯到希腊文中的 tragos，即山羊的意思。山羊一向是兼有双重身份的动物：它是肉欲与生殖力的象征，又是人们必须将自己的罪孽加在它的背上然后宰杀祭神的牲畜，或如希伯来人的替罪羊一样赶入沙漠饿死的动物。“喜剧”（comedy）一词就我们目前涉及的戏剧范畴而言，源于希腊文 komos，即乡间为纪念狄俄尼索斯的狂欢活动。狄俄尼索斯是酒神和植物神，他受尽磨难，死而复生。

由法术发展到宗教只是一小步。但从历史上看，从原始的祈年祭神仪式，到基督教会为宗教仪式或传经布道服务的摹拟剧（或许来自人的表演天性），中间却经历了一个源远流长的世俗戏剧时期。古希腊的悲剧既在道德方面产生作用，又如亚里士多德教导的那样在心理方面产生作用。[2]伟大人物

1 迪克·特宾（Dick Turpin，1705—1739），英国盗马贼，后人写有《绿林传奇》一书使其家喻户晓。

2 亚里士多德（Aristotle，前 384—前 322）在《诗学》中认为，悲剧在观众中引起共鸣，从而使他们清泄了怜悯和恐惧，内心得到“净化”。

的毁灭，表明诸神并不信任伟大。伟人们身上都有傲慢的通病，或对于神的道德规范表现得自负，必须受到惩罚。然而，惩罚的景象与施予悲剧人物的磨难又在观众的心中引起怜悯与恐惧。这种强烈的情感在人们称之为“净化”的过程中得到清泄。就文明人而言，这是有益于身心的经历，可以使全身摆脱那些在原始社会中会以实际行动激发并宣泄的成分。希腊喜剧演员也以同样的方式发挥其社会作用。文明人身上的缺点通过夸张与幻想，变得比现实生活中更突出、明显。人是荒唐的，而荒唐的人就应该被笑。笑又是一种净化过程，它使人暂时摆脱自己的责任和文明社会的紧张生活。喜剧与悲剧并非相互对立的两极；它们是同一枚硬币的正反面。

尽管泰伦斯与普劳图斯二人都承认自己受到希腊现实主义喜剧作家米南德[1]的影响，古罗马人依然创作了别具一格的喜剧。塞内加写了只供阅读而无法演出的悲剧，大量借鉴于索福克勒斯与埃斯库罗斯[2]的作品。不过也有新的成分，即悲剧人物的淡泊的尊严，这是一种沉默的傲慢，是在神的惩罚面前保持人的品格的意识。诸神是威力无比的，但是他们不

1 米南德（Menander，约前 342—前 290），古希腊后期喜剧作家，作品有《恨世者》等，多以爱情和家庭生活为题材，侧重描写人物心理，语言接近口语，对欧洲喜剧尤其风俗喜剧有一定影响。

2 索福克勒斯（Sophokles，约前 496—前 406）和埃斯库罗斯（Aischulos，约前 525—前 456）均为古希腊悲剧作家。埃斯库罗斯的作品有《被缚的普罗米修斯》等，首创三联剧的悲剧形式，被称为悲剧之父。索福克勒斯的作品有《俄狄甫斯王》等，多描写理想化的英雄人物不能挣脱命运的摆布而终于走向毁灭。

一定公正。塞内加影响了文艺复兴时期意大利、法国和英国的大众戏剧家，然而在世时只写了供贵族阅读的剧本，没有为露天剧场写戏。为罗马帝国末代皇帝那些疲惫不堪的臣民们公演的戏剧，是残酷而又猥亵的戏剧，我们这个时代的戏剧尽管有许多直率或堕落之处，但相比之下也是望尘莫及。因为那时的戏剧竟公开把性行为搬上舞台，甚至还有假戏真做地处决囚犯的情节。把现实搬上舞台，而不只是在舞台上反映现实，这种令人厌恶的传统一直延续到基督纪元早期，直到受到教会谴责才结束。假若这也是戏剧，那么教会决不需要这种戏剧。

然而，无论教会是否愿意，戏剧已经进入教堂。弥撒以象征性的而又是高度戏剧性的方式再现基督受难，有对白，有渲染，有高潮。我们毫不感到意外地发现，早在九世纪教会便容许在弥撒仪式中穿插一些适合于某个宗教节日的戏剧片断。譬如复活节的弥撒有这样的表演：

天　使：基督的信徒啊，你们在这坟墓里找谁？

众妇人：天使啊，我们在找那被钉在十字架上的耶稣基督。

天　使：他不在了。他像自己说的那样，已经复活。快去向人们宣布，他死而复生了。

基督受难日和圣诞节也有类似的戏剧表演。在法国保存着一份十三世纪的手稿，内容包括天使宣告基督降生，东方三博士来拜，希律王屠杀无辜男童，以及圣徒尼古拉创造奇迹，圣保罗神奇地皈依基督教，基督复活后在去往以马忤斯的路上显圣等简单的戏剧场景。手稿是用拉丁文写的，因此我们推测演员是僧侣而不是俗人百姓。

诺曼人把宗教戏剧传入英国。起初它在教堂上演，与宗教仪式紧密结合，后来逐渐脱离教堂，先是移向教堂的墓地，然后又移至街头。此后是世俗化的过程，俗人在上演福音故事的片断中扮演大部分的角色；不久民众中自然产生了一种趋势，即希望这早期的戏剧除训喻外还要从中得到娱乐。1264年，罗马教皇乌尔班四世创立了基督圣体节。但实际上只是到了1311年教廷颁布敕令，规定必须以一切必要的仪式庆祝圣体节，人们才开始纪念这个节日。在英国，这一天将由各行会演出宗教剧。宗教剧常被称为“神迹剧”（mystery plays），而mystery的意思与其说是指基督教的神奇事迹，不如说是指各行业本身的手艺更为贴切。手艺在英文中如今已不用mystery这个词，但是意大利文依然用mestiere，法文是métier。

各行会都从《圣经》中挑选一些故事改编成戏，所选的片断通常都适合于本行业的特点。于是，切斯特镇的行会便会让面包师傅上演“最后的晚餐”，制箭制桶工匠和五金商上演“基督受难与被钉十字架”，厨师表演“入地狱”。各行会都装饰彩车作为流动舞台，可以推上街头在不同的地点演出一整天，然后推回车棚第二年再用。彩车的上部是圆形舞台，观众可以围成一圈从任何角度观看演出。全部剧目是严格按顺序编排的，从“撒旦被打入地狱”或“神创造天地”开始，直至“最后审判日”为止。切斯特在圣体节通常上演二十四出戏，而威克菲尔德则可能有三十三出，考文垂四十二出，约克郡多达五十四出。剧目多得如此令人生畏，演员和观众倒是确实需要有夏季圣体节时的漫长白昼的。

演员都是业余演员，但是他们可以从行会的基金中得到酬劳。考文垂锻造行会在 1490 年开列了以下几笔开支：

支付上帝：2 先令

支付希律王：3 先令 4 便士

支付魔鬼及犹大：17 便士

希律王是个重要角色，需要大喊大叫。在考文垂上演的基督诞生的戏中，他宣布自己是“统治犹太国与以色列之王”，并说：

况且我是天堂和地狱的创造者，

以无比的威力擎起这整个世界。

玛各[1]和狂痞都由我亲手毁灭，

用闪亮的利剑劈开他们的骸骨……

---

1 玛各（Mago）原意为“黑暗之国”，在《圣经》的先知预言中，玛各和歌革是人类反基督势力的领袖，将受撒旦蛊惑率众进攻圣地以色列并遭到毁灭。

这猛烈的雷电是我引起的缘故；
因为我在发怒他们才这样乱吼，
我威严的容颜使天上乌云密布，
就连大地本身也时常吓得颤抖。

莎士比亚很可能在某次行会演出中看到过大声吼叫的希律王，或者至少听父亲说过这个角色通常是如何演出的。在《哈姆莱特》中，作者通过王子之口就演技问题发表自己的看法，强烈抨击一些人“把一段感情片片撕碎，让那些只爱热闹的低级观众听了出神”。哈姆莱特痛恨过火的表演，认为如此表演连“希律王的凶暴也要对他甘拜下风”。

行会剧都是匿名的作品，惟其如此，作者便难得真正着眼于艺术，认真研究艺术形式或探索语言的魅力。作品中虽然有现实主义与诙谐的成分，但是几乎没有我们想象可以使有教养的观众感到赏心悦目的内容。然而，行会剧几乎延续上演了整整三个世纪，只是由于遭到英国宗教改革精神的敌视才销声匿迹。但是通过它，大众戏剧的传统牢固地在英国的城镇扎下了根，而且伦敦戏剧舞台的某些复杂剧目，与神迹剧令人喜闻乐见的世俗题材也并非相去甚远。马洛笔下的帖木儿与巴拉巴斯虽然可以代表现代马基雅维利[1]式的重要角

1 尼科洛·马基雅维利（Niccolò Machiovelli，1469—1527），意大利政治思想家，历史学家，主张结束意大利的政治分裂，建立统一的君主国。他认为只要目的正当就可以不择手段，即所谓“马基雅维利主义”。

色（阴险毒辣、毫不敬神），但他们身上尚有希律王或彼拉多[1]的特点。莎士比亚与威尔·肯普一起从他自己的后期作品中剔除了粗俗的丑角噱头，这种噱头来源于行会剧，如威克菲尔德行会剧《牧羊人第二部》中偷羊贼的滑稽表演，或是切斯特的剧目《大洪水》（由迪河的引水行会演出），其中有挪亚与他的妻子引人发笑的拌嘴。但是，伊丽莎白朝的戏剧不可能直接产生于这种大众的宗教戏剧传统。它需要有世俗的题材，并由专业演员来表演这些题材。

世俗题材通过一种新的宗教剧或半宗教剧——道德剧，登上了英国的戏剧舞台。道德剧不同于行会剧，它不以圣经故事为题材，而是试图通过讽喻，通过把抽象的道德概念作为真人真事搬上舞台，进行道德训诫。道德剧多半是一些枯燥无味、粗制滥造、既无情节活动又无人物塑造的长篇说教。《思想、意志与理解》《人性》《坚忍之堡》——这些和诸如此类的道德剧把那些苍白生硬的拟人化角色一一搬上了舞台：智慧、祸害、享乐、愚昧、诽谤、义愤、坚强、邪恶、复仇、不睦，等等。我们希望看到的是真正的戏剧冲突，一点幽默，多些人性，少些说教。不过，从现存的手稿中我们确实也了解到一些有价值的东西。譬如我们了解到《坚忍之堡》是由一班江湖艺人演出的，他们为了挣钱，每到一地便搭起布景，

1　彼拉多（Pontius Pilatus），公元一世纪罗马驻犹太的总督。据《圣经》记载，耶稣是由他判决钉十字架的。

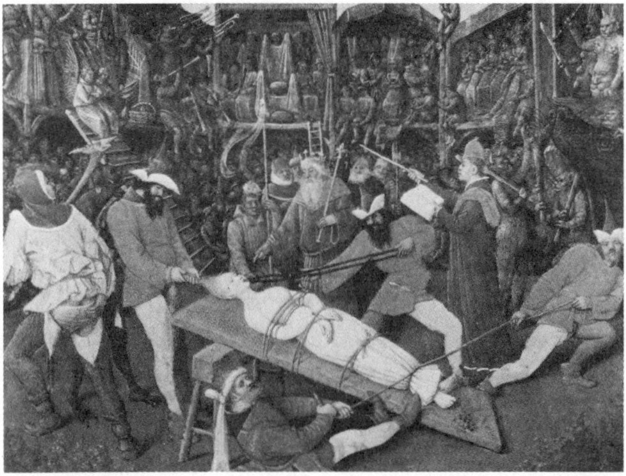

这幅中世纪的画取材于一出圣徒受难殉教的神迹剧。

像如今马戏团搭帐篷、架兽笼那样。于是，最初为了挣钱的职业戏剧终于产生。我们如果仔细观察，还会注意到一种粗俗的幽默将以邪恶为形式酵母似的开始发酵，这邪恶——《第十二夜》中的费斯特[1]以及《亨利四世》中的哈尔亲王[2]都记得它——就是不道德的化身，它最终在天才的笔下变成福斯塔夫其人。

到了十五世纪末，人们已经很难分清什么是道德剧什么是插戏了。其主要区别似乎不在于主题和处理手法，而在于演出的地点和场合。所谓插戏（interlude），顾名思义就是插在筵席或其他活动之间演出的短戏，是一种余兴。插戏的观众较之看不到更好的戏就去看江湖艺人演出道德剧的观众，可能多少更有知识。换句话说，在同一艺术形式中，大众的戏剧与贵族的戏剧开始并驾齐驱。贵族在自己豪华的府第中看优雅的道德剧，演员像某种高等仆人，穿着主人为他们做的戏装；平民则在旅店的院落中或在村边草地上看较粗俗的道德剧，演员是无主的江湖艺人，若有哪个主人给他们做一身服装裹身，他们就谢天谢地了。现在这两种戏剧需要合为一体。

贵族的道德剧或插戏往往是署名的作品，因而诸如拉斯

1 费斯特（Feste），奥丽维娅伯爵小姐的仆人和小丑。他在《第十二夜》第四幕第二场收尾的一首诗中提到“邪恶”（Vice，朱生豪译为“魔王”）。

2 哈尔亲王即威尔士亲王亨利，后即位为亨利五世。

特尔、梅德沃尔和贝尔的名字便开始出现。[1]贝尔的《插戏：上帝的诺言》虽然在自由意志与天恩的问题上过分讲究学术论争，有如一篇真正的宗教改革的训诫，但是他语言洗练，剧本具备一定的格局，已经懂得在形式上把一出戏分为若干幕的好处。梅德沃尔写了《福耳根与鲁克丽丝》一剧，仅此剧名就足以使人以为这是一出伊丽莎白时代的戏；它利用一个古老的罗马故事，讨论关于什么才是真正的高贵品质，这几乎已经是伊丽莎白朝的手法了。但是，在约翰·伍德[2]写那些故意不作说教、反映日常琐事的小短剧之前，我们是很少有可能从都铎朝的插戏中得到艺术享受的。伍德去世时，正是莎士比亚即将离开学校之际。他的《四个P》除了议论还是议论，是游方僧（palmer）、卖赦罪符的人（pardoner）、药剂师（pothecary）和货郎（pedlar）四人之间的一场说谎比赛，但是全部议论没有一点生硬的说教。另一个剧本名叫《天气的玩笑》，只是个一戳即破的肥皂泡，但是它也并不想冒充成别的东西。能够看到纯娱乐性的酵母在说教的死面团

---

1 威廉·拉斯特尔（William Rastell，1508—1565）为英国出版商、法官，曾编辑出版其舅父、人文主义代表人物托马斯·莫尔的著作。亨利·梅德沃尔（Henry Medwall，约 1462—1502）是第一位知名的英语戏剧家，其成名作《福耳根与鲁克丽丝》是英国最早用英文写的世俗剧，故事取自罗马元老院议员福耳根之女鲁克丽丝选中出身寒微而品德高尚的青年为丈夫的传说。约翰·贝尔（John Bale，1495—1563）是英国牧师、历史学家，利用舞台宣传宗教改革，其成名作《约翰王》标志着英国中世纪道德剧向文艺复兴的历史剧过渡。

2 约翰·伍德（John Heywood，约 1497—约 1580），曾任宫廷乐师，是当时著名的插戏编剧，对英国喜剧的发展起重要作用。

中发生作用，这是令人精神为之一振的事。

英国的戏剧还需要一些别的东西才能成为莎士比亚将要出场、着手改造并使之不朽的伊丽莎白时代戏剧传统。首先，它需要剧场。天鹅剧场、玫瑰剧场、环球剧场和命运剧场的结构相同，都脱胎于伊丽莎白朝的旅店；这种旅店的院落最适于江湖艺人演出一天的道德剧。方形庭院的四面有通向客房的楼廊，当中院落正好形成廉价席位的空间，是卖站票的，而上面是住店的老爷、太太、小姐等有钱人的楼座。舞台是在庭院一角临时搭建的，舞台上方的楼廊也可作为演出场地的一部分。演戏能增加葡萄酒和麦酒的销量，因此一些实业家看到观众逐渐增多，便买下一些旅店，改造成永久性的剧场。于是舞台便成了固定的建筑，包括一个伸入观众席的平台或裙台；几根柱子支撑着一片顶棚，为演员们遮阳蔽雨；舞台上原先只是刚好有个廊子，如今是重要的部分，叫楼台；有两扇门供演员上下场之用，裙台后有个暗室，可作内景，称为书房。露天剧场的结构自始至终显出旅店庭院的原样，而出售各种饮料则是一宗依附于艺术的赚钱买卖。莎士比亚的环球剧场在 1613 年付之一炬时，一个观众的裤子着了火，他是用一瓶麦酒把火扑灭的。

若说剧场起源于旅店大院（the court of an inn），那么

伊丽莎白朝的一个伦敦人笔下的天鹅剧场；图中说明为拉丁文。

它的剧本就是来自四法学院（the Inns of Court）[1]。如果说悠久的大众戏剧传统已逐渐渗入到伦敦公演的戏剧中，那么它是经过了一番迂回曲折的道路的。就此而言，有教养的业余作者为专业作者做了示范。我们知道《高布达克》于 1561 年问世，它是以萨里伯爵创造的无韵体诗写成的，作者是托马斯·诺顿与托马斯·萨克维尔。这出戏在内殿学院上演，故事取自中世纪的编年史作者芒茅思的杰弗里所著的《不列颠人的历史》一书，说的是不列颠国王戈伯德和王后维戴娜的两个儿子弗雷克斯和波雷克斯之间分割国土之争。波雷克斯杀了弗雷克斯，王后维戴娜又杀了波雷克斯；奥伯尼公爵企图接管国家大权，于是内战爆发。这出戏的情节就像伊丽莎白朝所有悲剧一样，足以令人毛骨悚然，但是诺顿与萨克维尔还是尊重了塞内加的传统，只是在台词上而没有在动作上表现这种恐怖的情节。塞内加的手法也是雅典人的手法：若是有人遭到强奸、肢解或杀害，就让一个使者上场宣布这件事，从不见之于行动，免得高雅的观众感到厌恶。

伊丽莎白朝的悲剧作家在编写所谓塞内加式的剧本时，实际上运用三种方法。他们可以直接看塞内加的拉丁文原著，然后用英文表现原著的精神。这是业余剧作家为四法学院写

1 四法学院于中世纪时成立，位于英国伦敦，由林肯学院、中殿学院、内殿学院、格雷学院组成。它也是英格兰和威尔士律师的专业协会，所有执业律师必须隶属其中一个学院。

作的方法。第二种方法是阅读法国戏剧家加尼耶[1]的作品，接受他在塞内加的语言基础上降低调门的处理，认为这样就可以不像那个罗马人的激烈言辞那样刺耳。这种方法似乎既不可能在私人客厅也不可能在大众剧院中获得成功。塞缪尔·丹尼尔[2]曾于莎士比亚之先写了一部悲剧《克莉奥佩特拉》，迎合聚集在彭勃洛克伯爵[3]周围的知识分子的口味。这部悲剧令人难以忍受，我们重读了莎士比亚的《安东尼与克莉奥佩特拉》之后立即读它尤为如此，因为它的语言没有特色，也缺乏饶有趣味的情节以补不足。第三种是大多数通俗戏剧家采取的方法：模仿意大利传统。意大利传统自称属于塞内加派，却又使舞台上尸体横陈，无头无舌，断手断足，样样都有。这就是莎士比亚在《泰特斯·安德洛尼克斯》中把它发展到顶点的传统，其中有强奸、谋杀、肢解，甚至啖以人肉的情节。

我们可以认为，威尔在伦敦学艺之初努力学习的与其说是塞内加派业余作家的手法，莫如说是牛津和剑桥大学那些煞费苦心为专业剧场提供素材的文学硕士的手法。就四法学院的戏剧家而言，他们首先关心的是学习法律和显贵们的优

---

1 罗伯特·加尼耶（Robert Garnier，1544—1590），法国文艺复兴时期最重要的悲剧诗人，十七世纪巴洛克戏剧的先驱。

2 塞缪尔·丹尼尔（Samuel Daniel，1562—1619），英国诗人、剧作家，曾任彭勃洛克伯爵府上家庭教师。

3 威廉·赫伯特（William Herbert，1580—1630），第三代彭勃洛克伯爵（Earl of Pembroke），曾任牛津大学校长和王室宫内大臣。1623 年莎士比亚的戏剧“第一对开本”题献给他和他的兄弟。

雅生活，戏剧只是一种业余爱好。但是，就那些在宗教或法律方面一无所长而又鄙视教书这一行当的大学毕业生而言，戏剧却是一种谋生的手段。在伊丽莎白的父亲解散寺院之前，修道院的回廊和图书室曾经接待过许多身无分文的学者；然而如今，身无分文的学者只能依靠自己。像格林、纳什、皮尔、基德这样一些青年才子们所能做的，无非是撰写标题醒目的小册子和试编剧本（除非他们甘愿仿效马洛充当密探，然后让别人当头一刀而终其一生，不过就连马洛也不得不编剧）。[1] 因此，即便没有这个从斯特拉福来的乡下人，没有这个连大学都没上过的家伙跻于其间并且显得比高手还高明，这种生活已经是相当艰难的了。我们是在一部模仿威尔的手法奚落他的作品中，初次看到莎士比亚作为剧作者的名字的，这部作品的字里行间充满着憎恶、嫉妒与鄙视。

1 1593 年，马洛被控宣扬异端邪说以及猥亵的道德观念，在等待传讯时被一名醉汉刺死，据称这是因为他曾充当政府的密探。

第七章　震撼舞台

Shakescene

感谢上帝让菲利普·亨斯洛来到人间。这倒不是许多认识他的人的看法，因为认识他主要意味着欠他钱。此人是伊丽莎白朝典型的企业家，经营一家淀粉厂、几间妓院、一爿当铺和一座剧场，买卖不算太大。关于他的生辰与家世，我们除了估计他祖上原是杭斯洛人外，别无所知。关于他的忌日，我们知道是在1616年，与莎士比亚同年。他把毕生的精力都用于赚钱和依从俗例保持虔诚，或按有些人的说法——保持伪善。开设妓院而又在账簿上冠以“耶稣基督！”之类的感叹词，这在许多不了解伊丽莎白女王的臣民或不了解英国人的人看来，至少是言行不一的。然而，无论他如何以虚伪的虔诚加以矫饰，他毕竟是记下了账目，而这也就是我们要感谢上帝使他来到人世间的原因。关于莎士比亚的早年生活，人们经过各种猜测，听信他身后的一些流言，又把一些似是而非的材料加以归纳总结之后，终于欣慰地接触到剧院的统计数字这个领域。我们了解到：1592年，亨斯洛为翻修玫瑰剧场买了四十八根车削栏杆柱，以每根二又四分之一便士的价格购得半数，每根优惠四分之一便士购得另一半，那新旗杆和印有玫瑰花的随风飘扬的旌旗是十二先令。

1592年新年，当威尔·莎士比亚即将迎来自己的第二十八个生日的时候，伦敦一共有三家戏院。我曾说那趾高气扬的新伦敦可能是莎士比亚赢得观众的地方，这句话或许已经给人留下了这样的印象：这座城市的统治者与市民同样热切希望发展戏院。事实并非如此。伦敦的议员们并不信任戏院，把戏院视为传播瘟疫、麇集不轨之徒、嘲弄宗教（演戏就是说谎，这本身仿佛已经构成犯罪），以及伤风败俗的地方。再者，戏院也像巴黎（或天堂）花园[1]一样，还提供其他各种娱乐活动，比如纵狗追咬牛、熊、猿等，这些游戏带来刺激和喧闹，往往也会损及一块商业宝地的体面形象。因此，伦敦的三家戏院就应该坐落在城郊那块人们恰如其分地称之为“特许区”的地方——“剧场”和“帷幕”这两家在城北的河岸沟，“玫瑰”在泰晤士以南、伦敦桥附近的萨瑟克区。

玫瑰剧场总共用了一百镑钱换屋顶，粉刷修葺一新，于1592年2月一切准备就绪，可以为斯特兰奇勋爵剧团提供演出场地了。这是一个有名的剧团，常常奉召进宫演出（1591年圣诞节四次，1592年忏悔节两次），并且由一代名优爱德华·阿莱恩领衔。2月19日，演出旺季开始，剧团上演了罗伯特·格林的喜剧《培根修士与本吉修士》。剧场空着一半的座位。接着上演的是一些匿名作家的戏，有《穆利·穆洛科》《唐·霍拉旭的西班牙喜剧》《约翰·曼德维尔爵士》以及《康沃尔的哈里》。此外，还有格林的悲剧《奥兰多·富里奥索》。

---

1 巴黎花园，伦敦一斗熊场，位于河岸沟，莎士比亚在《亨利八世》第五幕第四场中曾提及。

就卖座而言，这些戏没有一出是很成功的，亨斯洛无疑会为此感到沮丧。但是，2月26日星期六，克里斯托弗·马洛的一出戏《马耳他的犹太人》却使整个剧场座无虚席。随后在第二周的星期五，3月3日，上演了一出历史剧，其票房收入达到整个演出季节的最高峰。这出戏叫《哈里六世》[1]，观众并不知道作者是谁，但是我们知道他就是威廉·莎士比亚。

从这些简单的事实中，人们可以了解到许多东西。莎士比亚于1587年至1592年之间的某个日子，加入了当时最出色的剧团。假如他曾经属于女王剧团，那么这时他已经与威尔·肯普一齐离开了那个剧团；肯普如今已是斯特兰奇剧团的主要丑角。塔尔顿已经去世，女王剧团在走下坡路，戏剧的未来在于发展高水平的语言艺术，不是即兴发挥、插科打诨和挤眉弄眼。假如莎士比亚是在为斯特兰奇剧团编剧，那么他八成也参加演出，尽管可能只是扮演使者、绅士丁或凶手戊之类的角色。《哈里六世》于1592年3月首演，在此之前莎士比亚必定做过各种代笔捉刀之事，如续写别人未完成的作品，用生动的新内容充实旧剧本，为哪位主角增加大段慷慨激昂的独白等。但是《哈里六世》使玫瑰剧场的观众看到了一个不亚于马洛、超过格林的后起之秀，使阿莱恩看到剧团有一个能够在整个戏剧音域中发出任何音符的剧作家，使亨斯洛看到自己可以从这个未受过大学教育的斯特拉福人身上赚钱。

1 即《亨利六世》。哈里是亨利的爱称。

我们要是稍为考察一下当时的历史背景和莎士比亚所看到的戏剧现状，便更能欣赏他那使《哈里六世》栩栩如生的艺术手法，或者说是技巧（craft）加计巧（craftiness）。《哈里六世》是历史剧，但是作者把它写得似乎与十六世纪九十年代的现实有关。这出戏说的是亨利五世晏驾、少年英王即位时两大敌对集团如何分裂英国，触发玫瑰战争[1]这段历史。它也描写了法国人对英国统治者的反抗、法国皇太子在兰斯大教堂的加冕和圣女贞德的赫赫战绩。这部历史剧的英雄人物是约翰·塔尔博爵士，他击溃了贞德指挥的法军，却由于相互猜忌的萨默塞特公爵和约克公爵未能合力支援而阵亡。塔尔博是一位伟大的爱国者，超然于谋取私利的红白玫瑰两大集团之外。他的话虽然未能摆脱威尔时刻都忍不住要玩弄的双关妙语，却也预先为具有炽烈辩才的亨利五世做了准备；这位国王虽说在戏一开场就驾崩，但作者后来在一部专为他写的剧本中使他又死而复生。博尔塔说：

> 我们已经陷入重重包围，好像一小群英国的驯鹿，被一窠狂吠的法国恶犬吓得胆战心惊。……我的朋友们，只要你们能像我一样肯硬拼，敌人即便拿下我们这群鹿，也得付出重大

1　玫瑰战争（1455–1485），金雀花王朝亨利五世晏驾后，王室两支后裔兰开斯特和约克家族为争夺英格兰王位而断续发生的血腥内战。“玫瑰战争”之名源于两大家族的族徽，兰开斯特的红玫瑰和约克的白玫瑰。1486 年兰开斯特的亨利七世与约克的伊丽莎白联姻，结束了玫瑰战争并开启都铎王朝的统治。

代价。上帝跟圣乔治、塔尔博跟英格兰的权利啊，在这场恶斗中，把我们的旗帜举得更高吧！[1]

这番话里的反法情绪是审时度势的，并且还带着 1588 年那种无所畏惧的精神。1589 年，无敌舰队虽然被击溃，但是西班牙人只要能够在布列塔尼[2]沿海集结一支舰队，就会跃跃欲试再发动一次入侵。因此，当时宗教战争的伟大舞台已经移至法国，那瓦王亨利[3]正在与天主教同盟较量以赢得皇位。英国在金钱与武器装备方面接济他，并且派去了一支支远征军，其中包括由年轻的埃塞克斯伯爵指挥的远征军，只是都未能取得决定性的胜利。无论结果如何，在一个戏剧家看来，信奉天主教的法国总是现成的舞台道具，尤其是还有贞德那样一个要烧死的女巫。威尔在学习女色和性虐待狂的票房价值。

他也在学习写精彩的演说。在托马斯·基德[4]的《西班牙悲剧》中可以找到许多有用的塞内加艺术手法，包括比生活原型高大的悲剧主人公希埃洛尼莫——这是阿莱恩所扮演的最为成功的角色之一——以及非常值得记住的诗句。多数有

1 见《亨利六世上篇》，第四幕第二场。

2 法国西北部一半岛，与英国一海相隔。

3 那瓦王亨利（Henry of Navarre，1553—1610），即法王亨利四世，波旁王朝的创建者，结束了法国宗教战争，实施宽松的政治和宗教政策。那瓦原为一王国，位于今西班牙北部和法国西南部。

4 托马斯·基德（Thomas Kyd，1558—1594），伊丽莎白时代重要的剧作家，复兴了复仇悲剧这一戏剧形式。传说基德先于莎士比亚写了一部关于哈姆雷特的剧本（称为《乌哈姆雷特》），后被莎士比亚借鉴。

教养的人都能背诵下面的名句：

谁在呼号，把我从光秃的床上惊起，
惶恐的声音，使我心房战栗不已，
而我这颗搏动的心呵，何曾惧怕凶险？
谁在呼喊希埃洛尼莫？说吧，我在此地！

还有希埃洛尼莫在儿子被人杀害后的哀号：

眼睛呵，眼睛！不，这是泪水汹涌的泉头！
生命呵，生命！不，这是形态活跃的死亡！
世界呵，世界！不，这是人间冤屈一大片！
是混乱，是凶杀，是恶行无处不在！

这些都是很受欢迎的诗句，但是威尔需要更深邃复杂、更优美豪放的东西：他感到自己只要受到激励，是能够写得更优美豪放的。他可以学习的最优秀的戏剧家，就是克里斯托弗·马洛。

马洛虽与莎士比亚同龄，但是开始诗歌和戏剧创作活动较早，而且名声并不限于文坛。他生于坎特伯雷的一个鞋匠家庭，出身与威尔颇为相似，只是血液中没有掺入像亚登家族那种温和的乡绅气质。然而他也非常幸运，居然跨入了剑桥大学的大门，并且在那里与其他前途无量的学生一起卷入了谍报活动——或者说，尽管没有充分证据，我们仍认为他卷入了这种活动。首先，马洛既然出生于坎特伯雷，我们可以假定他有在教会中发迹的抱负。于是，像生活中时常会发生的那样，他可能在大学二年级时让罗马天主教的间谍找上门，要求他侍奉唯一真正的教会，去杜艾或罗马为英国人办的学院攻读神学。随后，由沃尔辛厄姆领导的女王陛下的特务机关可能插上一手，建议他顺水推舟，去罗马或杜艾刺探天主教会派什么人到英国从事颠覆活动。这是爱国又虔诚的行动，可惜女王陛下对于这种颇有价值的间谍工作拨款不多，因而不可能得到丰厚的酬劳。

马洛没有去当牧师，但我们推断他始终在做某种谍报工作。在伦敦，他酗酒、吸烟，并耽溺于物色男童要奸（他曾说，不喜欢男童和烟草的人都是傻瓜）；更为严重的是他甚至亵渎神明，说摩西无非是个要把戏的人，基督的神迹一文不值，而且基督本人还是一个性欲反常的人，专找他宠爱的门徒约翰要奸。然而，奇怪的是——或许也不奇怪——马洛并未因为自己的叛神言论和酗酒滋事的行为（更夫和巡丁都说怕他）而锒铛入狱。此人如此大声唾骂神人圣物，可能是为了掩护自己其他的活动，枢密院了解这些活动也就由他去了。但是，写诗编剧的那个马洛显然不只是个一身酒气、等待法律制裁或放荡生活夺去他性命的浪荡公子。

马洛与其说是个天才的戏剧家，莫如说是个天才的抒情诗人。他的《帖木儿大帝》《浮士德博士的悲剧》等剧作之所以光彩夺目，是因为这些作品的语言具有管弦乐一般的音域，而且他还把古典文学素材巧妙地化为风、火和水晶，而这些素材在只有学问没有诗才的韵文作者手中，无非是一堆尘土而已。马洛的诗句使剧中人充满活力，只是似乎缺乏人性。帖木儿原是塞西亚的牧羊人，后来却成了亚洲的征服者。[1]他是个暴君，其残暴手段之别出心裁，足以使萨德侯爵[2]的创作显得平淡无奇。帖木儿屠杀了大马士革全城少女，把土耳其苏丹当脚凳踩在脚下，然后又把他关入铁笼到处展览，使他头撞铁栅、脑浆迸裂而死；他烧毁了情妇齐诺克拉蒂丧生的城市；以怯懦的罪名处决亲生儿子；还把两位国君套在自己的战车上，高喊：

> 喂，你们这些亚细亚的玉叶金枝！
> 有这样气派的战车紧追不弃，
> 还有这样伟大的帖木儿掌鞭驾驭，
> 怎么，你们一天只拉二十里？

帖木儿攻下巴比伦，乱箭射死巴比伦总督，又把全城百姓赶入湖中淹死。有一场戏使观众也参加了义务演出，因为台下

---

1 帖木儿是帖木儿帝国的创立者，生于 1336 年。他自称成吉思汗的继承者，先后征服欧亚许多地方，一路烧杀掳掠；1405 年东征中国途中病死。帖木儿帝国于十五世纪后期四分五裂，十六世纪初为乌兹别克人所灭。

2 萨德侯爵（Marquis de Sade，1740—1814），法国作家，以描写虐待狂著称。虐待狂尤其是性虐待狂 sadism 一词源于他的名字。

一个孩子不幸中箭身亡。把这一场面说成是马洛有意编入剧中的不乏其人。但是，帖木儿尽管残暴，却依然不失为一位抒情诗人：

如今天使在上界的城头上巡行，
像哨兵一样提醒不朽的精灵：
要把圣洁的齐诺克拉蒂宴请。

当时，敬神的人立即把帖木儿这种叛神的强权政治归之于剧作者本人。《浮士德博士的悲剧》问世时，人们又认为马洛是在异想天开地为自己立传：他无疑像剧中那个胆敢追求终极真理、追求享乐的人物一样，把自己的灵魂出卖给魔鬼了。这又是一出咄咄逼人的戏。好几次演出时，台上出现了形象逼真的魔鬼来帮助扮演魔鬼靡非斯特的演员。在达利奇镇，有个幽灵甚至把演员们吓得通宵祈祷、斋戒；第二天早上，扮演浮士德的演员发誓要在达利奇建立一所学院，把它命名为神赐学院。那位演员就是爱德华·阿莱恩，而那所学院至今依然存在。

《浮士德博士的悲剧》的诗句是十分出色的，它弥补了结构松散、丑角表演乏味的弱点。剧中有许多地方显然是出自与马洛合作的打杂文人之手，但是下面一节却是马洛自己写的：

难道这就是驱使千艘战舰出征、
烧毁伊利昂[1]万丈塔楼的面孔？
可爱的海伦啊，赐我一吻，使我永生！
她的唇吮出了我的灵魂——看，它飞向何方！
来吧，海伦，来，快还我的灵魂！

浮士德临终时的哽声呼号也是出自马洛的手笔：

我的天帝，我的神！不要这样瞪着我！
大小毒蛇啊，容我喘息一阵！
可怕的地狱，莫张大嘴！魔王，勿走近！
我要烧毁我的法书……啊，靡非斯特！

《浮士德博士的悲剧》除在诗歌与戏剧方面有其重要意义之外，作为反映自相矛盾的马洛的一部剧作也是值得研究的。倘若马洛果真是个无神论者，认为“地狱是无稽之谈”，那么他为何如此鼓动他那如簧之舌，刻意证明地狱确实是存在的呢？有人说，他是个真正的文艺复兴时代的人，是人类自由灵魂的楷模；果真如此，他为何又如此不厌其烦地证明神对人之公正，并且像传道士一样大声疾呼：在神的律法统辖下，人实现其抱负的能力是有限的。《浮士德博士的悲剧》也许是出

---

1 即特洛伊。

自一个虔诚天主教徒之手，或者马洛就是个天主教徒？我们永远也无法知道他的全部底细。

与《哈里六世》同时在 1592 年的演出季节搬上舞台的是《马耳他的犹太人》，它反映了马洛其人的其他侧面。这出戏描写一个名叫巴拉巴斯的犹太富商。犹如浮士德代表探索真理的精神，帖木儿代表对于世俗权柄的崇尚一般，巴拉巴斯代表了文艺复兴的资本主义侧面。在故事展开之前，有一篇“马基雅维利”的演说作引子。此马基雅维利并非《君主论》的真正作者，而是他在伊丽莎白时代的民间翻版。尼科罗·马基雅维利在剧中是“老尼克”，即魔鬼撒旦，是绝对邪恶的精灵。他的化身就是马洛在《巴黎大屠杀》中描写的吉兹公爵之类的人物，藐视宗教，为攫取权柄而无所不为：

让我登上高高的金字塔尖，
把法兰西的王冠放在上面。
我要用指甲将它撕成碎片，
或用希望的翅膀飞向顶端，
哪怕跌入地狱也心甘情愿。

又是地狱。犹太人巴拉巴斯在舞台上千真万确地入了地狱。马耳他的武士们为了向土耳其人缴纳拖欠已久的赎金，夺走了他的全部财产。于是，巴拉巴斯便开始了他那漫长的复仇生涯。他与帖木儿相较，其残暴虽属小巫见大巫，但这是因为马耳他比起整个亚细亚是弹丸之地。尽管如此，他还是毒死了修道院的全部修女，唆使自己女儿的两个恋人互相残杀，还打算在一所修道院屠杀入侵的土耳其官兵。他想设计诱使一些仇敌落入一口油锅，结果反中了马耳他总督的圈套，自己落入其中：

……要是我没有落入这个陷阱，
管叫你们统统完蛋，
该死的基督教猪狗和土耳其异教徒！
可是眼下油镬已经沸腾，
煎得我全身灼痛难忍：
死吧，生命！飞吧，灵魂！舌头啊，
诅咒够了再去见死神！

这完全不像是一篇临终的道白，然而从戏剧自然主义的角度观察，马洛身上的许多事情都不像会发生。T. S. 艾略特曾经认为：马洛笔下的恐怖情节是喜剧性的，他故意用夸张的手法达到一个目的：表面上似乎把人提升到文学中前所未见的英雄的高度，实际上却把他贬为老谋深算、没有灵魂的怪物。即使是理应不加渲染地叙述事实的段落，他也施展起夸张的才能（或许这也是他的抒情辩才的一个方面）：

我站起身，
从塔楼上眺望，可以看到：
婴儿在父母的血泊中游泳；
无头的尸体堆成座座山丘；
垂死的闺女们被人揪住金发，
拖向一圈尖桩，朝上猛抛；
一些老人，肋间被利剑穿透，
跪在一个希腊少年的脚下央求，
却被他几把钢斧劈得脑浆迸流。

这是《迦太基女王狄多[1]》中，特洛伊王子埃涅阿斯在向女王叙述特洛伊陷落时的情景。我们不能像狄多一样相信这些可怖的事情，因为它们过于离奇，过于冷酷地编织成了一幅狂暴的景象——那些游泳的婴儿（我看到他们的手臂在有力地划动）；那全都是金发的闺女们；还有一个希腊少年挥舞几把钢斧，劈出一些老人的脑浆。这完全是恐怖喜剧。

莎士比亚的艺术并非渊源于马洛的艺术，他们二人在气质上相去甚远。我们以后会看到，源于马洛的是本·琼生，是莎士比亚从未想到要写的一种讽刺喜剧。然而在初学写作的威尔的心目中，马洛是他学习如何把片言只语编织成长篇大

1 狄多是希腊神话中迦太基的建国者，与埃涅阿斯相爱，当众神命埃涅阿斯返回时，失望自杀。

论的典范，是可以把语调随意由抒情变为慷慨激昂的演说的大师，是遣词的大家。莎士比亚在一部早期作品中曾经故意将恐怖内容发展到顶点，并且塑造了一个比马洛笔下任何人物更为口若悬河的马基雅维利式的人物。这部作品就是《泰特斯·安德洛尼克斯》，它或许写于三篇《亨利六世》之前，但是直至 1592 年底才在玫瑰剧场的剧目单中有所记载。

最近，伦敦剧坛重新上演了这出戏，它使一些观众为之作呕而中途退场，一位女士甚至晕倒在地。莎士比亚吸取了《西班牙悲剧》中那些令人厌恶的地方，包括希埃洛尼莫在舞台上咬下自己的舌头；他还可能在泰彭见过如何处决犯人。喜欢看恐怖剧的人若是自以为什么都能忍受，那么就让他看看这样的场面：兄弟二人杀了一个女子的丈夫，然后把她拖到她丈夫的尸体上进行奸污；为了使这女子无法说出他们的姓名，他们又割下她的舌头，砍去她的双手。但是这女子用断臂夹住一根棍，把暴徒的名字写在地上；于是她父亲就开始复仇。他杀死了暴徒，用他们的肉做成馅饼（把骨头磨碎当面粉，这办法虽然费力，却也别致），款待他们的母亲，因为这杀人、强奸的双料暴行都是她出的主意。还有那个叫艾伦的摩尔人，他使那女子生下了一个黑皮肤的杂种，并且自有一套作恶的方法。艾伦的结局与巴拉巴斯一样，至死不懊悔，甚至破口大骂：

啊！为什么把怒气藏在胸头，隐忍不发呢？我不是小孩子，你

> 们以为我会用卑怯的祷告，忏悔我所作的恶事吗？要是我能够随心所欲，我要做一万件比我曾经做过的更恶的恶事；要是我一生之中，我曾经作过一件善事，我要从心底里深深懊悔。[1]

如此说来，他也不真是毫不懊悔的。

我以为，这部令人难以置信的作品只能是莎士比亚在编写恐怖复仇剧时一种半开玩笑地嚼舌的（或把舌头嚼断的）试笔；当时他初出茅庐，除了着眼于票房价值之外，自己无法认真对待这类剧本。它属于《错误的喜剧》这类作品的反面：残酷得出奇，错综复杂得不可思议，任意发挥夸张的才能而又无法显出马洛那样的奇峻。

从2月初到6月戏院关门，三个半月中斯特兰奇剧团演出了一百零五天。《哈里六世》的收入最为可观，估计吸引了一万名观众。格林的戏很不卖座，这使他愤愤不平。其实他没有理由如此不平，因为他曾公开表示自己鄙视舞台，说他不想看到自己的诗句“穿上悲剧角色的厚底靴踊上舞台，字字像博教堂的单调钟声[2]那样塞满了嘴，用那个不敬神的帖木儿将上帝激出天国”。他总是希望为少数读者创作文学巨著，但无论是编剧还是写小册子，他都必须挣钱糊口。然而他又误以为平民观众都是傻瓜，可以用虚情假意、粗制滥造和杜

1 见《泰特斯·安德洛尼克斯》第五幕第三场。

2 圣玛丽－勒－博教堂位于原伦敦市中心，相传其钟声所及的范围之内出生的人才是真正的伦敦人。

撰的一些情节和人物应付他们，而他们有他这样一位文学硕士施舍一点学识上的残茶剩饭，则理应感激涕零：

高贵的先生，您征服的爱情，
就像凯撒的战绩一样伟大。
玛格丽特的心中谦恭温顺，
好比阿斯佩莎对待居鲁士那般；
她感激不尽。

说这番话的是《培根修士与本吉修士》中英国王储爱上的那个天真无邪的弗雷辛菲尔德村姑。这部喜剧是不错的，有动人的抒情风格，在那两位会法术的修士出场时，还有闭路电视机那样的科学幻想把戏；不过它还是不够好。

罗伯特·格林的遭遇是凄惨的。他比莎士比亚大约年长六岁，端正、英俊，蓄着没有修剪过的红胡须。他获得牛津和剑桥两所大学的硕士学位，但是始终不得志。到他生命最后一年的1592年，他已沦为格拉布街[1]有史以来最潦倒的打杂文人，不时炮制一些关于伦敦泼皮、赌棍、鸨儿的小册子；他对于这部分伦敦甚为了解，太了解了。他有一个仆人，是个扒手，人称“割兜儿鲍尔”；主人遇到债主逼债，他也动刀子。一次，有人送来一份索债的文书，格林当时在酒馆里，

1　原为伦敦穷文人聚居地，亦称“新寒士街”，现为弥尔顿街。

硬逼着来人当场凑着漂亮的盘子把文书连封蜡一齐吃掉。他有妻室，但与鲍尔的姐姐，一个朽败的妓女姘居。这女人替他生下一个小崽子，取名“幸儿”（Fortunatus）。格林纵饮无度，像《诈骗术之重要发现》和《骗局》上下篇等小册子，就是他为换取一夸脱麦酒或一瓶莱茵白葡萄酒的应急之作。酗酒使他的肝脏、肾脏每况愈下，酒后他也不时为自己生活放荡、岁月虚度而嗟悔不已。格林后期所写的小册子都是关于伦敦的犯罪活动，我们不得不认为他写作的目的不是为了制造耸人听闻的新闻，而是真心实意地想披露内情，提醒容易受骗的人。他变得虔敬上帝，但是人们从他生命的最后一个夏天所写的作品中，丝毫找不到因虔诚而显得干巴巴的痕迹。他是个风格刚健的作家，作品至今读着仍然有味。

6月11日，萨瑟克发生了一场骚乱。那天早上，王室司法官手下那些多少有点野蛮的治安差役，以莫须有的罪名逮捕了一个制毡商的仆人，把他投入那座被称为马歇尔希的监狱。下午，玫瑰剧场上演一出新戏，叫《识别无赖的诀窍》，随后是威尔·肯普设计的一段快舞，或者说是一幕淫秽下流的小闹剧。剧场里坐满了那些对马歇尔希跋扈的差役义愤填膺的徒工，他们在散场之后立即举行示威，要求当局释放被捕的仆人。王室司法官的差役们使用棍棒甚至刀剑进行镇压，但是寡不敌众。最后市长亲自带领一班人马赶到现场，平息了骚乱。枢密院十分重视这次事件，认为戏院是自由集会、尤其是那些不守本分的徒工们自由集会的危险场所，遂下令

9 月 29 日米迦勒节之前禁止一切演出活动。演员们只好离开伦敦去各地巡回演出，玫瑰剧场被迫关闭。结果这倒成了好事，因为那年夏季天气炎热、干燥，伦敦城内到处是垃圾，空气污浊，终于爆发了一场瘟疫。

格林被孤零零地留在污秽的住所中，陪伴着一个骂不绝口的情妇和一个嚎哭不已的崽子，也意识到自己的身体远非安然无恙。他与另一个或许是更有才气的小册子作者纳什对酌，二人喝得酩酊大醉，还吃了许多腌鲱鱼。格林已开始全身浮肿，但是为了糊口，仍然需要握笔写作。演员们全都走了，他尽管毫无道理，还是满腔怨愤，想着那些忘恩负义的家伙。他们找上门来要他提供剧本，他为他们写了剧本，他们靠他的剧本赚了钱，如今又骑马到外地去用他的剧本赚更多的钱，把他单独一人撇下，使他孤苦伶仃，终日与虱蚤为伍，忍受城市的污浊气味。人们腋下的淋巴结在肿大，运尸车日夜忙个不停。这是一首预示着死亡的诗：

美貌只是一朵花，
额上皱纹吞噬它；
人间光明从天落；
王后红颜也命薄；
海伦眸子被土阖；
我病了，无法再活。
主啊，请怜悯我们！

这是纳什的诗句，但是纳什本人已不在那散着臭气的伦敦。格林看看自己，眼见全身水肿日益严重，便把怨恨集中在一个来自野蛮的乡下、没有学问、不声不响而又总是笑容可掬的人身上。他在一封致他的才子同行们的公开信中，发泄了这种怨恨；这些同行像他一样，自己财运不通，却慷慨地喂肥了那帮贪得无厌地索取剧本的演员。他告诫他们提防那些演员，并且满腔愤懑地集中攻击其中一个演员：

> 是的，切莫相信那班戏子，因为他们中间有一只暴发户似的乌鸦，用我们的羽毛装点自己，“用演员的皮，包藏起虎狼的心”。他以为装腔作势地写几句无韵诗，就可以与你们之中的佼佼者媲美，他十足是个“打杂的”，却自命为是举国唯一“震撼的舞台”[1]。啊！我恳求你们将自己的非凡才智用在更为有益的地方：随那些猿猴去模仿你们以往的妙笔，但是再不要让他们知道你们令人羡慕的创造！

这番话和以前提到的那张剧目单一样，是需要人们慢慢咀嚼的。剧目单未披露的一个事实是，《亨利六世》的下篇是在 6 月 11 日之前上演的，因为格林在信中借用了剧中的一句话。被俘的约克公爵称那位睚眦必报的王后玛格莱特为“法

1　原文 Shake-scene 是格林生造的词，前半部与莎士比亚的名字 Shakespeare 前半部相同。

国的母狼，比法国狼更坏”。接着，他又提到了“用女人的皮，包藏起虎狼的心”。所谓“打杂的”是指那个替人补缀旧剧本，拼凑独白，以致上台扫边的威尔，但如今他扶摇直上，成了一位诗剧作家，他的诗是值得人们记住的，便是对此怀恨在心的对手也记住了。至于 Shake-scene，那是出于嫉妒而对这个伟大名字的丑化，而这伟大的名字也确实容易丑化——Shakebag（摇晃钱包），Shagbeard（蓬胡乱须），甚至还有 Shagnasty（缺德乱搞），如今这个词被用来骂那些招人讨厌的人，尽管他们并不姓莎士比亚。整封公开信是一篇臭骂，但是骂得毫无道理。它暗示那只乡下乌鸦自己从未穿过大学生的毕业礼服，却在前辈礼服的硕士垂布上挑挑拣拣，啄取上面的绒毛装点自己；其实威尔所做的无非是利用那些无需阅览许可或毕业文凭、人人皆可利用的诗剧材料。然而，公开信作者的真正怨恨在于他认识到：文人学士未能占领大众戏剧的市场，而未来似乎属于那个文法学校出身的暴发户。

说句公道话，格林自己并没有把那封进行人身攻击的信拿去发表。他在 9 月 2 日晚上与世长辞，留下的许多书信手稿立即被印刷所那些贪得无厌之徒攫去。他的结局是凄惨的，莎士比亚在《亨利五世》中描写福斯塔夫之死时，很可能是想到了格林。格林的房东伊森太太曾经说到他如何为一便士一壶的甜葡萄酒苦苦哀求，如何全身爬满虱子，留下的紧身衣裤和佩剑又如何只卖得三先令，而他的裹尸布和安葬费却要十先令四便士。格林给被他遗弃的妻子留下了一封信，恳求她但念昔日的夫妻情分，捐弃前嫌，替他偿还欠房东夫妇的债务，因为“倘无他们接济，余早已殁于街头矣”。伊森太太依稀记起一个诗人应得的礼遇，在这个可怜人的头上放上了一顶桂冠。

赖特、伯比和契特尔从格林的寓所把一切可以出版的材料搜刮一空，扬长而去。契特尔是书业中一个真正“打杂的”，时刻都想着写作、印书、编剧，或做任何可以赚钱的文字工作。9 月 20 日，他以格林的名义印好一本书——刚刚出笼，还在冒热气，直接发自伦敦贝德兰姆圣玛丽疯人院墓地的格林墓穴。书名为《百万分忏悔买得一分智慧》，收入了对那个暴发户似的乌鸦的攻击，供有出息的仇敌取乐。伯比慢了一步，他的《文学硕士罗伯特·格林之忏悔》是在格林入土整整一个月以后于 10 月 6 日出版的。

1592 年的 10 月，斯特兰奇剧团可能已经全部回到伦敦。22 日举行了一次婚礼，爱德华·阿莱恩娶亨斯洛的继女琼·伍德沃德为妻。这门亲事于阿莱恩有利可图，可能是可以分得玫瑰剧场的一份产权。在这喜庆的日子，莎士比亚必然会怀着复杂的心情寻味格林对他的攻击。他是配得上一个垂危诗人的恶言的，因为眼下他正青云直上，足以招人嫉妒；到处有人在暗中嗤笑他（“瞧他这个暴发户似的乌鸦，又在哇哇地叫了，来‘震撼舞台’吗！”“打杂的，您好吗？”）。他这个高贵的名字第一次遭到这样无耻的丑化，白纸黑字，他父亲是不会愿意发生此事的。莎士比亚对格林从未怀有恶意，甚至还曾请他喝过一壶那种古怪的酒，借给他那四五个便士也从未催过他还。这样中伤他岂有此理，他要洗刷自己。于是，我们不得不假定威尔找到了契特尔，毫不含糊地说出了自己的意见。

12 月，契特尔公开表示道歉。赖特出版了《善心人之梦》，契特尔为之写了一封“致读者”的信作序，承认自己本应更慎重地编辑格林的原话。他说他当时对于莎士比亚其人一无所知，只是事后才见到他。他对那番谗言表示遗憾，“因为我亲眼看到他言谈举止彬彬有礼，与他自己表白的品性同样无可挑剔，此外，各方显达都称他办事公道，这说明他为人诚实；他的作品笔调诙谐，文词典雅，说明他的艺术造诣精深”。契特尔勾画的威尔的形象是十分清晰的：温文尔雅，绝不像马洛那样口出狂言和贪杯，处理钱财时也令人敬佩，而且还是一位才气横溢、兢兢业业的作家。这是一番堪使莎氏忙碌的一年圆满结束的形象。玫瑰剧场定于 12 月 30 日开幕，上演《穆利 · 穆洛科》，圣诞节来临，一切准备就绪，专候威尔举杯庆贺自己的未来——不过也不是万事顺遂，前路还有着各种艰难。

第八章　恩主
Patron

1592 年是不寻常的一年，上演了一些新戏，发生了瘟疫，死了一位放荡不羁的诗人。1593 年更不寻常，除了又有新戏上演之外，还发表了一些新诗，而且是重要的新诗。疫疠肆虐，最猖獗时一周夺走一千人的性命。有一位既放荡不羁又不信神的诗人也注定要在这一年送命，而且是送在他人的刀下。

1593 年伊始，严寒遏制着时疫的发展。1 月是斯特兰奇勋爵剧团在玫瑰剧场繁忙工作的月份，他们上演了《西班牙悲剧》《马耳他的犹太人》《泰特斯 · 安德洛尼克斯》，可怜的格林的《培根修士与本吉修士》，一部叫《嫉妒的喜剧》的无名氏作品，以及马洛那部火辣辣、血淋淋的《巴黎大屠杀》。此外还上演了《亨利六世》，可能是全部上中下三篇。2 月 2 日圣烛节是莎士比亚一对孪生儿女受洗命名的纪念日；那天，所有的剧场都关闭了，因为每周都有三十多人死于鼠疫；春天的到来未能使疫情好转。这是很讨厌的瘟疫，它像如今的肺癌，光顾人间似乎只是为了要别人的命。莎士比亚和他的同事们并不真想逃离伦敦躲避这场瘟疫；继续留在玫瑰剧场演戏，任凭街上收尸车隆隆驶过，这对于他们来说会更愉快。

今天我们都知道这种灾祸究竟是怎样一回事了，但是伊丽莎白时代的人并不知道。当亨斯洛的妓院不得不关闭并用门板把染病的妓女抬走时，人们议论得更多的或许是上帝的惩罚，而不是造成这种灾祸的小生物。腺鼠疫早已成为中世纪及文艺复兴时期欧洲民间传说的一部分，谁都没有把它与鼠类联系起来。然而，正是伦敦的病鼠——可能是随货船混入伦敦的病鼠——引起了鼠疫。鼠蚤吮吸病鼠的血后袭击人类，把鼠疫杆菌传入人体。由鼠至蚤，由蚤至人，这是鼠疫的标准传播方式。除肺鼠疫可由飞沫传播外，人与人之间是不会交叉感染的。一般人曾以为饮用水与鼠疫的蔓延有关，其实并无关系。这种疫病在人类中流行是因为它在鼠类中流行，而鼠啮其类，偷吃被污染的食物乃至人类的排泄物，则起着推波助澜的作用。疫病先在动物群中蔓延，约两周后即传到人群。

这种疾病的患者以淋巴结肿大为特征，通常是腋下淋巴结肿大，形成原发性淋巴结炎，因而称为腺鼠疫。身上其他部位也有继发性淋巴结炎肿，但是比较小，也无关紧要。经过最长为十天的潜伏期之后，淋巴结炎才发生，其他症状，如头痛、寒战、腰背痛、脉搏加快、烦躁不安、高热等，也随之出现。这些症状发展迅速，引起呕吐、谵妄，最终导致死亡。百分之七十的患者一般在三四天之内死亡，死时全身脓血，极为痛苦，其状惨不忍睹。只有像纳什这样的人才会为此赋诗，不过他在一部题为《不幸的旅客》的小说中，却也作了真实的描写。1665 年的“大天罚”是对伦敦或任何其他英国城市的最后袭击，史书把它说得如此壮观，使莎士比亚经历的那场瘟疫几乎成了搔痒小事。然而便是搔痒小事也

鼠疫流行，伦敦的运尸车不停地把尸体送走，埋入万人冢。

有可能在那危难的1593年夺去他的生命，因为他的同事都走了，而他却留在伦敦。

5月，奈德·阿莱恩[1]集合起一支小型巡回演出剧团，准备把文化送到首都以外的地方，年底再回伦敦。他们从枢密院申请到一份特别执照，准许他们在离伦敦七英里以外的任何地方演出；他们甚至还荣幸地拿到一封公函，要求各地方当局给予赞助。这是因为斯特兰奇是受到王室恩宠的剧团，演员们必须随时入宫在御前演出，不能荒疏业务。演出队的成员包括托马斯·波普、约翰·海明琪、奥古斯丁·菲利普斯、乔治·布赖恩以及威廉·肯普。这些名字属于莎士比亚逝世后于1623年出版的莎士比亚戏剧集（第一对开本）序言中提到的"所有这些戏剧的主要演员"之列，我们以后还会遇到。他们已经是技艺精湛的演员，而且除肯普外，不久全都成了大演员。

作为青云直上的戏剧家，莎士比亚第一阶段的艺术生涯于1593年结束。倘若我们将《泰特斯·安德洛尼克斯》与《错误的喜剧》搁置一旁，把它们看做莎士比亚怪诞而有生气的练笔——这两剧分别模仿古罗马戏剧家塞内加的复仇悲剧与普劳图斯兄弟错认的闹剧——那么我们可以说，莎士比亚已经开始一个极为宏大的构思：关于玫瑰战争的漫长历史。《理查三世》自然要紧随三篇《亨利六世》之后问世，使红白

1　奈德（Ned）是爱德华（Edward）的昵称。

玫瑰两大集团以里士满之子哈里[1]与约克之女伊丽莎白联姻而言归于好，使都铎朝诞生（这王朝最后在英格兰的伊丽莎白一世晏驾时告终），并使一段漫长的史话告一段落。《亨利六世》三篇加《理查三世》是经过剧作者精心编排的四部曲，充分利用了民间的各种情绪和某些艺术手法。剧中有反法情绪、强烈的爱国主义和对王位继承权的忧虑，有修辞新颖的台词——这是阿莱恩擅长的艺术手段——和新马基雅维利主义，还有对于人物性格和动机的探索，这是莎士比亚自己对戏剧的贡献。那软弱的亨利王[2]出奇地感人，那畸形的约克公爵理查[3]是个十足的坏蛋，但我们不能简单地把两个人物都当做是争取观众的工具而加以轻视。《理查三世》虽然有不少粗陋之处，仍不失为一种立体戏剧手法，不总是把人写得表里如一。在克莱伦斯[4]的梦呓中，剧作家第一次捕捉人的无意识心理并公之于众。安夫人[5]对于理查的求爱，反应是复杂的：她既受诱惑，又感到厌恶；理查本人具有足够的力量可以唤起安夫人的惨淡的同情。这出戏尽管照例有鬼魂出现，但其可怖之处并非取自塞内加的文库。在舞台上，这遭受磨难的

1 即都铎朝的第一任国君亨利七世。他是兰开斯特家族的远亲里士满伯爵埃德蒙·都铎之子，红玫瑰集团的领袖。

2 指亨利六世。

3 指理查三世。

4 即爱德华四世之弟，后为其弟理查三世所杀。梦呓道白见《理查三世》第一幕第二场。

5 亨利六世之子爱德华之寡妻。理查求爱一场戏见《理查三世》第一幕第二场。

英国存在着一种惧怕幽闭的气氛，这不仅是崭新的，而且是无与伦比的。《理查三世》一如全体演员所感受到的那样，有着它自己的风格，一种不见于任何其他剧本的风格。

莎士比亚撤去了波士委[1]的营盘，偃旗息鼓。换一句话说，他收起了那部霍林斯赫德[2]的《编年史》;这是他编写英国历史剧所依据的原始资料集，不久以后还要用到。有朝一日，他要写《理查二世》、《亨利四世》上下篇和《亨利五世》，这样才能完成王室篡位和贵族纷争这段历史。嗣后，整个历史事迹的演出可能会以亨利八世登基以及伊丽莎白诞生而告终。莎士比亚像其他叙事诗人一样，是由中间开始的，但他需要稍事休息之后，才能再把笔尖蘸入血泊之中。眼下，他开始把笔尖蘸入蜜罐。他需要重新拾起维纳斯与阿都尼的故事。此刻有利于他成为一位叙事诗的作者。这条道路才是真正的擢升之路，不能靠舞台上电掣雷鸣的台词和被人羞辱为“打杂”的那条路。古典的爱情故事正时兴。洛奇[3]写了一首比较乏味的《西拉[4]变形记》，一个名叫克拉彭的人用古罗马诗体写了那喀索斯的故事。尤其是马洛，他在创作《希萝与利安

---

1 位于英格兰中部莱斯特郡，1485 年理查三世在此战场毙命。

2 拉斐尔 · 霍林斯赫德（Raphael Holinshed，？—1580），英国编年史家，伊丽莎白朝的许多戏剧取材自他的《英格兰、苏格兰和爱尔兰编年史》（1577），通常也称为《霍林斯赫德编年史》。

3 托马斯 · 洛奇（Thomas Lodge，1558—1634），英国文艺复兴时期“大学才子派”诗人和剧作家。

4 希腊神话中的六头女妖。

德[1]》，莎士比亚看过他的手稿。诗中关于希萝的服饰的描写，使他更加深信自己写的爱情故事的主题是好的：

她宽大的绿衣袖边绣着小树林，
袒露的维纳斯在那里卖弄风情，
讨好面前躺着的骄傲的阿都尼
那双漫不经心、懒得一顾的眼睛。

1593年5月，马洛写这首诗时正在肯特郡奇索尔赫斯特附近的斯卡德伯里庄园；这庄园是他的朋友，弗朗西斯·沃尔辛厄姆爵士的堂弟、年轻的托马斯·沃尔辛厄姆爵士的乡间别墅。他去那里可能不仅是贪图安静，也是为了逃离备受瘟疫折磨的伦敦。然而，伦敦又把他召了回去：枢密院要传讯他。伦敦城内的风潮始终未曾平息，虽然没有一桩事情直接牵连马洛。拒绝服从国教的教徒——包括天主教徒和清教徒——一直很活跃，社会上流传着诽谤佛兰芒人（即侨居伦敦的正派新教工人）的污秽文章。枢密院委任的专员们开始在伦敦知识界搜查可疑分子，主要是些靠写小册子和剧本谋生的穷文人，试图找到一些可以提供有关这些诽谤性文章作者线索的文字材料。这些专员的权力相当大，可以把任何不愿提供

1　希萝和利安德是希腊神话中的一对恋人，每晚相会，由希萝在塔上高擎火炬为利安德泅渡照明；一次大风吹灭火炬，利安德溺死，希萝坠塔殉情。

证词的人送上刑架，或者折断他的手指。他们认为手指断了就无法再写了。

专员们来到《西班牙悲剧》的著名作者托马斯·基德的寓所，逮捕了他，并把他投入勃赖德韦尔监狱。当基德身陷囹圄、大汗淋漓的时候，他们检查了他的书信和手稿，发现几份载有异端邪说的文章，其中包括否认基督是神，嘲笑他的神迹，极力为无神论辩护的内容。这些都像是出自马洛的手笔，基德也说确实是马洛写的，是两年前马洛在基德寓所与他合作编剧时留下的。现在，无论枢密院对于那个长期得到容忍、隐藏在一副反宗教咆哮的面具后面的真马洛有多少了解，他们还是必须正式把他传来作出交代。5 月 20 日，他奉命必须时刻准备晋谒枢密院，不经许可不得远离。这时，他的生命只剩下最后十天了，而在这十天中，他似乎并未受到传讯。他在戴特福下榻，离伦敦城和他在肯特的别墅很近。5 月 30 日，他光顾了戴特福一家由一个叫埃莉诺 · 布尔的寡妇开设的酒店。他可能是应英格拉姆 · 弗赖泽的邀请去的，那是一个不三不四、令人讨厌的家伙。他的两个朋友也来了，他们一个名叫尼克 · 斯凯尔斯，是个诈骗犯，另一个叫罗伯特·波利，是个伪证者兼双料间谍。

这些人午间在一起吃饭，又在酒店的花园中散步，说了许多话，接着又坐下来吃晚饭。饭后，估计也是喝了一整天酒以后，他们之间发生了争吵。有人说是为了谁付账的问题，又有人说是为了一位少女的名誉。盛怒之下，马洛夺过弗赖泽的匕首，刺了他两刀，但是伤势不重。弗赖泽想夺回匕首，争夺中把匕首刺入了马洛的额头，伤口在右眼上方，有两英寸深。马洛痛得难以忍受，尖声惨叫而死——当然有人说他死时仍骂不绝口。审案时只有三个人出庭作证：弗赖泽、斯凯尔斯和波利。陪审团说，弗赖泽是正当防卫。

是正当防卫吗？人们可以无休止地猜测下去。是不是西班牙的特务机关花了大钱要除掉一个危险的坐探？是不是哪一个被马洛出卖上了绞架的天主教徒，他的朋友或兄弟出了钱要讨还血债？是不是马洛自己的主子这时觉得需要一劳永逸地使他销声匿迹？我们永远无法知道其中究竟。在头脑简单的人看来，马洛激怒了上帝，他的下场是上帝安排的。让一切亵渎神明的人都灭亡吧！既然这样，让一切剧作家都灭亡吧！格林在攻击暴发户似的乌鸦那封信中曾经告诫马洛："上帝赐予您超群的智慧，为何您如此障目塞听，竟然不去赞颂您智慧的赐予者？难道您研究了马基雅维利害人的方略？啊，荒唐的愚蠢！"后来他又说："请勿与我一样，拖延到这最后时刻：您不知道最终将受何等惩罚。"马洛没有听从格林的忠告，关于毁灭的预言终于应验了。

我们只能猜测威尔·莎士比亚对于基特·马洛[1]的感情。他十分钦佩这位诗人，这是可以肯定的。但是，他在《皆大欢喜》中与其说是赞颂马洛的文采，莫如说是赞颂马洛其人更为恰当：

---

1 基特（Kit）是克里斯托弗的昵称。

过去的牧羊人，现在我明白了你的话果然是真："谁个情人不是一见就钟情？"[1]

这句话出自《希萝与利安德》。马洛这首诗很有希望成为名篇，可惜没有写完。称马洛为牧羊人是因为他曾经写过一首优美动人的抒情诗《多情的牧羊人致情人》，这首诗在《温莎的风流娘儿们》中犹被忆及。在莎士比亚对马洛的爱慕中，可能掺杂着腹诽马洛生活方式的强烈情绪，因为莎士比亚是个温文尔雅的人，希望别人视自己为绅士。可马洛毕竟是个学者，而莎士比亚从来不鄙视学问。学问以及自由探讨精神——这应该是学问的最好果实——是属于私下的浮士德式的马洛，而不是公开的帖木儿式的马洛。马洛参加过一个严肃的讨论小组，狐疑的人称之为"黑夜学派"，而大家都认为它有点像巫师们的聚会。它由沃尔特·罗利[2]爵士领导；此人是个航海家、军人、朝臣、诗人、历史学家以及把生活中的一大慰藉引入英国的人。这个团体还包括其他一些有名望的人物，如

1 见《皆大欢喜》第三幕第五场。

2 沃尔特·罗利（Walter Raleigh，约 1552—1618），伊丽莎白一世的宠臣，曾因私下与宫女结婚而被捕入狱，后被詹姆斯一世以谋反罪处死。罗利 1586 年把烟草引入英国。

诺森伯兰伯爵[1]、诗人乔治·查普曼[2]、才华出众的数学家兼天文学家哈里奥特[3]（那位帖木儿式的马洛曾在公开场合中说，哈里奥特一人胜过十个摩西）、加布里埃尔·哈维[4]等。讨论的气氛是认真严肃的，极力想使科学符合神的启示，每次结束时沃尔特爵士总是要求大家一齐祈祷上帝。威尔是否参加过这种讨论，我们不得而知，但是我们可以猜测他并不热衷于理性的讨论；他是靠直觉求得真理的。至于思想，那是诗歌与戏剧的原始素材，就一首十四行诗或一篇台词而言，托勒密的地心说和哥白尼的日心说都是一样的。威尔新结交的一些朋友还告诉他：那个臭烟草贩子沃尔特爵士是个卑劣的家伙，生性狡诈，惯于偷鸡摸狗、背信弃义，还勾引了女王身边的一位女侍。女王陛下不是在 1592 年因为他玷污了一位宫女的贞操而将他关入伦敦塔的么？他视清教徒为友，而且不信神。阁下，这一切怎么可能调和呢？可能的，威尔，一切都是可能的。

---

1 亨利·珀西（Henry Percy，1564—1632），第九代诺森伯兰伯爵（Earl of Northumberland），伊丽莎白朝财势显赫的大贵族，詹姆斯继位后被长期关押于伦敦塔。珀西与当时的知识圈过从甚密，是许多文人的恩主，热衷于科学实验、炼金术、地图学，拥有大量私人藏书，被谑称为“巫师伯爵”。

2 乔治·查普曼（George Chapman，约 1559—1634），英国剧作家、诗人、翻译家、古典文学学者，深受斯多葛学派影响，被认为是十七世纪玄学派诗歌的先驱。

3 托马斯·哈里奥特（Thomas Harriot，约 1560—1621），英国天文学家、数学家和翻译家，英国代数学学派奠基人，也是世界上最早通过天文望远镜观察绘制月球图稿的人。他曾参与罗利爵士率领的新大陆探险活动。

4 加布里埃尔·哈维（Gabriel Harvey，约 1552—1631），英国作家、著名学者，其声誉因与托马斯·纳什的长期争斗而受到影响。

一切都是可能的。比如，命运已经清除了莎士比亚前进道路上的两大对手——先是格林，如今是马洛——使莎士比亚上升为英国最优秀的诗人。《维纳斯与阿都尼》是在马洛送命前近六周发表的，马洛可能看过印本，并且会说："甜美，过于甜美，就像蜜饯。男女之情过于露骨，伤风败俗的描写缺乏必要的含蓄。啊，等我把《希萝与利安德》写成后你看吧——"《维纳斯与阿都尼》是一本很漂亮的书，是由理查·菲尔德印刷装帧的，他就是那个走运的斯特拉福人，娶了他死去的法国老板托马斯·沃特罗利哀的遗孀，接管了人家的印刷所。日后有谣传说，有一次菲尔德照例回斯特拉福探亲的时候——或许还替威尔捎去他对安妮和孩子们表示眷恋的信和一些金币——威尔曾敏捷地爬到那位老板娘的床上替菲尔德值勤。不过，眼下安妮的丈夫无暇顾及逾墙钻隙的勾当，他正在谋求擢升。《维纳斯与阿都尼》的扉页上有一篇题献，口齿伶俐，一副十足的谄媚腔调："仆今以鄙俚粗陋之诗篇，献于阁下，其冒昧干渎，自不待言；而仆以此荏弱之柔条纤梗，竟谬欲缘附桢干栋梁以自固，其将招物议之非难，亦不待言……"这是奉献给南安普顿伯爵兼蒂奇菲尔德男爵亨利·赖奥思利[1]阁下的。"设此初次问世之篇章，不堪入目，则有负阁下之栽培，诚惶恐之不暇，更何敢再事此硗瘠砚田之耕耘，

1 亨利·赖奥思利（Henry Wriothesley，1573—1624），第三代南安普顿伯爵（Earl of Southampton），伊丽莎白一世的宠臣，后因埃塞克斯伯爵谋反而被殃及，被判终身监禁，詹姆斯一世继位后获释。他是很多诗人、剧作家的赞助人。

以重其以芜杂之词亵渎清听之罪乎？”初次问世之篇章？倘若如此，只有两种解释：要么这是莎士比亚在斯特拉福老家初次试笔之作，要么他的剧本不算是文学作品。他是十分关心出版自己的诗篇的，倒是并不关心出版自己的剧作。格林那样的诗人使他懂得：剧作不是什么值得骄傲的东西。

南安普顿伯爵这时年方十九，眉目俊秀，孤芳自赏，无意与女人发生什么纠葛。乔治·查普曼曾经献给他一首以那喀索斯为主题的诗篇，得到他的赞赏（赞赏诗的主题多于赞赏复杂费解的诗句）。《维纳斯与阿都尼》的主题也是适当的，而它的诗句则优美得多。这首诗在伦敦四法学院的年轻人中受到极大的欢迎，据说有人甚至把它放在枕下睡觉。荣誉与其说是属于诗人的，莫如说更多是属于南安普顿的。英俊的贵族青年大有人在，但不是谁都可以成为《维纳斯与阿都尼》这样一部作品的教父，领受它的题献。瞧这位爵爷，《维纳斯》就是献给他的——是的，是的，那些诙谐的清词妙句，那些甜言蜜语，都是对他说的。啊，可爱的莎士比亚先生！

南安普顿伯爵是个相当新的爵位。亨利·赖奥思利的父亲，第二代南安普顿伯爵，是个天主教徒，曾因维护诺福克公爵[1]的信仰自由而被关入伦敦塔。1581年他去世时，他的儿子只有八岁，受到王室监护，由王国政府的财政大臣伯利勋

1 托马斯·霍华德（Thomas Howard，1536—1572），第四代诺福克公爵（Duke of Norfolk），伊丽莎白一世的幸臣，因暗中想与苏格兰女王玛丽结婚而失宠，后又卷入西班牙国王腓力二世废黜伊丽莎白的阴谋而被处决。

爵威廉·塞西尔照料。伯利勋爵把他送入剑桥的圣约翰学院接受教育。亨利十二岁时已是大学一年级学生，十六岁便获硕士学位。接着，他又被送入伦敦四法学院的格雷学院完成他的学业。四法学院有点类似贵族子弟的结业学校，既讲授法律，也教人礼仪。尽管南安普顿尚年轻，家中已要求他成亲，伯利勋爵还为他物色了一位非常合适的配偶，即自己的外孙女伊丽莎白·维尔小姐。南安普顿的母亲、孀居的伯爵夫人催促儿子考虑后嗣的重要性。天有不测风云，人有旦夕祸福：如今瘟疫横行，一些年轻俊秀的伯爵也没能幸免。继承人的问题之所以使贵族们烦恼还有另一个原因：女王树立的榜样太坏了。南安普顿托称自己太年轻，结婚为时尚早，这是可以理解的；他要求至少再有一年的单身自由。他的外祖父博利厄勋爵蒙塔丘特（或蒙塔古）也在一旁为伯爵夫人敲边鼓。在此期间，伯利勋爵高唱其作为监护人的责任；他逐渐由严厉而恼怒，威胁要惩罚年轻的伯爵。

南安普顿不愿照料自己的产业，也不愿繁育后代。他想过戎马生活，追随埃塞克斯伯爵去法国打仗。在亨利·赖奥思利的心目中，埃塞克斯伯爵罗伯特·德弗罗[1]是长者中最具骑士魅力的楷模。他生于1566年，二十一岁就任御马长官，二十三岁在德雷克麾下成为讨伐葡萄牙的一名杰出战将，

---

1 罗伯特·德弗罗（Robert Devereux，1565—1601），第二代埃塞克斯伯爵（Earl of Essex），伊丽莎白一世宠臣。政治上野心勃勃，1599年远征爱尔兰后被软禁，1601年发动兵变未遂，以叛国罪处死。

二十五岁统帅英军远征诺曼底。他已经结婚，但是他的婚姻也不无诱人之处：他娶了菲利普·锡德尼爵士的遗孀。这位爵士在1586年苏特芬战役中英勇捐躯，但始终以其十四行诗集《阿斯托菲与斯黛拉》生气勃勃地活在人们的心中。[1]南安普顿想方设法要在1591年追随他心目中的英雄远征法兰西，然而人们却把他留在家里考虑后代的问题。女王很器重他，这平息了他的愤懑。他英俊，富于情趣，熟谙古典文学，是为朝廷增添光彩的人物；在莎士比亚这样雄心勃勃的人看来，他是个能够庇护自己的理想的恩主。他还非常有钱。

我们不知道威尔在献诗之前是否与伯爵见过面，也不知道是否有人曾经居间牵线，使诗人获准献诗。一个理想的牵线人是南安普顿的秘书约翰·弗洛里奥[2]，他是在伦敦定居的一个意大利新教逃亡者的儿子。弗洛里奥原是牛津大学的语言学教授，眼下在编纂一部意英词典；这部词典后来在1598年出版，对语言学作出了重要的贡献。作为南安普顿的秘书，他有充分的时间和机会考察伦敦人的口头英语。他曾去玫瑰剧场看戏，这是毋庸置疑的，因为他是个词迷（后人称他的词典为《词的世界》），而莎士比亚是个正在崛起的遣词大师。从弗洛里奥口中，莎士比亚可能听到过散文之父蒙田其人，

1 苏特芬（Zutphen）是荷兰中部城市，十六世纪尼德兰争取独立时为西班牙的要塞。锡德尼随其叔父莱斯特伯爵统帅的军队远征，试图从西班牙手中夺取该城市时阵亡。

2 约翰·弗洛里奥（John Florio，1553—1625），语言学家、词典编纂家，詹姆斯一世的宫廷语言教师，也是第一个将蒙田译成英语的人。

并且还会为日后创作《哈姆莱特》积累一点蒙田精神。蒙田死于1592年，是个符合英国人口味的法国人；他的随笔集后来由弗洛里奥译成英文，并于1603年亲自加以出版。蒙田潜心探求学问，从不死抱教条，脑中经常有一个大问号："Que sais-je?"——我知道什么呢？他主张仁爱、宽厚，一切以经验为依据。他不是坎特伯雷大主教惠特吉夫特之类的人物。《哈姆莱特》实际上反映了一个充满强权与诡计的残酷世界对于蒙田式人物的冲击。王子的悲剧在于他必须行动，并且把这种行动建立在一个蒙田式的人物必然感到不自在的基础之上。假若父亲的鬼魂对儿子说自己是被人谋杀的，要求儿子为他报仇，儿子是难以耸耸肩说"我知道什么呢？"的。

莎士比亚要见南安普顿可能和他要见弗洛里奥一样容易（倘若他真是见过弗洛里奥的话）。伦敦四法学院的年轻人时常成群结队地去玫瑰剧场。演员和剧作家一向可以比较自由地与贵族交往，诺埃尔·考沃德[1]与蒙巴顿伯爵[2]之间的关系便是如此。但是，我们尚需将泛泛之交向前推进一步：不仅是形式上的保护人与被保护人的关系，而是某种友谊。《维纳斯与阿都尼》发表后刚过一年，莎士比亚又向南安普顿奉献了一首长诗。这首叙事诗叫《鲁克丽丝受辱记》，是关于塔

1 诺埃尔·考沃德（Noel Coward，1899—1973），英国剧作家、演员、作曲家兼导演。

2 路易斯·蒙巴顿（Louis Mountbatten，1900—1979），英国政治家、海军上将，二战后期任东南亚盟军最高司令，后曾任印度总督、英国第一海军大臣、国防部参谋长等职。

昆强行玷污一位贵妇的贞洁的故事。[1]这里值得全文引述诗前的献简：

> 我献给阁下的爱是没有止境的；这本没有头绪的小书，只表示其中盈溢出来的一小部分而已。是您高贵的秉性，而不是这些芜杂的诗句的价值，保证拙作得蒙嘉纳。我已作的一切是属于您的，我必得去作的一切也是属于您的；作为我的所有物的一部分，这一切注定是属于您的。我若更有才能，我对您的忠顺也将更有价值；目前，却只能照现有的情况，将这一切奉献给阁下。谨祝阁下延年益寿，福祚绵绵。
>
> 阁下的完全忠顺的
>
> 威廉·莎士比亚

显然，莎士比亚在这难忘的一年中，与南安普顿伯爵过从甚密；这一年，时疫迅速蔓延，9月份每周都夺去一千人的生命。各戏院大门紧闭，直到1593年12月26日才开放，但是在玫瑰剧场登台演出的是苏塞克斯剧团。1594年圣烛节，瘟疫搅得人心惶惶，各剧场再次关闭，到4月才又开放。威尔或许还在编剧，但没有参加演出。斯特兰奇剧团不在伦敦。人们认为，威尔当时客居在霍尔本或蒂奇菲尔德的南安普顿

1 塔昆是传说中罗马王政时期最后一个国王之子，国王谋杀了岳父篡夺王位后，暴虐无道，民怨沸腾，终因其子奸污其外甥媳鲁克丽丝引起贵族反抗而被放逐。

府，成为伯爵的一个家臣，一个驯服的诗人，也算是一个朋友。对于这种生活，他本人是否像原先企望的那样喜欢是值得怀疑的，不过这只是漫长的成功之路上的一家客栈，一家豪华的客栈，不是归宿。由斯特拉福的亨利街到斯特拉福的新宅，这是一条异常迂曲的道路。

第九章 朋友

Friend

“莎士比亚用这把钥匙打开了自己的心扉。”威廉·华兹华斯指的是英国从海外引入的十四行诗体，这种抒情手段自锡德尼发表他的《阿斯托菲与斯黛拉》之后，在十六世纪九十年代初突然变得时兴起来。莎士比亚从不怠于追随时尚，在1593年至1600年之间一共创作了一百五十四首十四行诗。他在自己激情的第一次潮涌中一气写下了许多首，此后便比较随意。这些诗篇在1609年由托马斯·索普拿去出版时可能是未经本人同意的。那个年代没有关于版权的法律，也没有什么办法可以阻止一个进取心强的出版商出版他能弄到手的任何东西，他无需向作者致歉，也无需支付稿酬。盗印较之盗窃显得更富于浪漫色彩，更具有伊丽莎白朝的特色。既然德雷克在海上那种更大规模、更有利可图的盗劫使他赢得了爵位，那么人们就难以在道德上找到依据谴责文字上的盗印了。[1]

莎士比亚和他的同事是深受剧院中盗印者之苦的。为一家剧团写的任何剧本，一经写成便自动成为该剧团的财产。当阿莱恩由海军大臣剧团转到斯特兰奇勋爵剧团的时候，他无权带走《帖木儿大帝》，因为马洛是把这部剧本卖给剧团而不是卖给其主要演员的。剧团之间也讲究信义，不然就意味

1 英文中“海盗行径”与“盗版、盗印”为同一个词 piracy。

着混乱，意味着贬低一种值得引以为自豪的艺术。不过出版商却没有这种顾忌。他们若是不能偷走防范甚严的稿本，至少可以派人去剧场把演出速记下来。速记不是采用格雷格或皮特曼创造的语音符号，而是采用一套表意文字符号，即按照汉字那种原理表明词义的符号。这种方法称为表意速记法（charactry）。盗录者若是不能记下舞台上的语音而只能记下意思，那么速记的结果往往是令人遗憾的。“To be or not to be, that is the question.”这句台词如果用表意法记录——To be 是“存在”或“活着”的意思；or，意思简单明了；not to be 是 to be 的反面，可以速记为“去死”；that is the，可以记为某种连接符或等号；question，写成表意文字不单是“问题”，还包括“要害”、“要考虑的事”、“争论点”等意思。速记者将速记稿带回家时，可能记住他所听到的一部分台词，但不可能记住全部。他会把哈姆莱特的这句独白整理成：“To live or to die – aye, there's the point.”（活着还是去死——是的，那是个要害。）意思相当准确，然而诗意与魅力却荡然无存了。

1603 年出版了一部“坏的”四开本《哈姆莱特》，其中充斥着那漫不经心的速记者在整理表意符号时令人无法容忍地化神奇为平庸的词句。挤走坏版本的唯一办法就是发表好

昔日印刷术虽不能和今天相比，但印刷商们还是有力地传播了文化知识。

的版本，这就像是一种倒格雷欣定律[1]。于是，莎士比亚的原本《哈姆莱特》在1604年问世了。在莎士比亚生前发表他的其他四开本剧本，不是出于诗人的自豪感或虚荣心，而是由于他所在的剧团需要保护自己的利益，防止盗印。他们提出的理由是：人们若能买到原本通常就不会去买赝本，这样就可以消灭赝本。这是言之成理的。

1609年，莎士比亚的十四行诗集出版了，这倒不是为了防止表意速记法或任意歪曲伟大艺术作品而使谬种流传。有一些诗篇一经写成便会被人们私下传抄，越传越广。托马斯·索普手头就掌握着一批这类诗的清稿。有人为他搜集到满满一箱莎士比亚十四行诗，他对此自然十分感激。索普（不是莎士比亚）在题献中写道："献给下面刊行的十四行诗的唯一的促成者W. H. 先生，祝他享有一切幸运，并希望我们永生的诗人所预示的不朽得以实现。对他怀着好意并断然予以出版的托·索普。"人们一向认为那位"促成者"（begetter）"W. H. 先生"就是诗人本人的呈献对象；此人使诗人的想象得以萌生，如父生子一般促成了这些十四行诗的诞生。但是，在伊丽莎白时代，英文"促成"（beget）一词除了"成为父亲"，也可以解释为"获得"，因此W. H. 先生很可能就是为索普获得十四行诗的人。

1　格雷欣定律即劣币驱逐良币，由伊丽莎白朝的金融家托马斯·格雷欣爵士（Sir Thomas Gresham，1519—1579）提出，指对于票面价值相同的货币，内含价值低的会把内含价值高的挤出流通领域，因为人们会囤积后者。

但是，倘若我们玩弄学者们的游戏，为考证莎士比亚生活中某个W. H. 先生是何许人而绞尽脑汁，或很有把握地断定他就是某某，那么我们就会陷入旷日持久的纷争这一危险境地；到那时，偏执狂将敲响我们的大门，精神错乱将向我们招手。有人说W. H. 先生是彭勃洛克伯爵威廉·赫伯特（William Herbert），有人则断言他是南安普顿伯爵，姓赖奥思利（Wriothesley），名亨利（Henry）——人们让他把家族的姓氏放在第一位，结婚传代。这两派各不相让，打得难解难分。在其外围，还有一些小磨擦，其中牵涉霍特森博士那样的当代美国学者，他写过一本书论证那位W. H. 先生就是格雷学院的英俊少年威廉·哈特利夫（William Hatliffe）；还牵涉奥斯卡·王尔德，他说W. H. 先生是个叫威尔·休斯（Will Hughes）的年轻演员，不过这种说法早已为人驳倒。还是让我们暂且撇下所有这些揣测，回过头来看看十四行诗本身吧！

伊丽莎白朝的英国人从意大利人那里继承了优美、高雅的十四行诗传统，它主要是贵族的，多少有点无的放矢，对一个情妇表示爱情而这个情妇是否真有其人也很难说。彼特拉克是这一诗体的伟大典范，意大利十四行诗的格律常常以他的名字命名。[1]弥尔顿、华兹华斯以及杰拉德·曼利·霍普

1　文艺复兴时期诗人彼特拉克（Petrach，1304—1374）继承了西西里短歌、普罗旺斯情歌和意大利“温柔新体”的传统，使爱情十四行诗的形式更趋完美，以他为代表的意大利十四行诗被人称为“彼特拉克体”。

金斯[1]运用这种诗体很成功，但是伊丽莎白的臣民觉得它缺乏感情，因为它太讲究格律。它由一个八行诗节和一个六行诗节组成，前八行提出主题，后六行渲染，甚至反驳主题。前八行的韵脚排列为abba abba，只有两个韵——这对意大利文相当容易，因为意大利文结尾相同的词甚多，如amore，cuore，fiore，dolore，但对缺乏同韵词的英文就不那么容易了。记得在奥威尔的小说《一九八四》中，英文缺乏同义词还造成一位诗人进了“101室”，因为他只能找到一个词与rod同韵，而这一度被视为神圣的名字在那个超级国家又是禁止使用的。[2]十四行诗的后六行比较容易处理，因为可以随意用cde cde，也可以用cdc dcd或（比较难的）ccd ccd等韵脚排列。但是，伊丽莎白时代的人喜欢把十四行分为三个四行诗节，再用一对偶句收尾。这里不妨介绍一下莎士比亚很熟悉的同乡迈克尔·德雷顿[3]的作品。他在1594年发表了题为《意念之镜》的十四行组诗[4]，其中一首确实写得出色：

---

1 杰拉德·曼利·霍普金斯（Gerard Manley Hopkins，1844—1889），英国诗人、耶稣会教士，逝世后成为最负盛誉的维多利亚诗人之一，对诗歌韵律和意象的革新影响了W. H. 奥登和迪伦·托马斯等多位二十世纪诗人。

2 英国作家奥威尔（George Orwell，1903—1950）在这部小说中设想1984年出现一个超级国家。101室是行刑室，与rod同韵的名字是God，即“上帝”。

3 迈克尔·德雷顿（Michael Drayton，1563—1631），伊丽莎白一世时代重要诗人，代表作有长诗《多福之国》等。

4 十四行组诗（sonnet sequence），指围绕某个特定主题或针对某位具体人物写的一组十四行诗，每首诗相当于长诗中的一个诗节，但都可以独立成篇。

既然无法挽回，来吧，让我们吻别——
不，我的气数已尽，不再为你占有；
但我喜悦啊，是的，情真意切，
因为从此可以得到彻底的自由。

永远握别，把山盟海誓一笔勾销，
等到有朝一日我们何处再相见，
切莫让任何人看到谁个的眉梢
仍然有一丝昔日的情意在缠绵。

在这真情最新吐露的最后一息，
他脉搏渐衰，纵有一腔激情难抒发，
信念已经在他临终的床前屈膝，
无辜正把他的眼睑永远向下压；

在一切都将他抛弃的这个时辰，
你倘若愿意，尚能使他起死回生！

德雷顿的这首十四行诗，除了富有戏剧性，韵律符合严格的抒情诗格律以及语言极为朴实无华以外，我们必须使用一句陈词滥调说，它的主要长处是感情真挚。这首诗不是老一套的惜别，而似乎是发自诗人的内心感受。菲利普·锡德尼爵士告诫英国的十四行诗作者：诗歌绝不是贵妇身上的一件小饰物，也不是夏日树荫下的一场有气无力的板球游戏。他在《阿斯托菲与斯黛拉》[1]的第一首十四行诗中，幻想自己像一个羽毛未丰的年轻诗人在寻找题材和风格：

于是我像是怀胎临盆，阵痛难忍，
咬住手中秃笔，忿恨地捶打自己，
“蠢材，”诗神对我说，“看心底，再下笔！”

这组十四行诗写的是真实的故事，真实得令人悲怆。锡德尼就是阿斯托菲（Astrophel，意为“爱星者”），埃塞克斯伯爵的妹妹佩尼洛普·德弗罗小姐就是斯黛拉（Stella，意为“星”）。他的爱情遭到挫折；她嫁给了里奇勋爵，成为“穷得只有一便士”的可怜的佩尼·里奇[2]，因为这门亲事并不美满。埃塞克斯娶锡德尼的遗孀（顺便提一句，她是沃尔辛厄姆之女）是出于一种莫名的补报。至于他的十四行诗，那是发自一腔真情和一颗破碎的心。

当莎士比亚开始采用十四行诗体的时候，他有自传式诗作的先例可循，而且我们认为他是遵循了这一先例的。在他的十四行诗中有一定的俗套，即按宫廷诗的传统把爱慕夸大

---

1 《阿斯托菲与斯黛拉》（*Astrophel and Stella*），一译《爱星者与星》，是锡德尼写给埃塞克斯伯爵之妹佩尼洛普·德弗罗的情诗，组诗共收 108 首十四行诗，另插入十一首歌（抒情诗），诗与歌主题一致。

2 佩尼·里奇英文为 Penny Rich，意思是“只有一便士的钱”，而“可怜”的英文 poor 也可解释为“贫穷的”。这是当时流行的一种文字游戏。

为无限的崇拜，把痛苦夸大为天大的灾难。但是，诗中的人是真人，感情是真实的感情。最初几首十四行诗在被传抄、吟咏的时候，人们必然会感到意外的赏心悦目，因为它们无情地打破了十四行诗体的一个传统。诗中出现“你那妩媚的自我”，“俊俏的浪子”和“我怎么能够把你来比作夏天？”等情话，但是这些情话却不是对女人，而是对一个青年男子说的。这是否意味着诗人眷恋娈童？不一定；或许只是希望用男女间的情话描写友谊和爱慕，传播一种美的冲击。一个二十九岁的男子也可以爱慕一个少年的美；假如他是诗人，他就能找到恰当的语言来抒发，而这种语言只有幼稚的人才会想到不正当的关系。况且，头几首十四行诗所表达的感情中并不包括占有肉体的愿望，相反的倒是那年长的男子在劝说那年轻的男子赶快结婚，以便把他的绝代的美传给后代。

我认为那个年轻男子是南安普顿。有些人认定他是彭勃洛克伯爵威廉·赫伯特，因为 William Herbert 与 W. H. 正好吻合，这些人的依据是很有说服力的。赫伯特的母亲是菲利普·锡德尼爵士的妹妹，她要儿子结婚而小伯爵不愿意——他和南安普顿的景况相同。老伯爵夫人既然是学术和文艺界的热心赞助人，要是读过维纳斯的甜言蜜语，便不难发现莎士比亚说服别人的能力；她完全有可能委托莎士比亚给她的儿子写诗，这比乏味的说教更巧妙，更能打动儿子的心。至于南安普顿伯爵夫人的文学感受力，我们不得而知。但是，彭勃洛克迟至 1598 年才来到伦敦，很难想象这些十四行诗是从那一年到世纪末这段时间里急如星火地赶写的。再者，诗中提到，那位演员兼诗人曾经久别他的爱友（巡回演出去了？），提到他们之间保持了很长时间的友谊——有三年之久；还提到1596年庆祝女王度过六十三岁大关（“人间的月亮已度过被蚀的灾难”）。第一对开本中的题献似乎表明，彭勃洛克在后期对莎士比亚不错，但是莎士比亚在1590年代只有一个贵族朋友和恩主。

南安普顿不愿要后嗣之事很难会使莎士比亚夜不成寐，因而有人坚信这些所谓“繁育后代”的十四行诗是遵命之作，可能是遵伯爵夫人之命，莎士比亚还在他的第三首十四行诗中用优美的语言提到她（“你是你母亲的镜子，在你里面／她唤回她的盛年的芳菲四月”）。他或许因此而拿到几枚金币，使他可以托人捎回斯特拉福老家。他是需要这些钱的，因为剧院都关门了，也很难想象那位自称朋友而非东家、粗心而可爱的青年会向威尔发放薪俸。礼物是会送的，但是送礼不能代替现金的酬劳。我有时甚至认为诗人在第四首十四行诗中以隐喻的方式要钱，尽管拐弯抹角，但实际上是在要钱：

那么，美丽的鄙夫，为什么滥用
那交给你转交给别人的厚礼？
赔本的高利贷者，为什么浪用
那么一笔大款，还不能过日子？

那青年读完这首诗以后，威尔可能会说："爵爷啊，说到钱，我——"

南安普顿不愿早结丝萝可能不只是想享受单身汉的自由，可能是他不喜欢女人——只是暂时不喜欢，或许这是他这类人的一种姿态。人们认为豢养娈童或搂着与自己年龄相仿的男友亲吻，这是一种时髦的精神恋爱。何况在瘟疫流行的时节逛青楼寻花问柳，或找娼妓回家消受一夜，不等于是自寻短见？与宫女睡觉也是要冒生命危险的，因为女王对于玷污她身边女侍贞洁的人必将严惩不贷（罗利已经受到严惩，彭勃洛克和南安普顿日后也将受到严惩）。当然，干净的枕席俦侣也不乏其人——上自贵族的有夫之妇，下至庶民的妻室——但是由于某种原因，或是由于各种原因，在威尔刚开始接触贵族享乐生活的那段时间，南安普顿这类人物喜欢过一种游牧民的营地、豪华的修道院和古希腊的精神恋爱三者兼而有之的生活。威尔本人即便遇到有人发生同性恋也不会大惊小怪，甚至自己还会喜欢这一套，因为他毕竟是戏剧界的一员。伊丽莎白时代由男童扮演坤角儿，并且演得很逼真，演员的性倾向可能会受舞台上的影响。威尔显然十分热衷于颂扬男性美。倘若这是追名逐利者的姿态，那么采取这种姿态并把它保持下去是不难做到的。

作为专门规劝小伯爵成亲的说客，威尔不免会感到自己的处境有点难堪。爵爷啊，我自己有妻室有儿子，因而我觉得全都满足了。——是啊，我注意到了：满足的全都是他们，所以你也就不回家了。这显然是实情，因为我们怎么都看不到莎士比亚在一轮演出结束或瘟疫、骚乱使剧场关闭时，急急忙忙赶回斯特拉福镇。威尔啊，女人都是悍妇，你自己也把这搬上舞台了。不然她们就像泰特斯·安德洛尼克斯之女拉维妮娅一样被人割去了舌头。当然，威尔可以向南安普顿朗读一部关于驯服一个悍妇的喜剧，以大男子主义的燕尔之喜结束全剧。就我们所知，这出戏于1594年在纽温顿靶场首演。莎士比亚可能是在侍奉伯爵期间创作的，向伯爵或时常出游的其他爵爷了解到了意大利的风光。他日后的许多喜剧都以意大利为背景，但其阳光、美景及雅趣全部都是二手货。他的意大利是伦敦装瓶的基昂蒂葡萄酒[1]。

《驯悍记》不是一出贵族的喜剧——它从头至尾散发着大众剧场的烟草味儿——但是也很有可能曾经在南安普顿府做过业余表演。剧前有一段楔子或序幕，它与剧本本身毫无关系，不过只要想到威尔当时的处境，我们就可以悟出其中道理。沃里克郡的补锅匠克里斯托弗·斯赖喝得酩酊大醉后受到捉弄：人们将他从醉梦中弄醒，硬说他是个一时丧失记忆的贵人，并把他安顿在一间豪华的卧室里。不难想象，这个村夫出尽了丑，随后他便让一班插戏伶人演出《驯悍记》。威尔是一个被安顿在贵族卧室里的沃里克郡村夫。“去问曼琳·哈基特，那个温考特村里卖酒的胖婆娘，看她认不认识我。”斯

1　意大利基昂蒂山区名酒。

赖说。温考特，或威姆考特，是莎士比亚母亲娘家的村子。剧中还巧妙地提醒南安普顿，他门下的诗人已经在尽心尽力侍奉他了：

> 您爱观画吗？我们可以马上给您拿一幅阿都尼的画像来，他站在流水之旁，西塞利娅[1]隐身在芦苇里，那芦苇似乎因为受了她气息的吹动，在那里摇曳生姿一样。[2]

威尔避免提到自己的名字："你去打听打听，俺斯赖家从来不曾出过流氓，咱们的老祖宗是跟着理查万岁爷一块儿来的。"我们要是赞同乔伊斯关于威尔的弟弟趁哥哥不在逾墙钻隙、篡占哥哥床上位置的说法，那么这句话就可以算是一种预言。威尔完全是乔装出现的，尽管他易于被人识破：克里斯托弗·斯赖是补锅的，他是补缀剧本的；他想做克里斯托弗·马洛那样的克里斯托弗，但他本质上是斯赖[3]，斯人赖也。这自然是毫无依据的想象。

另外一部喜剧远不如《驯悍记》，显然是专门为有教养的观众创作的。这部喜剧就是《爱的徒劳》，可能写于 1593 年

1 维纳斯的别名。
2 见《驯悍记》序幕第二场。
3 斯赖（Sly）一词在英文中意为狡诈。

下半年。莎士比亚一直在注意约翰·利利[1]为王室礼拜堂和圣保罗大教堂的童伶戏班创作的戏剧，这是一些非常优雅动人的喜剧，充满浮华夸饰的双关语（利利已经以其小说《优福伊斯》充分证明自己擅长此道）。这些小巧的剧目不是为大众剧场创作的，它们的娇嫩花瓣会被廉价席上喷出的大蒜味熏得凋萎。它们是在御前和私人大宅院的厅堂里上演的，可能会受到南安普顿那样的贵族的欢迎，或者是装作欢迎。其中有一些戏，如《该拉忒亚》《弥达斯》《坎帕斯珀》《恩底弥翁》[2]等，曾在十六世纪九十年代公开发表；这些都是古典题材的优秀作品，其巧言妙语是可以在茶余饭后供人研究的。莎士比亚进行了一番研究，然后自己写了一部优雅的宫廷喜剧《爱的徒劳》。剧中充斥着俏皮的双关语、大字眼以及海外见闻的宏论，贵族得几乎令人难以忍受。

这部喜剧的主题完全符合南安普顿这类贵族关于什么是美好生活的口味。主要人物那瓦国王、俾隆、朗格维和杜曼发誓：三年之内不接近女人，悉心研究学问。就此而言，这些人的名字本身就足以令人嗤笑，因为历史上的那瓦国王亨利是三日不近女色都不行的有名人物，莫说是三年了。他的指挥官——俾隆宫内司法官和郎格维公爵——也都是喜欢与

---

1 约翰·利利（John Lyly，约 1553—1606），诗人、剧作家。下文提及的《优福伊斯》（*Euphues*）为早期风俗小说，在当时影响极大。利利文辞矫饰，风格浮夸，现代英语中 euphuism（夸饰的文体）一词源自该小说的主人翁 Euphues（优福伊斯）。

2 均取名自希腊神话中的神。

女人厮混的男人。至于杜曼，或历史上的德马延，他是亨利王在天主教同盟中的主要敌人，要他与国王一起过三年修道院生活，就如要他向圣马丁·路德祈祷一样不可能。[1]

经过一番阴谋诡计，发生了一系列喜剧事件，又使用了许多十四行诗（这出戏说明莎士比亚迷上了十四行诗体）之后，关于独身的誓约自然被毁弃了，因为对于异性的爱必然会占上风。俾隆无可奈何地，深深迷恋上法国公主的侍女罗瑟琳：

> 一个白脸盘细眉毛的风骚女人，脸上嵌着两枚煤球作为眼睛；凭上天起誓，即使百眼的怪物阿耳戈斯把她终日监视，她也会什么都干得出来。我却要为她叹息！为她整夜不睡！为她祷告神明！[2]

这里俾隆说到了一个黑女郎和一种对欲念的厌恶，后来特洛伊罗斯对克瑞西达就怀有这种厌恶心情。莎士比亚是在说自己吗？《罗密欧与朱丽叶》中也有一个罗瑟琳，只是提到，没有出场，但是她的大腿在颤抖。后来，在《皆大欢喜》中，罗瑟琳变成一位纯洁无瑕的少女，一位不只是为情欲驱使而想占有，而是值得去爱的少女。

---

1 马丁·路德（Martin Luther，1483—1546）是德国宗教改革运动的发起者，基督教新教路德宗的创始人，天主教徒是不可能向他祈祷的。

2 见《爱的徒劳》第三幕第一场。

《爱的徒劳》中多处提到黑夜派诗人，而塾师霍罗福尼斯——或许由珠迪丝的父亲威尔·莎士比亚本人扮演——被认为是对罗利爵士的“巫师”哈里奥特的丑化。那个怪诞的西班牙人亚马多显得虚荣、可笑、装模作样、多愁善感，还爱上了一个村姑；亚马多可能是罗利的写照，这正是南安普顿希望人们看到的罗利的形象，埃塞克斯伯爵早就教会他憎恶这个有才干的、雄心勃勃的人物。莎士比亚也攻击了黑夜派诗人乔治·查普曼；此人是个面目不清、令人费解的玄学派，他称黑夜为情妇，甚至与鬼魂交谈。他无疑就是莎士比亚的诗敌。查普曼把南安普顿赞誉为那喀索斯，莎士比亚则把他写成阿都尼。莎士比亚在一首十四行诗中是这样写查普曼的：

是否他那雄浑的诗句，昂昂然
扬帆直驶去夺取太宝贵的你，
使我成熟的思想在脑里流产，
把孕育它们的胎盘变成墓地？
是否他的心灵，从幽灵学会写
超凡的警句，把我活生生殛毙？
不，既不是他本人，也不是黑夜
遣送给他的助手，能使我昏迷。
他，或他那个和善可亲的幽灵
（它夜夜用机智骗他），都不能自豪
是他们把我打垮，使我默不作声，

他们的威胁绝不能把我吓倒。

但当他的诗充满了你的鼓励，

我就要缺灵感；这才使我丧气。[1]

这首诗可能写于1594年查普曼发表《夜影》的时候。当时查普曼年方三十四，尚有四十年的写作生涯。在多数人眼中，他就是那个翻译荷马的人，译得洪亮有力，这使约翰·济慈写下一首十四行诗颂扬他。[2]但他也是一位娴熟的剧作家兼叙事诗作者，除了创作自己那些复杂的诗篇之外，还能为马洛续完《希萝与利安德》。他的诗作气势磅礴，有时读着像是出自莎士比亚之手：

你们这些受肉欲蛊惑的灵魂，
不能捧起缪斯诗泉流溢之樽，
使升腾的心灵从肉体中分离，
岂敢在泉中寻找自己的权利?
那琼浆澈于白昼，却把黑夜罩，
使脾性无以与公理争夺分毫；
但是判断将使最纯洁的眼睛
轻易把这些深奥的秘密看清。

1 莎士比亚十四行诗第86首。
2 指济慈《初读查普曼译荷马史诗有感》。

这是《夜影》中的一节。查普曼在提到“缪斯诗泉流溢之樽”（Castalian bowles）时，看来是在挖苦莎士比亚。莎士比亚在《维纳斯与阿都尼》的引言中，曾经提到光明的阿波罗给诗人捧来了“诗泉之樽”（pocula Castalia），流溢着缪斯激发诗兴的清泉。但是，查普曼心中想着莎士比亚这首诗的放荡之处，认为诗人的欲念太深，难以享受这种纯净的泉水。这是嫉贤妒能的言论。然而莎士比亚也难免嫉贤妒能，他在涉及查普曼的十四行诗中就自有其针对性。

莎士比亚的十四行诗录下了一种不平等的友谊，这种友谊受到嫉妒的损害，而且还不只是一个诗敌的嫉妒。南安普顿没有把他厌恶异性的姿态保持很久：我们将看到威尔深深地爱上了一位黑女子，而那个比他年轻、貌美和高贵的男子却从他的怀抱中把她夺走了。但是，那年轻人首先必须学会喜欢异性，而《爱的徒劳》无非是一个懂得爱情的年长男子在讲授理论课。1594 年 10 月，出现了一首匿名的怪诗。我们有理由认为这首诗记录了莎士比亚和他的恩主双双卷入的一起情场风波。诗的题目是《威洛比与艾薇莎，又名淑女与节妇的真相》，说的是一个叫 H. W. 的人朝思暮想要与旅店主人的娇妻睡觉；他请教“老友 W. S.”如何才能如愿以偿。[1] 诗中提到一位“新伶人”和一位“老戏子”；在用散文体写的

1　南安普顿伯爵的名字亨利·赖奥思利的缩写是 H. W.，威廉·莎士比亚的缩写是 W. S.。

第四十三节中我们还了解到："由于 H. W. 陷入孱弱的景况，这喜剧似乎将发展成悲剧。" W. S. 鼓励 H. W. 不妨试试，但艾薇莎根本不理他。

故事无论是真是假，如此进行公开总是会使南安普顿感到难堪的，他必须考虑自己的身份以及结交一个地位卑微的伶人之不妥。在 1594 年的这个秋季，威尔或许希望摆脱自己在高门大院中那种无论如何甜蜜都是寄人篱下的食客生活。他和南安普顿的友谊，还有那种较疏远的庇护关系，将继续存在下去，但是这位伶人兼剧作家恢复其戏剧生涯的时刻到了。从枢密院强令关闭所有剧院，到 1594 年 5 月玫瑰剧场恢复演出，为时已两载。人们开始组织一些新的剧团。加入海军大臣剧团之前曾在斯特兰奇剧团演戏的阿莱恩，如今又回去改组老剧团。斯特兰奇勋爵弗迪南多 · 斯坦利于 1593 年 9 月继承了德比伯爵的爵位，可是第二年 4 月他就死了——死得蹊跷而又十分痛苦，有人说与巫术有关。受他庇护的演员只好另谋出路，他们找到了宫内大臣亨斯顿勋爵亨利 · 凯里作为新的恩主。于是，拥有属于所有世纪的最伟大剧作家的最大一个剧团，宫内大臣剧团，终于诞生了。1594 年 10 月，他们物色到一家剧场，名字就叫"剧场"（Theatre），是位于河岸沟的两家戏院之一。戏班开演时，威尔 · 莎士比亚已和他们在一起了。

第十章 情妇

Mistress

莎士比亚在新剧本中掺入了大量他跻身其间的贵族生活，内容不全是巧言妙语、声色犬马、金盘玉帛，也有诸如南安普顿的朋友与邻居之间相当肮脏的纠纷。朋友是丹弗斯两兄弟查尔斯爵士和亨利爵士，他们是乡间富豪兼法官约翰·丹弗斯爵士的儿子，邻居是沃尔特·朗爵士和他的弟弟亨利，他们的庄园挨近南安普顿在蒂奇菲尔德的庄园。这两个家族反目已久，其起因或许可以追溯到玫瑰战争；但是这一宿怨在1594年发展到特别严重的地步。约翰·丹弗斯爵士在法庭上判处沃尔特·朗爵士的一名仆人犯有抢劫罪，收监入狱。沃尔特爵士从法官手中救出了自己的仆人，但是约翰爵士在随后的巡回审判庭上向审判长提出控告，把沃尔特爵士投入了弗利特监狱。为了进一步使他就范，约翰爵士又把他的另一名仆人判为杀人犯。沃尔特爵士出狱后，兄弟二人在两家的追随者之间挑起了种种摩擦，使一名仆人丧生，另一名仆人受重伤。

可是，朗家要报复的是丹弗斯家本身而不是他们的仆人。为此，亨利·朗写了一封信给查尔斯爵士，辱骂他是骗子、蠢材、狗娘养的、乳臭未干的小子等，并且发誓要扒下他的裤子打他的屁股。盛怒之下查尔斯爵士带着弟弟和一些仆人来到科森一家旅店，找到正在与一些得意洋洋的朋友进餐的朗氏兄弟，打了亨利·朗两棍。亨利·朗拔剑刺伤了查尔斯爵士，亨利·丹弗斯爵士又开枪把亨利·朗爵士打倒，不久便一命呜呼。丹弗斯兄弟二人随即逃之夭夭，躲入南安普顿伯爵的宅院避难。当局发出逮捕证要缉拿他们归案，但南安普顿还是帮助他们逃到了法国。

莎士比亚自然会看到，这些都是有用的戏剧素材，不过只能把它们写成遥远的事情，发生在古老的异国。他从不愿意直接再现现代生活——那是新讽刺派剧作家的事情；用臆想的往事闪现出他的主题，更能取得预期的效果。丹弗斯与朗两家的纠纷启发了莎士比亚去表现维洛那两大家族的“宿怨”，表现一个家族的青年爱上了另一家族的少女的悲剧。这是一个古老的故事，是人所共知的，曾在莎士比亚诞生前两年由一个叫阿瑟·布鲁克的蹩脚诗人用英文写成了诗。如今，莎士比亚在丹弗斯与朗两家怨仇的推动下，着手试写一种新的悲剧，是意大利的但又不是塞内加式的悲剧，剧中文辞的浓烈色调淹没了溅出的血液。

有意思的是,《维洛那二绅士》《罗密欧与朱丽叶》和《威尼斯商人》这三部剧本是莎士比亚在侍奉南安普顿期间或其后不久连续不断地写成的，而且三部都以威尼斯地区为背景。在《爱的徒劳》中，霍罗福尼斯突然无缘无故地提到威尼斯，他唱道：

威尼斯，威尼斯，

未曾见面不相知。[1]

就莎士比亚而言，威尼斯意味着威尼斯城及城外七十英里的维洛那。威尼斯是要亲眼目睹以后才能叫人喜欢的。南安普顿带他去过吗？或者是弗洛里奥向他作过详细的介绍（甚至画出运河与里亚托桥的确切方位），使他感到无需亲临其境也了如指掌？

《维洛那二绅士》从舞台效果上看是莎士比亚的败笔，他本人必然也看到了这点。他试图使用为南安普顿私宅写戏的手法为公共剧场写戏，戏中充满神机妙算、巧言趣语、浮华的文辞、炽烈的爱情和贵族青年之间的争斗，其背景是一个以激情、阳光以及阳光下的刀光剑影著称的国度。要是这出戏具有令人信服的情节和令人折服的人物，‘它还是会被公共剧场接受的，可是它没有。今天人们之所以喜欢它，其一是有那首抒情诗《西尔维娅伊何人？》（虽说使这首诗广为流传的与其说是莎士比亚，莫如说是舒伯特更为确切）[2]；其二是那个叫朗斯的仆人，他对自己那头可悲的杂种狗克来勃真可谓忠心耿耿，很有一点英国人的风度。朗斯的主人普洛丢斯的名字本身就表明，他在秉性和感情方面是个变幻不定的人物，[3]

1　见《爱的徒劳》第四幕第二场。

2　舒伯特曾为该诗谱曲。

3　普洛丢斯（Proteus）是希腊神话中形状变幻莫测的海神。

与他的仆人那种质朴的忠诚形成鲜明的对照。这是莎士比亚特有的笔触。

这两位绅士并未充分发挥维洛那的作用，而这座美丽的城市又不应白白浪费，于是《罗密欧与朱丽叶》便接踵而至，使维洛那变得或许比实际更重要；如今外国游客访问这城市主要是因为莎士比亚写了《罗密欧与朱丽叶》。这是莎士比亚笔下的第一部爱情悲剧，其出色之处自不待言。剧作家用通俗的散文写序幕，妙笔生辉；在表现两大家族之间的世仇时，充分利用了整个舞台的空间；刻画人物性格寥寥数语，一蹴而就——这些特点立即告诉人们：这将是一出引人入胜的戏。莎士比亚或许未能做到惜墨如金，但他却是字字句句饱含着激情——如茂丘西奥关于“春梦婆”的一番话（莎士比亚写这番话时或许已经在构思《仲夏夜之梦》）——又以朱丽叶的乳媪的质朴制约这种激情。这么多的动态情节和这么多的静态抒情诗句一如致辞者的那些十四行诗，居然能够同时存在；劳伦斯神父那些押韵对偶句的说教，非但丝毫不令人感到乏味，居然能够成为一个休止点，一种将多声部乐曲统一起来的固定旋律（canto fermo）——这些确实是不同凡响的。莎士比亚在写这出戏时是三十岁，或许是三十一岁，已不再是年轻人了；但是在所有文学作品中，偏偏是《罗密欧与朱丽叶》使青年男女的炽烈爱情和敢作敢为成为不朽。

莎士比亚既然可以把南安普顿熟识的两家的宿怨作为创作《罗密欧与朱丽叶》的起点，那么他也可以把只是间接牵连南安普顿的官场怨愤，视为创作《威尼斯商人》的素材。1594年春，南安普顿心目中决不会做错事的埃塞克斯伯爵，正式控告一个名叫罗德里戈·洛佩兹的葡萄牙犹太人御医，说他与西班牙的密探勾结，阴谋毒死女王陛下。在这一指控的背后纯粹是私人的恩怨。洛佩兹在葡萄牙交游广阔，而葡萄牙与西班牙毗邻；沃尔辛厄姆在任特务机关的首脑时，曾把洛佩兹当做一名非常可靠的内线，通过他往返于伦敦与伊比利亚半岛的英国间谍之间传递情报。1590年沃尔辛厄姆死后，埃塞克斯接手领导洛佩兹的工作。在埃塞克斯看来，能够把从葡萄牙获取的有关西班牙的零星情报作为私人礼物奉献女王，这无疑是一种向女王邀宠的有效手段。然而，洛佩兹对女王的忠心却比对埃塞克斯的忠心更为殷切；他得到情报之后，首先奉献女王，然后再禀告埃塞克斯。于是，当埃塞克斯踌躇满志地带着从伊比利亚获得的最新情报来到御前的时候，女王却告诉他，她早就知道了。埃塞克斯对洛佩兹这种两面做法怀恨在心，并且决意报复。

他遇到了一个机会：有个名叫梯诺科的男子供认，他曾与一个叫弗拉拉的人一同被派到英国，策动洛佩兹报效西班牙的事业；洛佩兹为了表示诚意，收下了西班牙国王馈赠的一件贵重的珠宝。洛佩兹随即被逮捕审查，但是在进行最彻底的搜查之后，没有在他的私人书信和文件中发现任何足以证明他有罪的材料。于是，女王指责埃塞克斯蓄意陷害好人，将他打发走，使他蒙受耻辱。恼羞成怒的埃塞克斯在1593年与 1594 年间的整个冬季作了进一步准备，对洛佩兹提出诉讼。他的控告看来是确凿有据，检查总长不得不采取行动。1594 年 2 月底，洛佩兹在伦敦市政厅正式受审。陪审团在反犹偏见与真凭实据的双重压力下，宣判他犯有图谋杀害女王罪，判处他绞刑和凌迟，与梯诺科、弗拉拉一齐在泰彭执行。刑期拖了一些日子，因为女王依然怀疑她称之为她的小猿猴的洛佩兹是否果真有罪。于是，这出连宰三员的好戏一直拖到 6 月份才对公众演出。

人们可以想象，南安普顿在得知埃塞克斯伯爵终于击败他的女王和他的仇敌之后，会如何像孩子一般欢欣雀跃——对于这种兴奋的心情，莎士比亚自然很不以为然。这种令人厌恶的事情之所以发生，完全是由于公报私仇而不是忠君报国。行刑时，洛佩兹颈上套着绞索，面对阳光下闪闪发亮的屠刀，发誓自己像爱耶稣基督一样爱女王陛下。这种声明出自一个犹太人之口，其含义自然显得模棱两可，因而在人群中引起一阵哄笑，使整个行刑过程更加残酷。这是 6 月一个晴朗的日子，埃塞克斯和他的一帮人是会赶到刑场一睹这场大卸八块的好戏的；他们将混在肩驮吃蜜饯的孩子、讥笑哄闹的市民中间——这是出游的好日子，而且一切都不用花钱。人们认为莎士比亚不会在场。但是他也并未超然物外，他利用公众对犹太人的愤懑编织了一出戏，把一个犹太人写成坏蛋——不过不是那种背信弃义的坏蛋，而是放高利贷的坏蛋。在《马耳他的犹太人》中，巴拉巴斯是个马基雅维利式的妖魔鬼怪；威尼斯商人夏洛克充其量只是想名副其实地要他那磅肉而已。

夏洛克并不像莎士比亚时代的传统看法那样是个冷酷无情的人物，这在我们的时代是显而易见的；但是在伊丽莎白朝的观众看来，他只是一个穿犹太人的宽袍、满身油垢的大鼻子放债人。他在法庭判决之后成了一个被征服的人，声称自己身体不适便悄悄离去，羞辱地消失了。他未能像巴拉巴斯那样，最后可以蔑视一切地大声诅咒。这个人物是真实可信的，他更像莎士比亚本人，而莎士比亚本人却不像威尼斯城中那些令人无法容忍又无法容忍人的古板的基督徒，莎士比亚喜欢赚钱，只要自己无需还债，也不会认为放高利贷有什么不好。当然，硬要从人家身上割一磅肉确实太过分了，不过考虑到莎士比亚是在两个层面上进行写作的，这件事情多少就没这么可怕了——其一，既然谁都没有死，这出戏就不是悲剧，因而必然是喜剧，哪怕没有笑声只有狂热的反犹主义的怪味也罢；其二，它是讽喻性的，因此剧中那些象征就比人物更加重要。这出戏说的是人肉与黄金的事情。人肉是活体，而且可以通过爱情的乐曲转化为超乎于臭皮囊之外的高尚东西；黄金是死的，可是它会像蛀虫一样繁育仇恨。人肉不能像黄金那样称出重量，爱情有如鲍西亚的求婚者所发现的那样，也不可当做某种稀有金属加以估价。但是，黄金打成戒指便能免去罪恶，因为戒指是联姻的象征，而天国便是镶上了金箔也不会嫌自己太厚。就叙事的层面而论，这出戏的第五幕是多余的；就象征主义的层面而论，第五幕完成了一篇富于诗意的声明。

在《罗密欧与朱丽叶》中，活泼机智的茂丘西奥纵情吟唱了一段关于神仙的乐曲。莎士比亚发现自己具有运用民歌土风的想象力，这种才华需要更加全面的东西使之展开，而不只是一曲绚丽但却无关紧要的华彩乐段。这一组戏的第四出《仲夏夜之梦》显然是为了庆祝某人的婚礼而写的喜剧。这时，喜剧需要靠恋人们的口角作为题材。但是，就一部在婚礼上演出的戏而言，让这种口角产生于恋人们感情不睦，甚而是人为的挑拨，这未免失之于轻率。于是，莎士比亚便求助于神仙。自有詹姆斯·巴里爵士与伊妮德·布莱顿[1]以来，神仙已变得卑微、古怪了；不过在威尔的时代，沃里克郡的神仙是凶恶、危险的，在他们中间没有“补锅匠铃铛”这样的神仙。他们是一些魔怪，不是穿芭蕾舞鞋的雕像般的小仙子，虽然本质上并不恶毒，但用神学的术语形容，他们是基督诞生前未受圣约、沦为林中精灵的神。不过，莎士比亚赋予他们的语言倒是毫无古怪之处。

《仲夏夜之梦》是为一场重要的婚礼编写的戏，我们认为这是理所当然的。谁的婚礼呢？1595 年 1 月 26 日，宫内大臣剧团奉召去格林威治为一次结婚典礼演出，女王和全朝文

1 詹姆斯·巴里（James Barrie，1860—1937）是英国剧作家，代表作是《彼得·潘》，“补锅匠铃铛”就是其中的一个神仙。伊妮德·布莱顿（Enid Blyton，1897—1968）是英国作家和教育家，写了不少神话和童话故事。

武都出席。新郎是剧团的老恩主的公子德比伯爵；至于新娘，我们马上就说到她。人们认为《仲夏夜之梦》就是那次嘉礼上演出的戏，因为它可以在很短时间之内排好。每次御前都要求演出新戏，但是又很少给剧团充裕的时间排练；《仲夏夜之梦》是一出由许多独立的片断组成的戏，如恋人、小神仙、手艺人等场景，都可以分别排练。这次演出除门德尔松的音乐之外，什么都不缺了，不过门德尔松日后还是补足了这一空缺。[1] 作为宫内大臣剧团显示其多种艺术才能的一种手段，它是一出十分出色的戏。戏中即便无法使用悲剧性的语言，也有悲剧性的讽喻，这同样是不错的。

再说那位新娘。她就是南安普顿不愿与之缔姻的伊丽莎白·维尔小姐。伯利勋爵在联姻无望之余，转而对一段两厢情愿的姻缘表示祝福。不过，对于他的被监护人南安普顿的抗婚，他曾在盛怒之下对他处以五千镑的罚金——把伊丽莎白小姐所受的单相思之苦当稀有金属加以估价。他若是看过《威尼斯商人》，想必也未能理解其中深一层的寓意吧。人们估计，他在自己的外孙女与德比勋爵缔结良缘的佳日撤销了对南安普顿的处罚。

如果真是这样，那么这就是莎士比亚从他的恩主兼朋友手中要钱的好机会。有人坚持认为，南安普顿是送给他而不是借给他一千镑，这在当时是一大笔钱。由于宫内大臣剧团

1　十九世纪德国作曲家门德尔松曾为《仲夏夜之梦》写过序曲和插曲。

是合股组建的，莎士比亚需要交纳股金，南安普顿正是能够提供这笔股金的人。如果南安普顿真的给过钱，那或许只是一百镑，够买一股；人们一直认为惠赠的金额为一千镑，主要是因为在《亨利四世》下篇的最后一场中，福斯塔夫对他的朋友、一个小小的乡村法官夏禄说："夏禄先生，我欠您一千镑钱。"既然夏禄都可以有这样一笔钱，南安普顿更是不在话下了。假如莎士比亚无需偿还这笔钱，那是因为南安普顿宁愿要一磅肉之类的东西。

莎士比亚是在河岸沟的"剧场"戏院开幕之后才认真开始其戏剧生涯的，那时他已度过了漫长的学徒期。"剧场"是一家很好的戏院，其创办人詹姆斯·伯比奇与《仲夏夜之梦》中的斯纳格同是细工木匠出身，后来成了一名相当不错的演员，甚至在莱斯特伯爵剧团领衔；那时莎士比亚还是襁褓中的婴儿。1576年伯比奇在河岸沟租到一块地皮，是杂草丛生，满目弃骨和狗屎的荒地。土地的主人贾尔斯·阿莱恩——他与爱德华·阿莱恩无亲属关系——同意签订一份为期二十一年的租约。伯比奇估计将来续约不会有困难，于是将这块地皮加以清理、平整之后，建造了一座非常漂亮的剧院，大部分资金是由他的内弟、杂货业富商约翰·布雷恩垫付的。从此，这座剧院成了宫内大臣剧团的设备齐全的演出基地，而在团中领衔的演员就是詹姆斯·伯比奇的儿子理查。

理查·伯比奇[1]较莎士比亚年轻三岁，师事阿莱恩。阿莱恩是个大演员，但是他的戏路有限，只擅长扮演有大段台词的角色，缺乏幽默感，也不善于表现新意大利风格的戏剧中恋人们那种充满幻想的柔情。伯比奇很可能在《仲夏夜之梦》中演过波顿；果真是这样，他便有机会在皮拉摩斯与提斯柏的插戏[2]中模仿阿莱恩的表演风格，从而使这种风格顿时显出其全部局限性：

板着脸孔的夜啊！漆黑的夜啊！
夜啊，白天一去，你就来啦！
夜啊！夜啊！唉呀！唉呀！唉呀！
咱担心咱的提斯柏要失约啦！[3]

这像是阿莱恩在《西班牙悲剧》中演希埃洛尼莫时的语气。伯比奇除了感情丰富和动作灵活之外，还十分懂得新型戏剧的视觉效果，其中包括现实主义化装技巧的价值。他是演员，也是肖像画家。他和剧团中其他演员的当务之急是物色剧目，而且刻不容缓。莎士比亚刚好迁入“剧场”戏院附近的主教

1 理查·伯比奇（Richard Burbage，1567—1619），莎士比亚所属的宫内大臣剧团（后为“国王剧团”）的台柱，也是那个时代最炙手可热的演员之一。曾在莎士比亚不少剧作的首演中领衔，扮演哈姆雷特、奥赛罗、理查三世、李尔王等角色。

2 波顿在插戏中的表演，见《仲夏夜之梦》第一幕第二场及第五幕第一场。

3 见《仲夏夜之梦》第五幕第一场。

门圣海伦教区一带，于是便开始认真为他们编剧。

然而，莎士比亚尚无法将自己的全部精力用于满足宫内大臣剧团的需要，因为几乎就在这时，他深深地堕入了情网。留在斯特拉福老家的安妮被他丢到了脑后，即便想到也是追悔自咎；他的感情已经集中在一位颇有教养的、会弹奏维金纳琴的女子身上：

多少次，我的音乐，当你在弹奏
音乐，我眼看那些幸福的琴键
跟着你那轻盈的手指的挑逗，
发出悦耳的旋律，使我魂倒神颠——
我多么艳羡那些琴键轻快地
跳起来狂吻你那温柔的掌心，
而我可怜的嘴唇，本该有这权利，
只能红着脸对琴键的放肆出神！
经不起这引逗，我嘴唇巴不得
做那些舞蹈着的得意小木片，
因为你手指在它们身上轻掠，
使枯木比活嘴唇更值得艳羡。
　　冒失的琴键既由此得到快乐，
　　请把手指给它们，把嘴唇给我。[1]

1　莎士比亚十四行诗第128首。

伊丽莎白朝的戏剧离不开这些音乐家。

（所谓琴键就是连在弦拨上的小木片。）莎士比亚充分注意到了他的情人的才华，这种才华说明她是个有一定社会地位的女子——或许是宫中的一位美人，不然就是一个像日本艺伎那样的高级妓女。她很黑，当时无论是肤色、头发还是眼睛，黑意味着不时髦，但是诗人却为她的黑感到骄傲：“黑是美的本质（我那时就赌咒），／一切缺少你的颜色的都是丑。”在一首十四行诗中，威尔的这种自豪感要有节制得多；他对于自己的情妇是那样明察，反倒不像是一个堕入情网的人了：

我情妇的眼睛一点不像太阳，
珊瑚比她的嘴唇还要红得多：
雪若算白，她的胸就暗褐无光，
发若是铁丝，她头上铁丝婆娑。
我见过红白的玫瑰，轻纱一般，
她颊上却找不到这样的玫瑰，
有许多芳香非常逗引人喜欢，
我情妇的呼吸并没有这香味。
我爱听她谈话，可是我很清楚
音乐的悦耳远胜于她的嗓子，
我承认从没有见过女神走路，
我情妇走路时候却脚踏实地：

可是，我敢指天发誓，我的爱侣
胜似任何被捧作天仙的美女。[1]

莎士比亚在这里强烈反对当时许多抒发爱情的诗中流行的浪漫主义夸张手法——他自己把这种手法反常地专用于歌颂一个男子的美。这是一首实话实说的诗，不过很难想象哪一位女子看了会高兴。倘若莎士比亚的情妇能够欣赏这种坦率的态度（甚至说头发像铁丝，呼吸没有香味有臭味），她的幽默感必然不同凡响，否则她就是在一个不知道可以用诗作为恭维手段的传统中长大的。人们更易于认为，莎士比亚写这首十四行诗是要献给一个对情人进行过分赞美的青年男子，而不是献给这首诗题咏的对象。一个涉世甚深的男子在开导一个少不更事的毛孩子。

这位黑女子是谁呢？人们提出了许多可能的人物，说得学究气一点，就是提出了许多可能的黑色人物。首先我们必须断定：她究竟是只有眼珠和头发是黑色，除此以外就像俾隆怒气冲冲时说的是“白脸盘的风骚女人”，还是属于黑色人种，即从头到脚都是黝黑、深褐或咖啡色的？在莎士比亚住所附近的克拉肯韦尔，妓院中就有黑女子，这似乎可以从当时的零星材料中找到依据：在《威尼斯商人》中罗兰佐与朗斯洛特曾议论到摩尔姑娘；丹尼斯·爱德华兹曾写信给托马

1　莎士比亚十四行诗第 130 首。

斯·兰克福特，要求他“把我的黑女人弄到手，她肯定在克拉肯韦尔区吞布尔街那家丹麦人开的天鹅啤酒店”；1594 年曾有人把“黑女子露西，克拉肯韦尔的住持尼”和一个“修女唱诗班”一同带到四法学院格雷学院的圣诞节狂欢会上。莎士比亚的剧本中不乏黑皮肤的人，从艾伦到克莉奥佩特拉；顺便提一句，奥赛罗的地位说明，当时无论反犹主义多么盛行，人们对于肤色也不抱偏见。莎士比亚眷恋一个黑肤女子可能并非出于诗人的怪癖，不过最初和她接触或许是出于诗人的好奇。

“把精力消耗在耻辱的沙漠里，／就是色欲在行动”，这是一首反映莎士比亚颠鸾倒凤之后悒郁心情的十四行诗的第一句；由此，我们也可以按自己的意思作这样的判断：诗人在与黑女子相处时所体验的激情是狂烈的、纯肉欲的，随后的厌恶心情如此强烈便足以证明。“不管已有、现有、未有，全不放松”，再也没有比这句话所表达的嫌憎更镂心铭骨了；这时，诗人似乎听到自己像一条公狗在追逐一条发情的母狗时发出的那种喘息。这是风月场上一桩出自肉欲的韵事，毫无爱情可言，而那女子，我们最好把她看做是无名氏，看做满足肉体上享受的工具，一旦满足之后就悔恨不已。当诗人的朋友从诗人怀中将她抢走时，他只是抢走了一宗商品——一磅肉，确切地说是许多磅肉。那位朋友在装模作样地恪守了一阵独身主义，或是经历了一段同性恋的嬉戏之后，如今感到需要一个女人——不是有名有姓的某某夫人、某某小姐。

这件事情显得很肮脏，我可以听到它背后发出金币的叮当声。

那些认为黑女子是白种人的人首先提到玛丽·菲滕。玛丽或玛尔·菲滕是侍奉女王的宫女。莎士比亚深知，在那群受到严密监护的宫女中拈花惹草，即便地位显赫的人也会招来严重的后果，因此他是不会轻举妄动的。但是，假若W. H. 先生就是他那些十四行诗的朋友和庇护人，假若W. H. 先生不是别人而是彭勃洛克伯爵威廉·赫伯特，那么黑女子便可能是玛尔，因为赫伯特勾引了她，甚至使她于1601年生下一个非常短命的孩子。这样，情妇和朋友就都找到了，两个都靠不住。但是在我看来，靠不住的倒是把黑女子和那位朋友说成是这两个人。

玛尔·菲滕从各方面看都是一个喜欢卖弄风情的轻佻女子，而且也未必甘愿将自己宝贵的身体奉献给一个穷诗人，从此断送自己更为锦绣的前程。莎士比亚假若如此迷恋玛尔·菲滕，他在想到她时心中除了感到凄怆和欲念难消的苦涩之外，未必会有其他滋味。他是不会去嘲弄或取笑她的。但是就在玛尔顶着大肚子蒙受羞辱的时候，宫中演出了《第十二夜》，其中的有关嘲讽和玩笑使我们只能将莎士比亚看作是一个职业戏剧家在利用宫中的流言制造一点幕间笑料，而他自己对于流言涉及的人物则无动于衷。剧中，安德鲁·艾古契克爵士夸耀自己善于舞蹈，托比·培尔契爵士对他说："为什么你要把这种本领藏匿起来呢？为什么这种天才要覆上一块幕布？难道它们也会沾上灰尘，像玛尔姑娘[1]的画像一样吗？”霍特森博士在《第十二夜的第一夜》中，要求我们注意玛尔姑娘不只是在随便说的一句俏皮话中出现。他认为奥丽维亚小姐那个忧郁的管家马伏里奥的原型，就是女王的管家威廉·诺利斯爵士；此人虽然已有家室，又上了年纪，却荒唐地追求女王的侍女玛尔。马伏里奥的名字本身就清楚地说明他是个渔色之徒：Mall voglio——我要玛尔。假若莎士比亚曾经受过玛尔之苦，他是绝不会把另一个男子的痛苦当做笑料的。

我们最好还是让那位黑女子继续隐姓埋名，甚至是把她视为若干人物的综合。莎士比亚久居伦敦，我们不能以为他会在风月场中以一桩私情为限。他的十四行诗永远在向世人诉说男人们的一些最常有的感受：难以排解自己对一个女子的欲念，事后感到厌恶，忍受被遗弃的痛苦，以及对朋友的背信弃义束手无策。莎士比亚不会像约翰·济慈那样眼巴巴地看着范妮·布朗发呆。他是个现实主义者，意识到自己的矛盾，意识到内心深处有黑白两种力量在争夺，意识到一切女子，不分肤色之黑白，身上都具有一种原始的奥秘，其诱惑力使人无法抗拒。

1　剧中伯爵小姐奥丽维亚的侍女玛丽娅的昵称。

第十一章　乡绅

Gentleman

伦敦发生骚乱。比林斯门内血肉横飞。全城宣布戒严。一些徒工在塔山[1]被处以绞刑，随后剖腹、凌迟。

那是1595年夏季，骚乱的起因主要是物价上涨。由于热心公益的学生——他们今天已成为示威专家——没有在场，徒工们便任意在示威活动中制造流血事件；他们痛打卖鸡蛋和黄油的男女商贩，因为他们把价钱抬高了一倍，甚至更多。鸡蛋竟要一便士一个，黄油卖七便士一磅——这是无法容忍的。因此，必须把黄油涂在人行道上，把鸡蛋当原始炮弹使用。青年人一向喜欢发脾气，但老年人却并非总能宽大为怀。把一些黄口小儿就地处决，这在我们看来未免过分，然而这就是昔日的“快乐的英格兰”。戏院既是便于徒工们集结的场所，自然是被关闭了；于是宫内大臣剧团至少失业了两个月。

戏院里，莎士比亚已经非常详细而出色地记录了去年夏秋两季的灾祸。《仲夏夜之梦》中的仙后提泰妮娅，把这一切都归咎于她与夫君奥布朗之间的不和，那不是上帝的意思，而是圣约外的鬼使神差。时下，英国正在遭受农业歉收、畜疫流行之苦。人们不难相信，莎士比亚与其他小资本者一样，已经预见到伦敦城内将出现粮食匮乏的局面，并且事先趸了

1　伦敦塔侧坡地上的刑场。

一两担。低价而籴高价而粜，这是一种令人肃然起敬的赚钱方法。

使全国更为不安的是人们获悉：西班牙的一支规模更加庞大的无敌舰队已经准备就绪；但是偏偏在这个时候，德雷克与霍金斯二人却远离英国，正在进行他们最后一次航行。天时极为不利，占星家坐卧不安，因为他们知道女王即将进入一个大关口：1595 年 9 月 7 日，她将开始她生命的第六十三个年头。六十三是七乘九的积，七和九这两个数字碰在一起是非常不吉利、容易出事的。1588 年那次无敌舰队准备进攻英国，是女王开始她第五十六个年头的时候，七和八是两个神秘的数字；八不像九那么蹊跷，但也是够凶险的。[1] 虽然 1588 年是灿烂辉煌地度过的，嘲弄了那些令人担忧的征兆和愁眉不展的占卜官，但是眼下它并不能使人们得到多少宽慰。英国这次也许不会再逢凶化吉，尤其是周围有那么多的罪恶、自鸣得意和背叛。

关于谁会背叛，现在应该看看威尔的恩主心目中的英雄埃塞克斯伯爵罗伯特·德弗罗。这位伯爵一度是女王的心肝宝贝儿好罗宾，如今人们说他已不再是床伴儿罗宾而是坏蛋罗宾了。[2] 迫克在《仲夏夜之梦》结束时笑着说，“罗宾定当将

---

1 按迷信的说法，人的一生中每七年要遇到一个关口，会在健康或命运方面发生重大的变故；六十三岁是大关。原著将 1588 年女王进入生命的第五十六年的数字误为九乘六，并进而认为六也是凶险的。译文做了改动。

2 罗宾是罗伯特的昵称，也是英国民间传说中的顽皮精灵迫克的诨名。

功补过"，可是罗宾对于女王插手洛佩兹的案件使自己受辱，依然耿耿于怀。伊丽莎白朝中向来恩泽如锦绣，廷臣人人皆为求爱者，但也有亲有疏。这位女王曾经占有埃塞克斯伯爵的整颗心，如今伯爵却在大谈其女王的衰老与无能。1595 年 11 月，女王在庆祝自己登基三十七周年的时候，一本题为《谈谈英王下一位继承人问题》的书落入她手中。作者多尔曼极为轻率地将该书题献给埃塞克斯伯爵，因此女王自然想了解书的主题与受献者之间究竟有什么关系。无论埃塞克斯如何解释，他还是暂时失去了女王的宠幸。

海外天主教势力的新威胁使许多忠于女王的臣民担忧国内的局势。女王的确是老了，那些传道士更是故意喋喋不休地弹这个调子。圣大卫教堂的主教在布道时，当着女王的面愚蠢地提醒她：她已年在桑榆，心力交瘁，来日无多；万一她猝然晏驾，她会留下王位继承问题没有解决，因为谁都不敢肯定苏格兰王詹姆斯六世能否为朝中各方接受。事实上，女王正在以类似函授的方式训练着詹姆斯，但又怕公众知道她选定他继承王位；因为天主教敌人可能未等他登基就策划将他暗杀，使国家陷入混乱，以便从中渔利。于是大家都在猜测，而女王则设法使大家相信这种忧虑是没有根据的。

关于伊丽莎白是否会被一个野心勃勃的新教臣僚废黜，这不可能是人们议论纷纷的问题，否则莎士比亚就不会在这个时候写下《理查二世》并将它搬上舞台。不过，它提醒那些需要提醒的人：历史上有过废黜君王的先例，而且 1599 年，即亨利·波林勃洛克篡位二百周年即将来临。莎士比亚对于自己的私事比对于公众的事务更有兴趣，他无非是在继续完成自己的工作而已。在写完以威尼斯或雅典式的沃里克郡仙境为背景的喜剧之后，他感到回过头来写关于玫瑰战争的历史剧的时候到了。他已经写了战争之末，如今必须写战争之始，说明约克与兰开斯特两大家族的冲突是一场灾难，产生于一个人的罪孽，而这罪孽纵然去圣地朝拜多少回也是无法抵赎的。亨利四世犯下了弥天大罪，给他的臣民带来的苦难与死亡较之俄狄甫斯毫不逊色。人世间最深重的罪恶莫过于弑君了。

莎士比亚从马洛的一出历史剧《爱德华二世》（此时已有印刷本）中懂得，像《亨利六世》三部曲那样的乡村露天表演，只是平铺直叙一连串事件，不如深入探索隐藏于这些事件背后的动机更能激发人们的兴趣。爱德华是个孱弱的统治者，一味反常地宠幸那个先意承旨的佞臣加维斯坦，将自己的王后与朝政统统置之不顾。他最终虽被废黜、残杀，但至少是由他的儿子继位。[1]理查也遭到废黜和残杀，但他就此世系断绝。都铎朝的王统也是如此中绝的，不过这是后话。[2]

在气质上，理查是个易动感情的人，一个唯美主义的梦想家，很像爱德华；但是，莎士比亚不能照搬霍林斯赫德在《编年史》中记载的真实历史，把理查写成一个专找男童耍奸

1　爱德华二世于1327年被逼退位并被处死，由其子继位，即爱德华三世。

2　伊丽莎白一世死后无嗣，王位由苏格兰国王詹姆斯继承，斯图亚特王朝开始统治英国。

的人物。莎士比亚把理查的纵欲改为对辞令、诡辩和俏皮话的癖好——这也是诗人自己的弱点。理查的独白，无论在人前还是人后，都任凭自己想拖多长就多长，他的创造者对他是颇为放纵的。除此以外，他还喜欢发脾气、吹牛皮、喜怒无常。与其说他像个国王，不如说他更像个王后。理查这个角色需要有一位艺术大师施展全部才华方能演好，莎士比亚有伯比奇这样一位艺术大师。

莎士比亚在这个时候而不是在以后创作《理查二世》，是否纯属自己的主意呢？埃塞克斯的势力正在发展，他们需要一个纲领，或许还需要一位诗人。至死都是埃塞克斯的忠实朋友的南安普顿，曾经给过威尔一些钱。他已使威尔奉献给他两首好诗，他的俊美将在许多首十四行诗中成为传世佳话，他还占有或是将要占有威尔的情妇。但是，他也许觉得自己有权索取更多的东西，即便是替人索取也罢。他可能提议威尔再写一首诗或一出戏，说明英国在一个昏庸无能的统治者手中已经病入膏肓，一位在这个统治者手下备受冤屈的坚强的爱国志士夺取了王位，拯救了国家。威尔可能说，不管怎样，他建议写《理查二世》，而且他对于喜剧已经厌倦，准备回过头来写悲剧或历史剧，甚至不妨现在就着手。至于可能被用于什么宣传，这与他无关，因为那主题本身就包含了这些；除非为了艺术，他决不会窜改历史，也不会专门强调剧本与当前局势有什么关系。那很好，你就写吧！

在写的时候，莎士比亚一如既往，注视着公众的情绪。

他的观众也像昔日观看《亨利六世》那样，欣然接受爱国的口号，因为西班牙的威胁是炙手可热的。枕戈待旦的英国人喜欢有人用令人难忘的方式对他们说，他们既是伟大的，同时又是渺小的。在《理查二世》中，约翰·刚特临终时说了一席话，全文是长得难以想象的一整句，其中有许多像烙画似的烫出来的语句："这颗镶嵌在银色的海洋之中的宝石……这块幸福的土地，这大地，这王国，这英格兰……这片孕育着这许多伟大的灵魂的国土，这亲爱又亲爱的国土……"诸如此类的同位语从句子开始竟有二十行之多，然后才是谓语；但是这谓语直言不讳地承认英格兰已经陷入困境，也就使这一大堆同位语显得不那么令人难受了。[1] 大多数爱国者会记住关于宝石这部分而忘记句末"已经可耻地征服了它自己"这层意思。看到后来在《亨利四世》中出现的冷嘲热讽，我们可能会怀疑，莎士比亚堆砌这些"君王们的御座"式的辞令[2]，是否为了在戳穿由此激发的沙文主义情绪时使人更觉其痛？企图假定莎士比亚身上确有爱国主义思想，这与假定他信奉无神论，主张素食主义，或赞成共济会的理想一样危险。

到那年年底，宫内大臣剧团在御前演了四出戏。其中是否有《理查二世》是值得怀疑的，因为那是上演喜剧的季节。

---

1 这句话的谓语是"现在却像一幢房屋，一块田地一般出租了"。见《理查二世》第二幕第一场。

2 指上文提到的堆砌同位语的一长句，其中有"这一个君王们的御座，这一个统于一尊的岛屿，这一片庄严的大地，这一个战神的别邸，这一个新的伊甸"。见《理查二世》第二幕第一场。

严肃的东西要留给真正的生活，留待五谷不登的来年——1596。我们将看到，这一年莎士比亚日子很不好过，但他至少活下来了。伦敦街头饿殍遍地，粮食匮乏，物价暴涨；本来应该用于赈济穷人的钱，继续耗费于异国的战事。法王亨利四世抱怨英国在他反对天主教敌人的斗争中未提供充分的援助，而那是他们共同的敌人；伊丽莎白一世也大发雷霆，因为法国使臣竟用日后戴高乐的腔调向英国提要求。英国人说，法国一向是个不讲信义的民族。新年伊始，英法联盟实际上等于破裂了。

开春，法国传来了令人不安的消息。那些背信弃义的法国人说，他们宁愿让西班牙人进入加来[1]也不愿让英国人进，因为西班牙人来了，法国总有机会通过教皇的斡旋收回这座城市；一旦英国人重新得到它，他们就再也不会松手了。这是十足的法国佬的逻辑，使英国人大为愤慨。4月，西班牙人在加来站稳了脚跟，准备强渡英吉利海峡，而不再是以他们在康沃尔郡用过的那种小股骚扰的方式。耶稣受难日星期五，英国征募的六千新兵正整装待发，进军多佛；突然有消息说加来已经守不住，于是新兵也就解散了。复活节星期日，圣大卫教堂的主教在向女王布道，说她已经衰老，并且为她编了一段谦恭的、适于老者的祷文，这时局势又要求征集兵员了。不过新兵也来得容易，只要等一些善男信女进入教堂

1 法国北部海港，与英国东南部港口多佛隔海相望。

之后，便可以把大门一关拉伕凑数。这次他们开拔到多佛，只是没有扬帆过海，因为加来已经陷落。谣传说，有一支身经百战的尼德兰军队突破了西班牙的包围圈抵达加来的法军阵地，但是那些卑怯的法国佬却让援军全军覆灭，说西班牙人都比那些侉声侉调的北方新教徒更令人同情。

于是，英国实施了酝酿已久的第二方案：派遣海军大臣查尔斯·霍华德伯爵和重新得宠的埃塞克斯伯爵，率领一支舰队去西班牙的加地斯[1]。在他们从普利茅斯基地出发前数周，德雷克与霍金斯的船队结束了海盗式的冒险活动回到英国，只是这二人都不在船上。他们已经葬身海底，整个冒险活动也以失败告终。在女王生命中的大关之年，这是不祥之兆。但是舰队经过女王的祈祷祝福之后，仍然于6月3日扬帆出征西班牙了。

与此同时，莎士比亚也开始了他那倒霉的夏季。萨瑟克有个叫威廉·加德纳的治安官，贪赃枉法、性情暴戾；他控告莎士比亚曾与天鹅剧场的老板弗朗西斯·兰利一起威胁他的生命。这很可能完全是无稽之谈，因为莎士比亚不像马洛那样喜欢一醉二拔刀，恶意中伤人。诬陷而已，然而却意味着要打官司。莎士比亚一面想着这件事，一面努力完成他的一部新的历史剧。这部历史剧是根据女王剧团演过的一出老戏《多事的约翰王朝》改编的。莎士比亚不惜笔墨，以自己的方式

1 西班牙西南部海港。

借古喻今，勾勒出一个反复无常的法国和一个勇敢御敌的英国，并且还写了一段约翰王如何藐视罗马教王的世俗权威那种违背史实的新教内容。剧中也有威尔随时都准备吹响的爱国主义喇叭：

> 尽管全世界都是我们的敌人，向我们三面进攻，我们也可以击退他们。只要英格兰对它自己尽忠，天大的灾祸都不能震撼我们的心胸。[1]

但这无疑是莎士比亚成熟时期最差的一出戏，尽管诗句优美，人物却苍白无力。然而，我们了解到诗人在那个夏季所遭受的特殊不幸以后，就会从剧中找到一阵阵强烈的哀痛。亨利亲王以下的话就是一例，不过其中那个“他”不知何所指：

> 奇怪的是死亡也会唱歌。我是这一只惨白无力的天鹅的雏鸟，目送着他为自己唱着悲哀的挽歌而死去，从生命的脆弱的簧管里，奏出安魂的乐曲，使他的灵魂和肉体得到永久的安息。[2]

还有约翰王临终时的一番话：

---

1 见《约翰王》第五幕第七场。
2 同上。

在我的胸头是这样一个炎热的盛夏，把我的脏腑都一起炙成了灰，我是一张写在羊皮纸上的文书，受着这样烈火的烘焙，全身都皱缩而焦枯了。[1]

埃文河上的天鹅[2]，制服上戴着宫内大臣的天鹅标记，在整个炎热的夏季不停地写着——这些便是他炮制那些隐喻的素材。他的雏鸟死了。彭勃洛克说：

我也要跟你同去，找寻这可怜的孩子的遗产，一座被迫葬身的坟墓便是他的小小王国。[3]

最哀伤的莫过于康斯丹丝在自己的儿子亚瑟将死时说的话：

悲哀代替了不在我眼前的我的孩子的地位；它躺在他的床上，陪着我到东到西，装扮出他的美妙的神情，复述他的言语，提醒我他一切可爱的美点，使我看见他的遗蜕的衣服，就像看见他的形体一样。[4]

哈姆奈特·莎士比亚是在8月初死的，只有十一岁半。这

---

1 见《约翰王》第五幕第七场。

2 “埃文河上的天鹅”（The Swan of Avon），本·琼生在第一对开本的题诗中曾这样称呼莎士比亚。

3 见《约翰王》第四幕第二场。

4 见《约翰王》第三幕第四场。

时，安妮·莎士比亚是四十岁，或许认为自己已经过了生育的年龄。威尔只能接受自己终将无后、正在为之奋斗的光荣称号无以为继的命运。安妮是个健壮的村妇，又远离伦敦那种艰险的都市生活，她可能比威尔长寿。威尔献给南安普顿的那些宣扬为人之父的乐趣的十四行诗，如今对他已成为一种讽刺。接着，10 月 29 日，那可怜的孩子在他的小小王国中尸骨未寒，纹章院首席执掌终于授予约翰·莎士比亚他多少年来梦寐以求的乡绅称号和家徽：

> 金色，右斜线黑条纹上一金矛，镶银头。上方饰章或图案为一展翅猎鹰，金色泛银白，一足直立于一花冠之上，颜色与猎鹰同，一足扶持另一金矛，镶银头如上述；矛杆插入一具头盔，周围饰有传统醒目绶带、流苏。本院特此宣布：此盾徽或纹章经本院批准，并按纹章法之规定及乡绅之习俗，得为该乡绅约翰·莎士比亚及其子孙后代（于任何适宜时间及地点）合法佩带并展现于其家族各种盾、靶、纹、甲、枪旗、标旌、印章、指环、楼堂、屋宇、用具、服装、墓碣、纪念碑，或用于各种战争或民间活动及仪式，他人一概不得干涉或阻挠。

家徽上的格言是 Non Sans Droict——不无权利。

最大的讽刺莫过于此。在莎士比亚的家族中，除了约翰祈求其保佑的那些虚无缥缈的祖先之外，哈姆奈特本来是可以成为第一个世袭乡绅的，现在他却死了。而且在此1596年，吉尔伯特三十岁、理查二十二岁、埃德蒙十六岁，谁都不会料到莎士比亚家族的男性继承人竟会在不多不少二十年之内全部死绝。能够佩带家徽，能够拿它去展现的日子是屈指可数的。

尽管如此，乡绅莎士比亚在斯特拉福料理丧事以后，依然可以怀着有所得的冷酷心情骑马回伦敦。这是因为仅在三年之前，他曾与一位贵族老爷建立了友谊，催促他早日为人之父，将伟大的血液注入自己的后嗣。爵爷与伶人之间的社会地位本来相去甚远，他们难以建立融洽的关系，不过现在差距缩小了。这种关系一度疏远过，如今有可能弥合了。在此之前，南安普顿确实也无暇与诗人及伶人为伍。他时常入宫，有人传说他不顾危险，与女王的侍女弗农小姐过从甚密。他曾想追随埃塞克斯，起初是想去加来，后来又想去加地斯，但是女王却让他守在家中。远征加地斯的战役取得了辉煌的胜利，南安普顿对于未让他分享这份荣誉自然是耿耿于怀，他是不会有心情去理会那些谦卑地要求重修旧好的十四行诗的。

然而在那炎热的8月，英国及其受到挫折的贵族们的心情变了。在加地斯的冒险行动一帆风顺，而且是按照人们认为早已死亡了的骑士传统进行的。当英国的舰队驶入加地斯港时，埃塞克斯高兴得把帽子抛入了大海。他的宿敌罗利眼下成了他的战友，对西班牙人的鸣炮警告回敬以一阵响亮的军号声。远征军英勇无畏地爬上加地斯的城墙，占领了这座

父亲梦寐以求的家徽，终于由儿子为他获得。母亲娘家、古老的亚登家族的家徽图案也合在一起。

港市。破城之后，埃塞克斯本着人道的精神待之以礼。尽管他有千条过错，但他认为杰出的胜利者皆不齿于劫掠。倘若其他指挥官都能像他那样，整个远征原可成为伊丽莎白朝的一大荣耀。然而士兵们一攻入城内见东西就抢，时常只顾眼前微利而无暇顾及更为重要的战利品。于是，西班牙人便乘隙焚毁了四十艘大型战舰和无数船只，未使它们落入英国人之手。掠得的财物本应归于女王陛下，支付整个冒险行动的费用，却被各舰舰长装上专用的船只运回自己家中。这是一次很大的胜利，但是它也将给胜利者带来麻烦。女王将亲自处理这件事情。

这时，埃塞克斯蓄起胡须，跨着大马，威风凛凛地凯旋通过伦敦街头，他的部下也蓄着同样的胡须。埃塞克斯本来就野心勃勃，从此以后他的野心更是发展到极限。不过，现在还是到处是钟声、焰火，欢庆胜利的时候。8月过去了，女王度过了险象环生的六十三岁大关。为此，莎士比亚给他的恩主写了一首十四行诗：

人间的月亮已度过被蚀的灾难，
不祥的占卜把自己的预言嘲讽，
动荡和疑虑既已获得了保险，
和平在宣告橄榄枝永远葱茏。
于是在这时代甘露的遍洒下，
我的爱面貌一新，而死神降伏，

既然我将活在这拙作里，任凭他
把那些愚钝的无言的种族凌辱，
你将在这里找着你的纪念碑，
魔王的金盔和铜墓却被销毁。[1]

他们言归于好了。毫无疑问，这首十四行诗是以娟秀的笔迹写在上等羊皮纸上送到南安普顿府的，封面上还加了赫赫的蜡封，包括长矛、猎鹰和头盔的图案，还有那 Non Sans Droict 的格言。不无权利，正值其时。至于那个无论是因为发烧、血液中毒、从树上跌下还是被疯狗咬伤而丧生的儿子，莎士比亚则不得不在自己的创作中寻找替身，是创作他的幻影，不是再造他的真身。

1　见莎士比亚十四行诗第 107 首。

第十二章　环球剧场
Globe

在斯宾塞笔下的《仙后》[1]时代，英国的宫廷曾经像一座供人崇拜的玫瑰香闺，闺中英俊洒脱的豪侠之士鳞集，他们一个个匍匐在一位才貌双全的绝代佳人脚下。伊丽莎白一世尽管年事已高，却始终保持着神秘莫测的女神形象。然而如今这位绝代佳人——上帝保佑——正变得一文不值，至少在年轻贵族眼中已是如此。她依然在施展她那女性的艺术——朝三暮四、变化莫测、狐疑不决、喜怒无常、恩威兼施——但是这样做非但不再能够销魂夺魄，反而令人心烦意乱。她毕竟是个老妪，瘦削的长脸，参差不齐的黄牙，红色的发套下掩盖着灰白、稀疏的头发。诚然，她思想敏捷不减当年，即席以拉丁文怒斥一个侮慢的外国使臣，一时传为佳话。她运用法文和意大利文巧妙熟练，宛如训练有素的译员。她依然是一代奇才，胜过英国历史上的任何一位君主。论起君王气概与尊贵的风度，没有哪位欧洲国君堪与她媲美。但是，她已不再能够赢得本国以埃塞克斯为首的年轻人的忠心。秉公而论，埃塞克斯即便没有理由胸怀二心，也是有理由心怀不满的。

---

1 英国诗人斯宾塞（Edmund Spenser，1552—1599）在这首未完成的长诗中，描写宫廷骑士的冒险故事，歌颂女王，诗体完美，富于音乐性，被后人称为“斯宾塞体”，对英国诗歌格律的形式有很大影响。

英国人在加地斯打了胜仗之后，西班牙国王尽管财源枯竭，还是重建了一支无敌舰队。女王认为，要挫败他进犯英国的计划，最好是双管齐下：攻打西班牙的费罗尔港，同时伏击它停泊在亚速尔群岛满载西印度群岛金银财宝的船队。加地斯战役的英雄埃塞克斯执意要求由他一人统帅这两次行动，并且如愿以偿。远征军几经迁延终于出航之后，埃塞克斯与海军少将罗利之间发生了意料之中的不和。个人的恩怨使埃塞克斯丧失了判断力，酿成指挥上的严重失算，以致驻守在费罗尔的西班牙舰队得以离港驶向英国，幸亏途中风暴迭起，才阻止了它袭击法尔茅斯[1]。他也未能截住运载财宝的西班牙商船。回到国内，埃塞克斯的名声不佳，而女王偏偏触他的痛处，册封海军大臣霍华德为诺丁汉伯爵——这是地位更高的头衔——并且在嘉奖诏书中将他并列为加地斯的共同征服者。女王这样做虽然有其理由，却有失审慎，因为视埃塞克斯为那次远征的唯一英雄的烈性青年太多了。埃塞克斯愤然拒绝进宫，终日悒悒不欢，郁闷成疾。

随着西班牙的威胁逐渐消失，平息爱尔兰的反叛日益成为迫在眉睫的问题。伊丽莎白召集了一次会议，以便决定爱尔兰总督的人选。出席会议的只有埃塞克斯、诺丁汉、小塞西尔和一名掌玺官。女王希望将这个职位授予威廉·诺利斯爵士，但是埃塞克斯却主张任命乔治·凯鲁爵士，想乘机把自

1 英格兰西南康沃尔郡的一个港口。

己的这个敌手赶出宫廷。女王否决了他的提议，他便逐渐怒形于色，干脆扭头不理女王。女王打了他一记耳光，让他滚出议事室上吊去。他本相毕露，站起身就要拔剑，只是让诺丁汉制止了。埃塞克斯指天发誓，说他绝不会容忍这种侮辱，随即忿然离去。

朝廷分裂为各种派系，像一窝任意狂吠的狗，乱作一团。全国在受到无敌舰队威胁时那种团结一致、同仇敌忾的精神，顿时化为一股冷嘲热讽、怨天尤人的情绪。南安普顿的监护人伯利勋爵之死，预示着治国之才拥有高贵风度的那个时代已结束，以新一代治国志士自诩的正是像埃塞克斯那样的人。西班牙国王腓力二世之死——死时全身溃烂，连御医见了都不免作呕——又标志着英国人视为荣耀的一段斗争历史的结束。法王亨利四世已屈从于天主教，说巴黎应该望弥撒。至此，英国已经既无真正的盟友又无真正的敌人。于是她便从与西班牙大帆船搏斗，转向在一个到处是沼泽的岛屿上镇压一群满身臭气的村夫。

戏剧的调子变了。人不再是马洛笔下那种有毛病的庞然大物，而是变成了一个可怜虫；他做的蠢事一定要受到申斥，这是为了他好。戏院里的新格调应该是讽刺剧。新戏剧家所关心的是眼前的生活，不是已经死亡的罗马或远方的维洛那。莎士比亚的天才尽管得到承认，他在有些人的眼中似乎已经属于前一个时代。在某种意义上说，这是对的。假若他、伯比奇、肯普和宫内大臣剧团的其他成员曾经偷偷潜入河岸边的玫瑰剧场去看海军大臣剧团在做什么，那么他们会发现乔治·查普曼在诸如《趣日的欢乐》(*A Humourous Day's Mirth*)的喜剧中表演伦敦的时尚而博得观众的喝彩；他的人物有老夫少妻中好吃醋的阔老头儿，宫廷中机智风趣的男子，多愁善感、郁郁寡欢的人。当时，humour[1]一词正变得时髦起来。它不是直接指喜剧，而是与讽刺作家津津乐道的所谓“体液决定脾性”的机械心理学有关。其实它是老掉牙的东西，一些所谓最新潮流往往就是老掉牙的东西。莎士比亚并不相信机械心理学，他是非常现代的，现代到那些追逐时风的人们也不能理解其现代之处。

体液决定脾性的说法来源于古老的科学。它认为如果世间一切物质是由不同比例的空气、土、火和水四大元素混合而成，那么人的思想，确切说是气质，就是由各种比例的原液组成；这些原液一经进入人体，便决定人的性格。原液或体液有四种，即血液、黏液、胆液或称黄胆液，以及忧郁液或称黑胆液，与四大元素对应。一个人的体内血液多，他就是乐观开朗的多血质性格；黏液多，就是冷漠迟钝的黏液质性格；易怒的黄胆液质性格是黄胆液过盛；抑郁的黑胆液质性格是黑胆液过盛。不过，体液调配得巧妙还可以产生其他类型的气质。正常人的体内各种原液是完全保持平衡的。但是新喜剧作家需要的是不正常的人，是脾气暴躁的黄胆液质

---

1 humour 现为“幽默”，古为“体液”或“脾性”之意。

士兵和头带黑帽的忧郁症患者。哈姆莱特对众伶人讲话时提到的那个“humourous”的人，并不是指滑稽有趣的角色，而是戏剧舞台的某种产物，是按那种假科学的原理炮制出来的，不是按威尔的方法对实际存在的人进行观察之后才创造的。

性格剧的泰斗当推本·琼生。他比莎士比亚年轻八岁，并将在埃塞克斯进行所谓海岛之行的1597年充分显示出自己的活力。琼生自称出身贵族，却从未说过自己有什么家徽。莎士比亚想跻身贵族，主要是琼生出来嘲笑他，虽然这种嘲笑也是出于善意。琼生授予自己剧中一个人物一幅家徽，图案是一只猪头，格言是“不无芥末”。他说他父亲在玛丽女王[1]统治期间丧失了全部土地，然后入教会任职，又在儿子出生前一个月溘然长逝。他的母亲后来改嫁给一个泥瓦匠，琼生自己虽然由别人帮补上过威斯敏斯特公学，还是被迫入了继父的行业学艺。他讨厌泥瓦匠的活计，于是便去低地国家打仗，自称曾在两军的营垒前按古典的方式杀了一个敌人，并且取得其财产作为合法的战利品。后来他进入戏剧界，随一些三流剧团去各地巡回演出，《西班牙悲剧》中的希埃洛尼莫是他演过的最主要的角色。不过如今他寓居伦敦，在天鹅剧场为彭勃洛克剧团编戏。

琼生在1597年编的一出戏叫《狗岛》，是一部有关时势

1 指英格兰女王玛丽一世（1516—1558），亨利八世之女，伊丽莎白同父异母的姐姐，在位期间努力复辟罗马天主教，处死宗教异端，被称为“血腥玛丽”。

的讽刺剧，诗人纳什也参与写了两三幕，此人也写政论小册子，是已故格林的朋友。它是一部奇巧的喜剧，轻慢无礼，有股聪明劲儿，但是在那些人心浮动的日子里，如此辛辣地针砭当地时弊却是不明智的。枢密院说这是诽谤和煽动。市长进一步把所有的戏一概斥之为伤风败俗，淫乱猥亵，说剧作者佯装以现代手法鞭挞罪恶，实则意在向观众进行灌输。他要求枢密院查封一切剧院，而枢密院则比这小小的建议走得更远，下令将泰晤士河两岸的戏院全部拆毁。这项命令确实令人生畏，它意味着全部清除伊丽莎白朝的戏剧。演员们几乎无法相信自己的职业竟然就此告终，他们把一腔激愤发泄到那个该死的泥瓦匠身上。

那该死的泥瓦匠（他把他那摞砖一块块地轧在每个人的脚趾上），连同彭勃洛克剧团的另两名成员加布里埃尔·斯宾塞和罗伯特·沙阿一起，被关入马歇尔希监狱。当局也在搜捕纳什，但是他逃到了雅茅斯[1]，住在那里吃鲱鱼，并且在《纳什的斋食》中写到鲱鱼；《纳什的斋食》是一部乔伊斯式的作品（“法兰西有圣丹尼，西班牙有圣詹姆斯，爱尔兰有圣帕特里克，英格兰有圣乔治作守护神，而雅茅斯则有红鲱鱼”）。琼生并不愚蠢，他在身陷囹圄之前加入了海军大臣剧团，从亨斯洛手中预支了四镑钱，足以使他在狱中过舒适的生活——当然是指到用完为止。各剧团无所事事地度过了整个夏季，

1 英格兰东部港埠。

他们不敢想象秋冬雨季的前景。我们可以断定，莎士比亚在这个时候回到了斯特拉福。他买下克洛普顿的一所旧宅，即“新宅”，终于使自己在幸晋为乡绅之后又添新喜。不过，此情此景的悲剧将再次向他袭来：他有一幅家徽和斯特拉福最好的住宅，却没有儿子可以继承他这份荣誉。

天底下的事难得真像看上去那样糟糕。枢密院对于戏院的破坏性和煽动性影响的怒火逐渐平息。关于拆除戏院的命令，即便有人曾经认真对待，至少在秋季来临之前肯定没有付诸实施，因为1597年10月初各剧场又都响起开场锣鼓了。国会要开会，整座城市挤满了人，一个演出旺季即将来临。10月8日，琼生与同剧团的另两名演员从马歇尔希监狱获释。10月11日，他们在玫瑰剧场与海军大臣剧团在一起。

倘若伯比奇曾经请求莎士比亚试写那种新奇的喜剧，写写辛辣的讽刺和各种气质型人物，那么自从《狗岛》事件之后，他可能不再提这件事了。在莎士比亚与伯比奇看来，不去反映当前社会风气是有充分理由的，因为反映了就有被指控为进行煽动的危险；但具有讽刺意味的是，威胁着威尔的却是一部对当局无害的历史悲剧。他写《理查二世》，是因为要写一部关于玫瑰战争的史诗，就必然以此为开端。如今，虽说废黜国君那一幕已被删节，他这部剧本还是让安德鲁·怀斯拿去出版了。人们读这部作品并不是为了欣赏作者的文采，而是因为他们在波林勃洛克[1]这个人物身上看到了埃塞克斯的影子。这位愤懑的伯爵周围那些性急的追随者，正在今昔两个历史时期中寻找相似的事件，而莎士比亚的剧本就是他们的教科书。至于那位替他们说话的剧作家，他襟怀坦荡，漠然注视着别人硬把自己的作品纳入宣传领域，一心想着此时此刻正可继续再现那一段伟大历史，并从霍林斯赫德的《编年史》中寻找关于亨利四世的材料。

可是，宫内大臣剧团在演出场地上遇到了麻烦。“剧场”戏院的地契即将到期，而地皮的主人贾尔斯·阿莱恩却并不急于续订租约。演员们似乎必须另寻露天剧场，但也在考虑有否可能找到一个室内剧场。詹姆斯·伯比奇是在1597年2月去世的，他生前曾认为戏剧的前途或许主要不在于争取平民观众，而在于争取有教养的绅士，因为平民缺乏欣赏能力，只会嚼香肠、大蒜，任意嘘叫、吐痰，绅士们却能够欣赏名言妙语、优美的诗句和精到的掌故。李利曾经开设一家私人戏院叫“黑僧”，经营得很不错，一些小男孩儿在那里演过几出优雅的小戏，深受上流社会的喜爱。剧场的房子包括一个演出厅和几间作为公寓出租的房间。李利与房东发生了纠纷，人家把大厅转租给一个意大利击剑教师。现在击剑活动停止了，伯比奇便花了一大笔钱买下那大厅，把它改成适合宫内

1 波林勃洛克公爵觊觎王位，曾被理查二世放逐，1399年归来废理查二世，夺位后成为亨利四世。

大臣剧团演出的戏院。但是，公寓中的有钱住户要求枢密院禁止剧团在他们旁边演戏，这是枢密院求之不得的。眼下，即1597年10月，宫内大臣剧团感到前途未卜，这是不难理解的。诚然，自詹姆斯·伯比奇去世后，贾尔斯·阿莱恩在续租“剧场”戏院那块地皮的问题上口气确实有所松动。可能是由于詹姆斯·伯比奇的儿子理查作为领衔演员的说服力，贾尔斯·阿莱恩开始松口，大家依稀地感到还有一线希望，只是无论怎样都无法诱使他立下什么字据，连理查和他的兄弟卡斯伯特主动效劳起草的一份新契约，他也不愿意在上面签字。这时，宫内大臣剧团因为失去了留在这块地皮上的合法权利，便搬出了“剧场”。所幸的是詹姆斯·伯比奇和约翰·布雷恩约在十年前买下了邻近的帷幕剧场，只是谁都不愿意认为它可以代替原来的基地，因为那座建筑物年久失修，缺乏舒适宜人的环境。

莎士比亚加紧再现亨利四世的王朝，深信那位王冠来之不易的波林勃洛克将使剧院座无虚席。怀斯版的《理查二世》第二次印刷已经准备就绪，读者是希望看到故事究竟如何发展下去的。莎士比亚发现这个故事很长，而且又长得与亨利王的作为不太相干。确实，他对亨利王的兴趣远不及对亨利王的儿子威尔士亲王哈尔[1]那么浓厚。莎士比亚多少有点勉强地在赶时髦，他让哈尔亲王的身边围着一群性格各异的人物，

1 哈尔亲王（Prince Hal）即后来即位的亨利五世。

像巴道夫、毕斯托尔、波因斯，还有一个叫约翰·欧尔卡苏爵士的胖子。莎士比亚是从女王剧团一出旧戏《亨利五世的赫赫战绩》中发现欧尔卡苏这个人物的，历史上也确有其人，是在亨利五世的统治下被活活烧死的罗拉德教派殉教者。此人有个头衔，叫科伯姆勋爵，至今依然由其后代继承着。其后代的科伯姆勋爵反对剧团把他的祖先污蔑为胖子、酒鬼、懦夫和不光彩的角色。这个人物必须改名换姓，于是他便成了约翰·福斯塔夫爵士。

这部历史剧上下篇的背景都是战争，是内战。其中有个桀骜不驯的人物哈里·潘西酷似埃塞克斯，并且也像他一样喜欢谈论自己的荣誉。不过，在剧中滔滔不绝、高谈阔论的是福斯塔夫的声音，而福斯塔夫对荣誉毫无兴趣："荣誉又是什么？一阵空气。好聪明的算计！谁得到荣誉？星期三死去的人。他感觉到荣誉没有？没有。他听见荣誉没有？没有。那么荣誉是不能感觉的吗？嗯，对于死人是不能感觉的。可是它不会和活着的人生存在一起吗？不。为什么？讥笑和毁谤不会容许它的存在。这样说来，我不要什么荣誉；荣誉不过是一块铭旌，我的自问自答，也就这样结束了。"福斯塔夫至少不是一个伪君子。要是打仗，他一定会尽可能发战争财的。在埃塞克斯最近两次远征期间，葛罗斯特郡曾经发生强行征兵的事情，福斯塔夫和夏禄法官在教区挖掘兵源也发生在葛罗斯特郡。福斯塔夫要了霉老儿和小公牛二人三镑钱之后才放他们走。在现实生活中，葛罗斯特的长官要贪婪得多，通常的要价是每条腿五镑，不然是不会让你躲过兵役的。

福斯塔夫何以成为所有文学作品中最可爱的人物之一，这在那些以为可爱即美德的人看来永远是个谜。但是，在另一些人看来，这并无任何神秘之处，因为他们知道战争、官方宣传、怪诞的清教主义、辛苦的工作、迂腐、利甲人的信条[1]均无德行可言；他们反而珍爱着堕落的人性，喜欢它要无赖，有机智。福斯塔夫精神是文明的伟大支柱。国家太强盛、人们过分为自己的灵魂操心的时候，这种精神也就消失了。我们说到莎士比亚精神，有时主要是指福斯塔夫精神。在奥威尔的小说《一九八四》中，温斯顿·史密斯一觉醒来发现自己在呼唤莎士比亚的名字。他在无意识中并不是在召唤一个雄辩的爱国者莎士比亚，或召唤一个极力主张在他那个超级国家中遵守秩序、服从命令的人；他是在把民间的精神，把巧妙、鄙夷地嘲讽政治口号的人，把那咂嘴吐舌的老西勒诺斯[2]，化为莎士比亚－福斯塔夫。福斯塔夫精神在当今世界已微乎其微，所剩者也将随着国家权力的扩大而被肃清。我们是以强烈的思旧之情怀念福斯塔夫的。

我认为，从这个粗俗、好酒又怯懦的胖神仙身上，我们可以看到莎士比亚不但作为富于想象的剧作家，而且作为人

1 一种苦行主义。根据《圣经·旧约·耶利米书》记载，利甲人为古以色列人之一族，遵祖先之嘱，执意不盖房，不播种，不喝酒，一生住帐篷。

2 希腊神话中半人半兽的山林之神，酒神狄俄尼索斯的同伴，又老又胖又秃：一说能知未来，一说终日酩酊，是非不分。

的某些东西。福斯塔夫不只是从那个瘦削的本分人[1]躯壳中挣脱出来的肥胖的叛逆者。他是一个小宫廷中聪明的弄人——宛如南安普顿府上的莎士比亚。人们容忍他，但是从骨子里鄙视他。最后，他的朋友成了国王便将他抛弃，敕令他跪下祈祷上苍。他还欠了别人一千镑钱。

大约就在威尔创作《亨利四世》的这个时候，他与南安普顿的友谊想必是终于结束了。被这位伯爵勾引的女王的侍女弗农小姐，此时已有七个月的身孕。伯爵像个男子汉，悄悄把她带到巴黎结婚；但是回来时，女王狠狠地惩罚了他们，将这对伯爵夫妇双双投入了监狱。从此以后，南安普顿的事业将全部服从于埃塞克斯的事业，他自然再也无暇听取一个市井诗人的忠告，或在伶人中培育放荡不羁的友谊。不过尽管为时已晚，他还是接受了一个忠告，并且盲目地步其良师益友的后尘——先有孩子再完婚。

于是，就莎士比亚而言，可告慰的是自己在事业上取得了成就，也积攒了一大笔钱。毫无疑问，他将发现福斯塔夫这个人物受到广泛的欢迎，宫廷也在向他微笑。据说，因为女王还想看到这位爵士，莎士比亚便接着写了《温莎的风流娘儿们》，让福斯塔夫堕入情网。就其本意，他或许希望这个人物到此为止，不愿再写下去了。《亨利五世》是以一场崇高、正义的战争为主题，没有玩世不恭的酒鬼容身之地。莎士比

1　指莎士比亚。

亚很明智地在一场哀婉动人的戏中宣布了他的死讯。《温莎的风流娘儿们》中的福斯塔夫并不讨喜；渔色之徒的形象不适合他，而他的风趣机智在更合适的场景中已经用尽了。

本·琼生虽然指摘莎士比亚缺乏艺术与古典文学的素养，但他显然是会赞成福斯塔夫的。在他看来，福斯塔夫是个设计尚属精心但被安插在一出未经精心设计的戏里的人物。他认为莎士比亚的戏缺乏严谨的形式——它们到处乱爬，不遵守古人的遗训；古人要求限制时空，巧妙地集中观众的注意力。如有可能，则尽量把故事情节限制在一天和一个场景之中。无论如何不要学莎士比亚，任凭故事情节延续许多年，由一个城市发展到另一个城市，甚至由一国移至另一国。那样做使观众都糊涂了，应接不暇了。这可能就是琼生给新剧作家的忠告。琼生与威尔在“美人鱼饭馆”的鱼宴上，或在“三大桶酒店”喝麦酒时，曾经就他们的艺术手法争论不休。人们说，争论时琼生恰似一条西班牙大帆船一般笨重，威尔则宛如一艘英国战舰那样敏捷。

他们二人都各行其是。莎士比亚放下了历史剧，重新拾起喜剧：《无事生非》。琼生改换门庭来到宫内大臣剧团，给了他们《人人脾气好》（*Every Man in His Humour*）这部剧本。他竟然背弃了海军大臣剧团，阿莱恩对此感到十分愤慨，这个剧团即使在发生《狗岛》丑闻之后仍欢迎过他。亨斯洛想起那预支的四镑钱，说他忘恩负义。与琼生一同锒铛入狱而至今忠于海军大臣剧团的加布里埃尔·斯宾塞找他吵了一架，并在离帷幕剧场不远的霍克斯顿空地与他利剑相交。琼生的身材又矮又胖，他的剑也比斯宾塞的短十英寸。尽管如此，他还是一剑穿透了对手的右胁，送了他的命。

琼生自然是被捕入狱了。但是在过堂时，他要求享受牧师的待遇。这是利用 clerk 一词模棱两可的词义进行诡辩的老把戏。clerk 一词既可以指牧师，也可以指会读会写的人。本·琼生会写会读，因此他就是文书，因此他就是牧师。人们是不能够绞死一位牧师的，自然，也就不能绞死本·琼生，但是可以在他的大拇指上烙上一个 T 字，即 Tyburn（泰伯恩刑场）的意思，提醒他倘若再犯刑律定将严惩不贷。还可以没收他的财产，可是本·琼生与大多数剧作家和诗人一样，财产都在脑袋里。

就在琼生等待过堂（或者是为《狗岛》事件服刑）的时候，发生了一桩奇怪的事：一位神父到狱中探望了琼生并且使他皈依了天主教。按他自己的说法就是，他从此便信奉天主教，直到 1610 年为向英国圣公会表示和解，才一口饮尽圣餐杯中的全部圣酒与天主教分道扬镳。这件事之所以蹊跷，是因为他虽然皈依天主教，却丝毫没有妨碍他的事业。枢密院对于琼生的天主教信仰，一如以往对于马洛的叛神言论，似乎并不在乎。不过，倘若我们考虑到琼生曾经秘密加入特务机关，并且如今已不只是在一个方面成为马洛的继承人，那么疑窦便会涣然冰释。他事先佯装与国会炸药案[1]的主谋罗伯特·凯茨比交朋友，炸毁国会的图谋未能得逞，或许主要是得力于琼生的间谍活动。在英国一年一度庆祝粉碎这一阴谋的焰火会上高唱《独为我饮》也许是一种合乎礼仪的姿态。人人都会唱这支曲子，但不是人人都知道《听！听！云雀在歌唱》或《西尔维娅伊何人？》的。[2]这是琼生的一个小小的胜利，但是莎士比亚已长大成人，能够承认这一点了。

莎士比亚继续执着地避免卷入密探或政治活动，此时即将掀开他作为剧作家的生涯中最为光辉的一页。我们总是把伟大的剧作与伟大的剧场联系在一起，如今这将成为事实。人们至少可以争辩说：贾尔斯·阿莱恩要是同意续订河岸沟那块地皮的租约，就不会有新的剧场对新的工作提供的那种刺激了。不管怎样，到1598年9月底，宫内大臣剧团对续订契约显然已经不抱任何希望。但是他们经过一段时间的心灰意懒之后，重新产生了一阵兴奋。说来事情也富于浪漫主义色彩，可以说是带有伊丽莎白朝的特征。

在1576年签订的那份租借契约中有一项条款规定：设于河岸沟的建筑物倘在租借期满之前搬迁，它将归伯比奇兄弟所有。卡斯伯特与理查·伯比奇原以为阿莱恩会同意续约，便

---

1 天主教会策划在1605年11月5日詹姆斯一世主持国会开幕时炸毁国会大厦，因事前走饮风声而败露。

2 《独为我饮》是琼生的一首抒情诗，在英国家喻户晓。《听！听！云雀在歌唱》见于莎士比亚的《辛白林》。《西尔维娅伊何人？》出自《维洛那二绅士》。

没有动“剧场”戏院，深信他们不久仍将回去演戏。但是，当他们看到阿莱恩在1598年拿来的新租约条件订得如此苛刻时，他们气愤地拒绝在上面签字。这是阿莱恩预料中的事；他这样做的目的就是为了让他们无法签字，想自己利用“剧场”的房子。他根本不想续约；他想要回自己的地皮，还想白赚一座戏院。

宫内大臣剧团一怒之下，便开始行动，并在他们的对手海军大臣剧团的玫瑰剧场附近找到了新的场地。那是靠近淑女巷的一块园子地，他们签订了一份契约，圣诞节那天就可以搬过去。资金自然是需要的。伯比奇兄弟二人答应出一半，剩下一半由莎士比亚、海明琪、菲利普斯、波普和肯普五人分摊。这意味着莎士比亚除了是剧团本身的股东之外，还对这座新的剧场拥有十分之一的股份。建造新剧场的合同给了建筑大师彼得·斯特里特。但是，他们哪里去找木料呢？

答案只有一个。在圣诞节的假日里，十几名拆迁工人在伯比奇兄弟二人的率领下，趁阿莱恩不在伦敦城，来到河岸沟，把那座旧戏院的木料全部拆下，然后用马车运过河，堆放在河岸边的新戏院工地上。12月底是严寒的天气，泰晤士河上结着非常厚的冰，但是拆迁工作照样进行。他们根本无需经过伦敦桥，就在冰上运木料，像是古代以色列人出埃及时在红海上如履平地那样。上帝是站在宫内大臣剧团一边的。

第二年整个春季，工人们日夜加班，建造伦敦有史以来最漂亮的剧院。演员们胸有成竹，他们要的是圆形的剧院，是一个木头圆圈儿，所有设施一应俱全：有突出的裙台，幕布遮住一间暗室或书房，上面是廊子或楼座，再上面是乐台，此外还有设计合理的地下室和翻门。这些东西已经使伊丽莎白朝的戏剧成为一种迅速、亲切和文辞华丽的艺术形式。演员们急不可待地盼望着新剧院升旗仪式的到来，那旌旗上印着大力神赫拉克勒斯背负地球的图案，其格言是：Totus mundus agit histrionem，大意是“全世界是一个舞台”。这座剧院的名字就叫“环球”。

第十三章　诗人之争
Poets' War

1599年初春，环球剧场的工程已完成一半，贾尔斯·阿莱恩正在为丢失木料徒然咆哮，这时候莎士比亚一定在考虑当务之急是尽快写完玫瑰战争。坊间传说，任何把英国历史搬上舞台的戏，不管是关于哪个朝代，不久以后都要禁演，因为英国的历史无论从哪一段看，似乎都能找到酷似现实生活的煽动人心的事例。剑桥有个叫约翰·海沃德博士的愚蠢律师，他在2月出版了一部关于理查二世被波林勃洛克废黜的书，并且胁肩谄笑地题献给埃塞克斯伯爵。坎特伯雷大主教亲自要求删除这篇题词，因为废黜天命君主既是叛逆谋反，也是亵渎神明，有朝一日教会本身也可能被剧作家和政论小册子作者树为敌人，树为比枢密院历来遇到过的更为可怕的敌人。于是，莎士比亚便加紧创作《亨利五世》，不写完这部长篇的英雄传奇是要抱憾终生的。

《亨利五世》将是一出为新剧院，特别是为新剧院的开张吹响喇叭的好戏，它同时也可能是最后一次唤起伊丽莎白朝昔日那种爱国主义进取精神而又不显得荒唐的一出戏。尽管埃塞克斯与女王之间的关系依然冷淡，但他却是能够解决爱尔兰问题的唯一人选。于是他又暂时成了名正言顺的英雄，他的一些事迹也可以通过这出新戏中御驾亲征的国王之口闪现而不致招来危险。莎士比亚甚至可以让致辞者直接提到他：

> 那就是我们圣明的女王的将军去把爱尔兰征讨，看来不消多少周折，就能用剑挑着被制服的“叛乱”回到京城，那时将会有多少人离开那安宁的城市来欢迎他！[1]

莎士比亚想到的是3月27日预祝埃塞克斯和他的军队一路平安的欢呼声。“上帝保佑您，爵爷！老天帮助您早日凯旋！”而衣着简朴、有如波林勃洛克对一个卖蚝少女脱帽致意那般谦恭的埃塞克斯，还可能说“谢谢你们，同胞们，亲爱的朋友们！”之类的话。南安普顿此时已经出狱，跟随着埃塞克斯。埃塞克斯有意晋升他为骑兵团长，但深知女王不会同意，便将这项任命推迟到他们安全抵达（或不安全地抵达）爱尔兰之后才宣布。

威尼斯的使臣曾经称爱尔兰为英格兰人的墓地，而全身甲胄的英格兰士兵也确实至今未能征服那个强悍、狡猾的爱尔兰叛军领袖——蒂龙伯爵休·奥尼尔，阿尔斯特省中部与东部的统治者。他手下可能只有一些部落野蛮人，但他们都训练有素。他们会对英国人乱砍乱杀，不顾文明时代的一切战争规则。人们担心，他们的背后还有西班牙军队（尽管如今已大大削弱)，就等着把剩下的英格兰残军收拾干净。但是，埃塞克斯的麾下有兵丁一万六，战马一千三，这是伊丽莎白朝出国远征的规模最为庞大的一支军队。埃塞克斯踌躇满志。遗

1 见《亨利五世》第五幕序曲。

憾的是正当他们穿过伦敦伊兹林顿区挥师北上的时候，眼前突然出现了不祥的征兆：一片乌云自东北方向滚滚而至，带来了一阵冰雹和闪电。伊丽莎白时代的人是相当迷信的，眼下有人担心这次出师凶多吉少，也不是没有道理的。

伊丽莎白曾经提议委派蒙乔男爵查尔斯·布伦特[1]取代埃塞克斯出征。数年前，埃塞克斯与这位男爵曾经进行过一次决斗，而如今男爵却是埃塞克斯那位可怜的妹妹佩尼·里奇夫人的情人。在《亨利五世》中，莎士比亚将那位法国使臣取名蒙乔，尽管用意不明，可能会被认为是有所指的。但是，莎士比亚无非是顺手拈了一个法国姓氏，而他在跛子门[2]银街寄宿的那家胡格诺教派房东碰巧就是这个姓氏。此人叫克里斯托弗·蒙乔，是个贵妇服装头饰制作商，名字已彻底英国化了。莎士比亚在写《亨利五世》那场开下流玩笑的戏时，他倒是成了一个很有用的房东。这一场戏全部是用法文写的，其中有一些词虽属下流，却是洋文，因而似乎不致腐蚀英国观众的心灵。人们很可能把那些演法国贵妇的童伶带到银街，接受蒙乔的法文辅导。

蒙乔家有一位妙龄女儿叫玛丽；有一份涉及她婚事的诉讼文书上，记载着莎士比亚的名字。后来娶她的那个学徒斯蒂芬·贝洛特曾经控告克里斯托弗·蒙乔，说他答应给他六十

1 查尔斯·布伦特（Charles Blount，1563—1606），第八代蒙乔男爵，第一代德文郡伯爵，曾任伊丽莎白一世和詹姆斯一世的爱尔兰总督。

2 旧时伦敦城的八座城门之一。

镑钱作妆奁而未兑现，尤其是未将他口头允诺的二百镑遗产写入遗嘱。蒙乔的女仆在法庭上作证说，“在这家寄宿的一位莎士比亚先生”曾受房东之托，“劝说原告同意这门亲事”。不过威尔在斯特拉福所作的那份证词说明他不是一个非常可靠的证人。他说在他看来贝洛特是个好青年，但是他记不起他们之间有过什么口头交易。由此，我们可以断定：莎士比亚在商谈婚事时注意力不集中，他在忙于写剧本或别的什么东西。他和蔼可亲，工作勤奋，有点心不在焉，依然在伦敦寄宿，并未迁入他如今已经住得起的漂亮住宅——又出现了一个影影绰绰的形象。

莎士比亚在写《亨利五世》的时候，想得很多的是本·琼生。人们甚至可以从尼姆身上看到琼生的漫画式的影子。虽然福斯塔夫已经死了，但是尼姆是福斯塔夫这一伙人的新成员。他对毕斯托儿说，要在他的肠子上戳几个洞，“我做得到——而且做得地道——这才对头”。毕斯托儿是阿莱恩演的那种滑稽人物，他在回答尼姆时死抱着虚张声势的老招数不放：“喔，你这个吹牛、撒野、该死的下流坯呀！”如此等等。但是琼生对于历史剧表现手法的讥笑在起作用：历史剧中是没有新现实主义立足的余地的（譬如你能将千军万马搬上舞台吗？），所以就由致辞者出场，不断为一个“木头圆圈儿”容纳不下那么多的将士表示歉意。

那个木头圆圈儿终于在7月份开幕了。其实它是八角形的，上面是漂亮的茅顶，这顶子十四年之后将惹出祸事。《亨利五世》深受观众的欢迎；人们普遍希望埃塞克斯能够狠狠地揍蒂龙一顿，因而戏中那种穷兵黩武的调子也是符合时局的。但是，在达官贵人中间显然存在着悲观与畏葸的情绪，不然那位大主教如何会像纳粹分子一样亲自监督焚烧那些被认为言论过于自由的书籍呢？6月点燃了熊熊烈火，将那些讽刺、言情的诗歌，甚而包括《威洛比与艾薇莎》全部付之一炬。至于海沃德博士那部关于废黜理查二世的书，新版一千五百本全部化为灰烬；当局还全面禁止出版涉及英国历史的任何书籍。他们这些措施的结果，是让作家回到更古老的年代，写古罗马的历史。莎士比亚正处在自己事业的一个特殊阶段，若非当局有这种禁令而公众又对古罗马重新发生兴趣，他恐怕是不会去翻阅诺思的普鲁塔克译本的。想从历史中寻找与眼前这个危险的时代相仿的事件，裘力斯·凯撒遇刺就和理查二世被黜同样现成。

但是，莎士比亚在写《裘力斯·凯撒》之前，腹中尚有某种喜剧的才识不吐不快。他认定琼生关于表现形式的看法是错误的：不幸的是，无论是针砭时弊的讽刺剧（总是危险的），还是捕风捉影的性格剧，二者都限制了形式，不然这种形式在发挥机巧、传奇，甚至哲理方面本来可以大显身手，并且在剧情发展的过程中可以公允地评论一些时事问题。此外，莎士比亚还发现一种新的丑角可能更受欢迎；这种丑角不是原来那种全凭插科打诨的小丑，而是能够发表学识渊博的妙言趣语和机敏的评论，语言富于旋律、委婉动人的丑角。

换句话说，威尔·肯普的时代已经过去了。有一个叫罗宾·阿明[1]的年轻人，无论是自封为喜剧的戏还是悲剧，只要给他恰当的台词，他就能完全改变其滑稽的成分。阿明后来在《皆大欢喜》中扮演小丑“试金石”，在《第十二夜》中扮演费斯特；他还是《李尔王》中的弄人。

但在1599年那个夏天，首先得把肯普打发走。在那间依然散发油漆气味的演员休息室，人们可能说了一些尖刻的话，采取了不少出于本能的、激愤的举动。肯普无疑会说，他开始从艺时他们大多数人都还乳臭未干；至于那个“挥动爪子”的人（Shakespaw），一个屠夫的儿子（所以才“不无芥末”），他在女王剧团笨手笨脚地替别人补缀稿本时，不是他肯普手把手地将自己的一切本事教给他的吗？统统是忘恩负义之徒，尤其是那个“摇晃钱包”的人（Shakebag）！如今，剧院也不像原来的剧院了，全是咬文嚼字的长篇大论，honorificabillibus[2]，也无需即兴表演的天才，他正巴不得跟他们分道扬镳。于是，肯普卖掉了他的股份，愤然离开了环球剧场。他计划创一番新事业，这会为他带来名誉与财富，远远胜过继续留在剧团，与一伙迷信辞藻、满嘴挂着变形记和维吉尔的书呆子为伍。他准备去跳舞，腿上系颤动的小铃铛，由伦敦

---

1 罗伯特·阿明（Robert Armin，1563—1615）继威尔·肯普之后成为宫内大臣剧团的主要喜剧演员。罗宾为罗伯特的昵称。

2 《爱的徒劳》中考斯塔德在第五幕第一场曾说了一个长拉丁词语honorificabilitudinitatibus，意为“不胜光荣，可敬可佩”，肯普这里引用来讽刺莎士比亚的台词，但念错了。

威廉·肯普（上）一怒之下离开了莎士比亚所在的剧团，其地位被罗伯特·阿明（下）取代，后者代表了一种新的丑角，能够发表学识渊博的妙言趣语和机敏评论。

跳到诺里奇；他会就此事开赌局（跳不到输一，跳到了赢三），以后再写一本书，便能发大财。

书是写成了，而且流传至今。（可惜莎士比亚未曾像他一样，也写一部又愚蠢又骄傲又自我标榜的书。）书名是《肯普九日奇遇》，1600年出版。那年，这位“从锡安到萨里山最优秀的铃铛舞蹈家，独一无二的艺人，在鼓手托马斯·斯赖、仆人威廉·比以及被委派来监督我不得在规定的时间以外自行休息的乔治·斯普拉特的陪同下”，一如他曾宣称的那样，踏着欢快的舞步，在那两座城市之间表演了九天，到处受到欢迎，被誉为肯普骑士，这对那些赶他出门的人，尤其是对“我那个大名鼎鼎的‘抖动破衣裳’的人（Shakerags）”，无疑是当头一棒。后来，他想横跨欧洲大陆，越过阿尔卑斯山去罗马，一路表演舞蹈。无奈这位首屈一指的乡村古风舞蹈家在大陆上不太出名，整个计划并未获得成功。

如此看来，肯普没有参加《皆大欢喜》的演出，不过观众也并不十分惦念他，因为另有许多精彩的表演。莎士比亚以为，如果廉价席上站着看戏的观众想听茅厕里的笑料，那么应该用非常高雅的表现形式向他们提供。数年前，约翰·哈林顿爵士曾经写过一本书，讲他一项有益于清洁卫生的发明——抽水马桶；书名是《埃阿斯变形记》（*The Metamorphosis of Ajax*）。埃阿斯（Ajax）是个琼生式的气质型人物，体内黑胆液过多，终日郁悒寡欢、愤愤不平。把他变成那个便秘时用来慢慢想问题的最佳宝座——茅厕——再合适不过了。于是埃阿斯成了阿贾克斯（A Jax 或 A Jakes），即茅厕[1]。在莎士比亚心中，任何东西只要题目中有变形记的字样，就能一帆风顺、通行无阻；他采用了这个名字，加以法国化，改为杰奎斯（Jaques），用来做他创造的一个忧郁人物的名字。这位随公爵一起被放逐到亚登森林、终日思虑着世间罪恶的高贵廷臣，不是简单的气质型人物；他是一个有血有肉的人，从他口中说出了莎士比亚最精彩的一段话。这篇议论把环球剧场旌旗上的格言，引伸到对于人生的思索，即人的一生从婴儿时期到垂暮之年所扮演的种种角色，因为倘若地球是世界而“环球”是剧场，那么世界也必然是一座剧场了。[2]

环球剧场生意兴隆，但是单靠莎士比亚一人的剧本是无法应付的。演出周期短，剧目就必须多；要有各种各样的戏。每出戏又要有各种各样的内容，舍此则不能满足神经过敏、反复无常又好挑剔的观众。所谓观众，就是伦敦市民。他们在 1599 年整个夏季都是极为神经过敏的，因为传说西班牙人已在怀特岛[3]登陆，而且伦敦城门紧闭，铁索横于街头，人们

---

1 原文 A Jax 和 A Jakes 均为“一间室外厕所”的意思。

2 环球剧场的格言是“世界是个大舞台”，杰奎斯这段话见于《皆大欢喜》第二幕第七场，其中说到“全世界是一个舞台，所有的男男女女不过是一些演员；/ 他们都有下场的时候，也都有上场的时候。一个人的一生中扮演着好几个角色……”

3 英吉利海峡中一岛屿，靠近英国南部海岸。

纷纷议论如何在格雷夫森德[1]以船排成渡桥保卫首都。从枢密院透露的关于埃塞克斯在爱尔兰远征的消息总是令人沮丧。埃塞克斯似乎除了给他的部属加官晋爵以外，什么都没有做；授爵是他的一种癖好，按女王的说法就是每天以一千镑的代价向前推进。莎士比亚在他的第一部罗马悲剧《裘力斯·凯撒》中反映了当时人心惶惶的氛围，国难临头的不祥预感，以及秩序遭到破坏后随即天下大乱的种种景象。他在阅读普鲁塔克笔下安东尼的生平时，会发现另一出悲剧在自己的腹中躁动。

不过，环球剧场也上演了琼生的《人人脾气不好》，他在这出戏中暗暗取笑莎士比亚梦想成为贵族（"不无芥末"）。他还取笑莎士比亚拉丁文懂得这样少却居然敢写罗马剧，有朝一日他琼生要让他们见识一下罗马剧应该是怎样写的。他特别嘲笑"凯撒从未做错事，除非有正当的理由"这句话。莎士比亚当即顺从地把它改为：

> 告诉你，凯撒是不会错误的，他所决定的事，一定有充分的理由。[2]

从演员表上可以看到，莎士比亚参加了琼生早先的一出喜剧

---

1 伦敦附近城市，位于肯特郡西北，泰晤士河南岸。

2 见《裘力斯·凯撒》第三幕第一场。

《人人脾气好》的演出，但是他似乎不想在《人人脾气不好》这部续篇中担任角色。宫内大臣剧团嫌这出戏太长，针砭时尚的说教太多，并不十分喜欢它。他们作了删节，而没有一个剧作家是甘愿别人删节他的作品的。一气之下，琼生回到了海军大臣剧团。

这一年以及第二年，剧坛与整个局势一样，充满着烦躁不安、沸沸扬扬的气氛。玫瑰剧场的海军大臣剧团离环球剧场的宫内大臣剧团只有“投石之遥”——这个俗语中的距离，两家很有可能真的相互投掷石块测试过。[1]玫瑰剧场竭力想在自己的舞台上击败环球剧场。譬如，环球剧场塑造了一个福斯塔夫，很受欢迎，玫瑰剧场也要上演自己的福斯塔夫，不过他们要回到真人真事上面，要演出真正的约翰·欧尔卡苏，而不是莎士比亚炮制的那个胖子冒牌货。于是，《好好科伯姆勋爵[2]约翰·欧尔卡苏的光荣正传》的编剧任务，便依照亨斯洛处理急件的方式，由孟迪、德雷顿、威尔逊和哈瑟维等诗人分头负担。此德雷顿就是莎士比亚的同乡和朋友迈克尔·德雷顿；但是哈瑟维与安妮没有亲戚关系。这出戏获得了成功，只是后人并不喜欢它，宁愿要冒牌的约翰爵士而不要正宗的约翰爵士。

玫瑰剧场尽管写了一出好戏，但是在那些日子里，一出

1 投石之遥（a stone's throw）为英国成语，相当于“一箭之地”。伯吉斯说“投掷石块测试”，是戏谑两家也许一时不合而动武。

2 欧尔卡苏娶科伯姆勋爵的嗣女为妻，人称“好好科伯姆勋爵”。

戏是成不了一个演出季节的。亨斯洛和他的女婿颓然认识到，河岸边如今已是“环球”的天下，“玫瑰”盛开的夏季已经过去。于是，他们便向北发展，在桤木门与摩尔门之间的圣贾尔斯教区买下了一块地皮，准备建造一座方形剧场，取名“幸运”（Fortune），并且还画了一张蓝图。这张蓝图保留至今，非常详细地展示出十六世纪末伊丽莎白朝人们心目中的理想剧院：舞台宽四十三英尺，前面有二十五英尺伸向观众席。除了油漆以外，全部造价为四百四十镑，相当于莎士比亚在斯特拉福购买“新宅”七倍有余的价钱。这剧场自然早已不复存在，但遗址仍在伦敦中部东一区的幸运街，在白十字街与金色巷之间。

巨人相斗又被侏儒斗。假若海军大臣剧团和宫内大臣剧团深受对方之苦，那么他们两家以及其他较小的剧团都共同遭受童伶戏班之苦；《哈姆莱特》里提到的那些羽毛未丰的黄口小儿，如今又受到达官贵人的宠爱。人们可以去圣保罗大教堂的唱诗班，观看那些俊秀可爱的童伶排演旧式古典喜剧中的一些场景，而不会撞见冷嘲热讽的粗鲁徒工和喝得东倒西歪的退役兵士。德比伯爵已经重整了这个唱诗童伶戏班，并且为他们物色编剧。在新的剧作家中有一个不可思议的人物，叫约翰·马斯顿[1]；他死于1634年，享年究竟多少，谁都不

1 约翰·马斯顿（John Marston），诗人、剧作家和讽刺作家，作品以其饱满有力又往往隐晦的风格著称，遣词具有个人特色，对詹姆斯朝的诗风有较大影响。

当时的一位画家把环球剧场画在玫瑰剧场的位置，使我们对环球剧场到底是圆形的还是多角形的产生了怀疑。

知道。他改编了一部题为《伶人患》的老戏，保留了其中老掉牙的道德剧的表现手法，把和平、战争、嫉妒、富足等概念拟人化。但是，他在《安东尼奥与梅利达》和《安东尼奥复仇记》中却显示出较为独创的才能，其中包括这样的诗句："当呼啸的狂风从战栗的秃枝上／吞噬无汁的树叶……"和"恶夜的黑骛在天公的眉宇间／匆匆越过雾蒙蒙的圈环……"琼生讨厌这种堆砌雕凿的风格；使他更为生气的是这个马斯顿居然自称是他的弟子。在那充满敌意的年代，他与马斯顿之间自然是会发生纠纷的。他在《人人脾气不好》中批评诗人梅利德斯是个"得意忘形的家伙，好似水中的软木塞、空中的谷糠"。"梅利德斯"显然是指《安东尼奥与梅利达》的作者，如此批评或许可以把事情闹起来。琼生喜欢打架。他后来说自己曾经揍过马斯顿，还夺走了他的一支手枪。是否真有其事，我们不得而知，但是他无疑是想这样做的。

圣保罗的童伶们深受人们的欢迎，这使昔日在黑僧戏院与约翰·利利共事的亨利·埃文斯与1597年便开始就任王室教堂儿童唱诗班教师的纳撒尼尔·贾尔斯二人走到一起，合建了一个新的童伶戏班。埃文斯知道黑僧正空着，伯比奇和他的朋友们接到命令不得在那里演出，因为邻近居住的绅士曾控告他们，说演戏使周围不得安宁；但是，孩子们去演出或许又当别论。结果也真是如此。埃文斯经与伯比奇协商，获得了二十一年的转借期，为一群羽毛未丰的雏鸟找到一个窝。这是一群很出色的童伶，其中包括萨拉西尔·佩维，他扮演老人惟妙惟肖，在他十三岁夭亡时琼生为他写了一首非常感人的挽歌。琼生心甘情愿地为黑僧的孩子们写戏；只要谁不对他作为戏剧专家的权威提出异议，他就愿意为谁写。比如他写了《辛西娅的欢宴》，准备在1600与1601年相交的圣诞节在宫中演出，可是宫廷却选中《第十二夜》。琼生自然很不高兴。他喜欢自己那出戏，月神辛西娅本人就认为“这是希世智慧的结晶”。月神就是伊丽莎白女王，台词中还暗示琼生将擢升为王室诗人。在他看来，谁都不如他。

马斯顿偷用了《第十二夜》的副题，为唱对台戏的圣保罗童伶剧团写了一出戏：《各遂所愿》。他在戏中以最婉转的方式暗示本·琼生（化名为菲洛默斯）过于挑剔，说他实在无权（像他在《辛西娅的欢宴》中那样）辱骂观众不喜欢他硬要他们喜欢的东西。“艺术的规则必须服从娱乐而不是娱乐必须服从你的规则！”他说。你是什么人，可以如此“出言不逊，侮辱别人不喜欢你的戏？”琼生对于马斯顿这种克制的规劝大为恼火。他准备编一出戏给相形见绌的同代剧作家迎头痛击，不过为了表示克制和起码的礼仪，他当然不会用他们的真名实姓。他在酒馆里谈到这项计划，宫内大臣剧团的人自然也听到了。他们认为，讽刺作家琼生本人也需要讽刺一下。他曾说：演员无非是一些提琴，演奏他这位音乐大师的作品，而且演奏得很蹩脚；如此嘲笑演员，无论哪位演员听了都不会感到高兴，何况环球剧场的人也绝不会喜欢为童伶编戏、把观众从更高明的演员的台下拉走的剧作家。伯比奇不能指望莎士比亚为他写讽刺剧，因此便责成托马斯·德克在舞台上迎头给琼生一棒。

德克此时约三十岁，以他的《老福星》和《鞋匠的假日》闻名于剧坛。《鞋匠的假日》是当时第一出真正的“市民戏”，反映人们熟悉的伦敦店主和学徒的生活；戏中有一个讨人喜欢的喜剧人物叫西蒙·埃尔，是个说话相当粗鲁的鞋匠（“他有个隐疾，就是睡着觉也放屁”），后来当上了市长。德克还就真实的伦敦写了一些很有趣的小册子，其中《傻瓜的识字本》是伦敦市井生活的经典指南。他的诗才不如琼生，甚至不如马斯顿，但是他也写了一首抒情诗，像《独为我饮》那样家喻户晓。这是一首催眠曲，第一行是“金色的睡眠在吻你的眼睛”。在德克回敬琼生对演员的攻击之前，首先要等琼生发表他的攻击。琼生一向不是个快手，他花了整整四个月才写成《蹩脚诗人及其责难》一剧，写的时候听说德克要反驳，于是把德克也列为敌人，列为必须在舞台上嘲弄的对象。

当《蹩脚诗人及其责难》由孩子们在黑僧戏院首演时，给观众印象更深的是剧作家所耗费的灯油的气味，而不是他的辛辣讽刺。琼生以长篇大论炫耀自己的学识（人们可以听到那些孩子们被逼着背台词时的哭声，因为埃文斯与贾尔斯惯于使用学校维持纪律的老招数）；但是，在发泄自己的不满时，琼生就显得相当生气勃勃、尖锐泼辣。他攻击演员们说：“一位诚实的指挥官不能坑蒙拐骗，也不能出入烟花巷，但是在他们一出恼人的喜剧里他就是正派人了。这些无赖十分放肆，是一群浪荡公子，地地道道的浪荡公子。这些流氓忘了自己必须受法律约束，他们在那里用纹章装点着；他们和他们的子孙后代在那里被装扮着；我知道，他们并不需要任何其他纹章官。”为了那幅家徽，琼生似乎不能原谅莎士比亚。

《蹩脚诗人及其责难》以奥古斯都皇帝统治下的罗马为背景，主要人物是罗马诗人奥维德、维吉尔和贺拉斯。贺拉斯又矮又胖，却是个天才，代表琼生本人。嫉贤妒能的克里斯皮诺斯与狄米特律斯（“装点市井戏剧的人”）则分别代表马斯顿与德克。他们二人狼狈为奸反对贺拉斯，但是最终未能得逞。贺拉斯在皇帝面前迫使克里斯皮诺斯吐出了他全部滑稽可笑的歪诗，满嘴都是“野种”、“鼻涕”、“浮肿”、“鼓胀”等硬邦邦的词，而且实在没有什么好笑的。莎士比亚也有可能被卷入了这场争论，挨到这种文风粗野的批评和攻击，只是我们不知道戏中是否真有他。奥维德一开场就说：

于是，当这躯壳坠入葬火之际，
我的名字活着，我的精华腾起。

这两行听来像莎士比亚十四行诗的最后一对偶句，其实是一首冗长无比的英雄偶句诗的结尾。莎士比亚爱奥维德，不久前年轻的弗朗西斯·米尔斯又曾将他比作奥维德，但琼生是否会让他称心如意地在舞台上充当奥维德是值得怀疑的。琼生虽然不赞成莎士比亚那种不守规矩的艺术，却也自认不能将他归入蹩脚诗人之列。他过于高大，是不可随意讽刺挖苦的。何况，犹如琼生日后在书中承认的那样，他不能否认威尔心怀坦荡，不会无聊地嫉贤妒能。无论如何，他们二人总还是朋友。

德克回敬《蹩脚诗人》的剧本是《讽刺病，又名剥去性格诗人的外衣》，主要人物与琼生的戏中一样，只是将克里斯皮诺斯与狄米特律斯变为体面的天才诗人，而贺拉斯——他有一个随从，名字起得颇为动听，叫“驴便毒”（Asinius Bubo）——则成了一个喜欢吹牛和骂骂咧咧的人物，最后人们禁止他说自己跟奥古斯都时期的罗马诗人贺拉斯是同一个人。“贺拉斯很爱诗人，只给傻瓜戴小丑的鸡冠帽，而你是聪明人和傻瓜都不爱，只爱自己。”这是曾经遭到本-贺拉斯用下流短诗辱骂的塔卡说的话。德克没有把这出戏的背景设在罗马，而是设在赤面王威廉二世[1]统治下的英国，这样他笔下的贺拉斯不过是疑似贺拉斯的一个幻影。伊丽莎白时代的人能够如此悠然自得地将根本不同的时代和文化糅合或混淆在一起，这足以使我们头昏目眩。

对于这出戏，琼生与其说是感到恼怒，莫如说是自尊心受到伤害更为恰当。他说他无非是为了艺术做了自己应该做的事。至于德克的恶言中伤，他回答说：

1 威廉一世之子，因面赤而得名，在位期间（1087-1100）战争频繁，暴虐无道，在狩猎时中冷箭身亡。

为了他们造成的伤害而复仇，
等于承认自己感受到了伤害。
随他们去使用自己的舌头吧，
傻瓜就靠这个宝贝颠倒是非！

后来他又说：

让这些怪物由气数去裁定吧！
既然喜剧女神于我如此不祥，
我要试试悲剧是否有副好心肠。

这番话，以及许多别的话，是琼生在慢慢忍受自己的伤痛之余，加在《蹩脚诗人》收场白中的。他准备试写的悲剧是《西杰纳斯[1]》，这是一出真实地再现古罗马历史的戏，才不是《裘力斯·凯撒》那种粗劣货色。[2]

我们看到，莎士比亚并未介入这场小小纠纷。但是，人们认为他倒是与这场纠纷所产生的余波有某种关系；什么余波，我们一无所知。只是剑桥圣约翰学院的学生上演了一出题为《帕纳塞斯山[3]归来记》的圣诞戏，提到许多伦敦剧坛发生的事，又从对立双方的立场回顾了这场已经结束的争论。戏

1　西杰纳斯（Sejanus，？—31），古罗马政治家，因谋反而被处死。
2　琼生对莎士比亚的贬损之词。
3　希腊神话中太阳神阿波罗与文艺女神缪斯的灵地。

中有一个人物说本·琼生“创作得那么慢，还不如重操旧业当泥瓦匠更好。这个胆大妄为的婊子养的，如今写起书也像他当年砌砖一样自负”。莎士比亚则被说成是在他那“多愁善感的诗句”中注入了过多的爱情，要是写严肃一些的主题可能好些。这是指他写诗而不是编剧。接着，那位匿名剧作者便像从未听说宫内大臣剧团与它的主要丑角已分道扬镳似的，把肯普与伯比奇推上舞台大谈其演技问题。肯普（确切地说是台上表演的“肯普”）对于才子派的舞台艺术恣意奚落。他说：

> ……在他们身上，那个作家变形记[1]的气味太浓，普洛塞庇那与朱庇特的事情说得太多。嗨，我们的伙伴莎士比亚在这里把他们全部都压下去了;是的，也包括本·琼生。哼，那本·琼生是个讨厌的家伙，他请出了贺拉斯让诗人们吞服苦丸，但是我们的伙伴莎士比亚却给了他一剂泻药，使他漏了底。

这段话说明作者并不是一个深知内情的人。肯普无暇顾及威尔，想必也无暇顾及那个大学才子派剧作家，而且他很可能把他们的学识等量齐观。但是，这里提到威尔似乎做了什么对不起琼生的事，我们不知道这是涉及他们的私人关系、工作关系，或者只是一种比喻的说法。“使他漏了底”——这比作起诗来像呕吐的说法恶劣得多了。这是否像霍特森博士所

1　肯普误将 Metamorphosis（变形记）当做了作者名。

认为的那样，指《第十二夜》而不是《辛西娅的欢宴》被选入宫作为圣诞节欢庆活动的节目？还是莎士比亚曾经在一出如今失传的戏中摹拟《蹩脚诗人》的古典诗句，给某个隐去真名的琼生灌下了一剂清肠滑肚的药？他在美人鱼饭馆的鱼宴上悄悄往琼生的酒杯中投放巴豆和大黄了吗？这些事情我们永远都不会知道。令人恼怒的是，每当莎士比亚在房地产或编写剧本以外做别的事情时，历史就“啪”一声合上了嘴。

第十四章　反 叛
Rebellion

诗人之间的这些明争暗斗，比起眼下开始排练的这出规模更大的社会悲剧或闹剧，可谓小巫见大巫。在这出戏中扮演主角的是遭到贬谪的埃塞克斯伯爵。他在出征爱尔兰时，除了给部属加官晋爵之外，别的什么也没有做，这使女王大发雷霆。埃塞克斯在一条河畔与蒂龙相遇——他在岸上，蒂龙骑马在河中间。据称埃塞克斯曾对那个叛臣说，英格兰不久即将改朝换代，他倘能表示友好，于他本人或许会是十分有利的。此后不久，即 1599 年秋，埃塞克斯乘船回到英格兰：上岸后他当即策马直奔农萨奇宫，风尘仆仆地撞入女王的卧室见驾。女王没有当面训斥他，只是吩咐他回去更换衣服；违反礼仪不过是在烈火熊熊的地狱里划着一根火柴。当天，女王秘密召见了一些人，接着埃塞克斯便被递交典狱大臣监禁。至此，伦敦全城都知道埃塞克斯与蒂龙达成了休战协定。

埃塞克斯的追随者丝毫没有因此而羞愧不安。南安普顿伯爵仍常在戏院露面，悠然自得。他和以往蒙他恩宠的那位诗人之间有什么话要说，我们不得而知。或许莎士比亚已经幻想破灭，不再企望重修旧好。使他那副戏剧家的头脑百思不得其解的，倒是好心居然会产生坏的结果；就琼生和其他热衷于气质论的人而言，这种问题根本不存在。埃塞克斯和南安普顿真心实意地认为废黜女王于英国有益；埃塞克斯只顾荣誉与爱国主义，不计个人的利弊。然而，为了崇高的目的也会使国家陷入混乱与血泊之中，使大量无辜惨遭杀戮。这是莎士比亚在《裘力斯·凯撒》中设计的一种反常现象。勃鲁托斯是个杀人犯，但他依然是最高尚的罗马人。杀人者的良心将成为莎士比亚正在着手写的那些悲剧的一个令人烦扰的主题。

埃塞克斯病了。女王暂时消了气，特谕八名最好的御医为他检查身体。医生说埃塞克斯的身体没有病，有病的是他的脑袋。女王又生气了，于是埃塞克斯便这样被贬谪、关押，一直到第二年夏季才开始对他进行审讯。

审讯是 1600 年 6 月 5 日在星宫法庭[1]正式开始的。埃塞克斯被控违抗君命：朝廷耗费巨款派他去爱尔兰讨伐桀骜不驯的爱尔兰人，他却与人达成休战协定。全部诉讼用了十一个小时宣读起诉书，检察长、副检察长和弗朗西斯·培根爵士——埃塞克斯曾经是他有权势的好友——轮流滔滔不绝地说了一番。埃塞克斯身体虚弱，只是在一整天的审讯即将结束时才允许他坐下；在法庭看来，最适合他的姿势是跪着。至于是否判刑，这是早已定下的事。判什么刑？关入伦敦塔，撤销一切有利可图的职务，处以巨额罚金——所有这些，无

1　十五世纪建立，英国国王直接控制的审理政治案件的专门机构，因过分暴虐专断，于十七世纪被废止。

论是单项或是合在一起，全都提出了。最后的一致意见是由女王裁决。于是又需要等待许久，埃塞克斯重新由典狱大臣负责监禁。这时，他开始博得公众的很大同情，因为他已蒙受羞辱，变得谦恭、忍让了。

8月26日，他终于获释。蒙乔男爵在爱尔兰前线打了胜仗，好消息大大平息了女王在爱尔兰问题上的怒火。蒙乔埋头实干，埃塞克斯空虚浮华，两相对照已足以惩罚埃塞克斯；他今后或许会学得成熟一点。但是，女王不准他入宫。对此他能够忍受；他不能忍受的是一项更为沦肌浃髓的惩罚——女王迟迟未恩准他继续包收甜酒税。这项专权极为有利可图，一向是女王对他宠幸的诸多标志之一。米迦勒节是重新决定谁享有这项专权的日子，他已欠下酒商巨额债务，于是他给女王写了一封情词谦卑恳切、充满爱戴的信，如坐针毡地等待答复。女王看穿了他的悔悟姿态，也不相信他的爱是出于真心。她把这一切告诉了弗朗西斯·培根，培根又告诉了其他人。接着，女王在使埃塞克斯提心吊胆地等待到万圣节之后，才宣布埃塞克斯不再享有包收甜酒税的权利，她将亲自执掌这项专权。[1]

在这年圣诞节的前四天，伦敦发生了一次地震。虽然一瞬即逝，远非亚洲的大地震，但也足以使迷信的人们视之为征兆。现在埃塞克斯府已变成某种党派的总部，在那里聚集

1 9月29日米迦勒节是季度结账日，与万圣节相隔两个多月。

的人认为他们的种种理想只能倚靠伯爵才能实现，或按埃塞克斯本人的说法，不能依靠一个头脑与其身躯一样扭曲的老妪。失宠的廷臣与被革职的军官们麇集一堂。清教徒喋喋不休地试图说明王权应服从于更高的权威，而这更高的权威只能由深知自己得救的人体现——这种主张在五十年后将通过弑君的方式得到实现。[1] 埃塞克斯的一个名叫卡夫的追随者，是个凯斯卡[2]式的直言不讳的人物；他谈到忍气吞声的耻辱，谈到他的爵爷已经被剥夺的权利与财富，若不马上采取行动，定将变得一贫如洗。埃塞克斯如此这般地受到激励之后，也发泄了自己的一腔怒火。他的话立即传到女王耳中。埃塞克斯府如此宾客盈门，是难以防范密探匿伏其间的。

莎士比亚必然是在这个时候写下了他的《特洛伊罗斯与克瑞西达》。有关英国历史的书依然属于禁写之列，把英国历史搬上舞台也是危险的事；但是，整个罗马与希腊的历史都可以供他使用，而且既然政治人物总是如出一辙，古代历史中自然会有许多与当今动乱的伊丽莎白朝酷似的趣事。希腊近来变得比罗马更受欢迎，在玫瑰剧场就上演过《特洛伊复仇记》《阿伽门农》《俄瑞斯忒斯的怒火》[3] 以及契特尔与德克合写的《特洛伊罗斯与克瑞西达》。此外，1598 年还出版了

1 指 1649 年英王查理一世被长期国会清教领袖克伦威尔处决。

2 《裘力斯·凯撒》剧中人物，率众刺死凯撒的叛党成员。

3 阿伽门农为特洛伊战争中的希腊联军统帅。出征时为平息风浪献祭女儿，触怒其妻，十年后凯旋归来时被妻子及其情夫杀害，其子俄瑞斯忒斯为父复仇，又将母亲及其情夫杀死。

查普曼翻译的《伊利亚特》七卷史诗的译本，书前查普曼在致埃塞克斯的题献中说他是“由神圣荷马使之不朽的阿喀琉斯式美德的活典范”。美德？眼下，埃塞克斯正表演着阿喀琉斯在自己的营帐中发脾气的恶习。[1]

乔叟曾经讲过关于特洛伊罗斯与克瑞西达的故事，但他讲的是浪漫的爱情。莎士比亚略去了爱情，或者不如说是将这种爱情净化为肉欲。他很可能又是在忍受着阵阵狂喜和愧痛，其状宛如他以往眷恋那位黑女子一般；不然，他这些日子就是怀着对南安普顿的一腔愤懑，想到自己枉然成为感情的奴隶。莎士比亚是一个极为需要异性的男人，关于他沉迷女色之事在当时至少曾经引起一段传说。伦敦四法学院中殿学院的约翰·曼宁汉 1601 年 3 月 13 日在日记中写道：

> 一日，伯比奇演出理查三世。市内一女子对他异常垂青，散场时邀他化名理查三世前往相会。莎士比亚无意中听得他们的决定，于伯比奇之先赶去赴约。正当他受到款待，成其好事之对，仆人来报理查三世在门外求见。莎士比亚随即吩咐仆人回话：征服者威廉乃在理查三世之先。[2]

---

1 阿喀琉斯在特洛伊战争中英勇善战，但在与阿伽门农意见相左之后退出战斗，好友、师长相劝也不为所动，致使特洛伊人一度节节取胜。

2 威廉·莎士比亚自称征服者威廉，即十一世纪征服英国的诺曼底公爵，号威廉一世。理查三世执政于十五世纪。

这段传说未必真有其事，但是人们对于不爱女色的男子是绝不会传播这类轶事的。莎士比亚对于女人之喜爱，其悲剧在于爱得无方又过于深沉，难以像琼生那样淡然处之，却又往往在纯属情欲支配时以为是爱情。他过于将性行为推崇为真情的流露，然后又发现这份情意没有得到回报。感情之强烈超过其对象所能承受，使他陷入窘况，激起他阵阵深刻的厌恶心情，主要是厌恶自己。他感到自己这个坠入爱情的威尔，像公狗追逐母狗那样在喘息。在《特洛伊罗斯与克瑞西达》中，拉皮条的潘达洛斯唱了一首下流的小曲儿，把恋人的呻吟“啊！啊！啊！”变成了公狗的喘息与母狗发情时的嗥叫：“哈！哈！哈！”这出戏说的是对情欲的幻灭，其中特洛伊罗斯先是疯狂地迷恋克瑞西达，然后发现天仙忽然变成娼妇又厌恶起来。

这个对爱情或情欲幻灭的主题与政治密切相关。剧中的奥德修斯在谈到希腊人未能攻下特洛伊时，把它归咎于他们未能维持秩序。宇宙间存在着一种神圣的格局，世人为了社会的健全应乐于模仿。“只要把纪律的琴弦拆去，听吧！多少刺耳的噪音就会发出来……”希腊军队的纪律的琴弦被拆去了：

> 主帅被他属下的将领所轻视，那将领又被他的属下所轻视，这样上行下效，谁都瞧不起他的长官，结果就引起了猜嫉争竞的心理，损害了整个军队的元气。特洛伊所以至今兀立不

> 动，不是靠着它自己的力量，乃是靠着我们的这一种弱点；长话短说，它的生命是全赖我们的弱点替它支持下来的。[1]

所谓“长话”真是言之凿凿。《特洛伊罗斯与克瑞西达》一剧说话多于行动，在舞台上不可能成功。但是，说话多无疑表明，莎士比亚更关心的是表达自己的信念，而不是编写剧本。他从未设计出那么好的诗句和那么生动的形象，然而光彩夺目的语言压倒了戏剧的构思；起辅助作用的地方成为主导，纪律没有了。至于希腊人把纪律的琴弦拆去的原因，可以从希腊军队的弦轴阿喀琉斯的身上找到。

> 此人因为听惯了人家的赞誉，养成了骄矜自负的心理，常常高卧在他的营帐里，讥笑着我们的战略。[2]

同样，埃塞克斯揶揄英国的等级格局，预示着全国的瘫痪与覆灭、无政府状态与混乱。

但是，情欲的幻灭与国家的衰败之间有何联系呢？这里有双重的相似。首先是完全缺乏信任。恋人之间的山盟海誓尚且能够如此轻易地毁弃，臣下对于主上的誓言又有多少可信之处呢？其次是（像《科利奥兰纳斯》充分表现的那样）

---

1 见《特洛伊罗斯与克瑞西达》第三幕第一场。

2 见《特洛伊罗斯与克瑞西达》第一幕第三场。

把国家比喻为人体，有头有四肢有躯干，不加区别地一味去爱会毁坏人的肌体；“性”（venereal）这个词就包含着两层意思：爱与疾病。人们很容易谈论荣誉，它高于爱情，然而又把荣誉当做毁坏国家美丽肌体的手段。潘达洛斯在收场白中提到河岸边的“温彻斯特野鹅”——即温彻斯特主教管辖下的花街柳巷中的烟花女——并且在最后一句话中说要把自己的疾病遗赠给观众。这是作者传达自己双重厌恶心情的一种手段。此时此刻，莎士比亚在对国家的大肌体染病感到不安的同时，是否发现自己的肌体也开始染上疾病？

纯粹的艺术家必须注意观察大的事件，而不能参与这些事件。但是，有时艺术作品本身也会被事件的制造者强行拉入行动的场地。眼下，莎士比亚的一部作品将要遭到此种厄运。这是邪恶的，凡是使艺术沦为宣传都是邪恶的。1601 年 2 月 6 日星期五，埃塞克斯的一些追随者来到环球剧场，要求他们第二天午后专门演出一场《理查二世》。宫内大臣剧团答复说，现在这出戏已经过时，恐怕难以吸引许多观众。埃塞克斯的人当即表示他们将赔偿演员们的票房损失，并且预支了四十先令演出费。来人都很有地位，其中包括蒙特伊戈勋爵，剧团难以推却。伯比奇和他的同事们只不过是戏子。

于是，第二天星期六下午三时正，序幕喇叭吹响，《理查二世》开演了。埃塞克斯没有到场，南安普顿显然也未到场。但是观众中依然有一些名人显贵，一位勋爵和许多爵士，而且那些爵士也不完全是埃塞克斯新封的。廉价席中的观众不会不领会此时此刻选择这出戏的意义。废君这一场戏幕启又幕落。现在应该让人们注意到：历史上曾经有过一位贵族，为了荣誉，而且也确实是为了王国的利益，废黜了一个反复无常、歇斯底里的暴君，这暴君对百姓横征暴敛，还放逐了英国一位最优秀的人物。最后人们不得不遗憾地把这个暴君杀死，这出戏也到此结束。天佑女王！

当天晚上，局促不安的枢密院召见埃塞克斯伯爵，但是伯爵拒不晋见，说是虎视眈眈盯着他的仇敌太多，出门活动不安全。那天晚上和第二天早晨，他和他的追随者都在筹划占领伦敦城。人们想起了《理查二世》所显示的事件之外的另一历史先例。这事由马洛在《巴黎大屠杀》中搬上了舞台：那位吉兹公爵，曾经在寥寥无几的追随者的协助下，于1588年占领了巴黎，并且受到全城百姓的欢迎；他把法王赶出了首都。埃塞克斯作为伦敦的骄子，不是也同样可以轻而易举地成其大事的吗？星期日上午十时，典狱大臣、大法官、伍斯特伯爵以及威廉·诺利斯爵士来到了埃塞克斯府，以女王陛下的名义命令他切勿轻举妄动。埃塞克斯府此时聚集了一大群人，其中有人高喊："杀死他们！"埃塞克斯扣留了这四位显要，把他们关在府中作人质。接着，他和二百余名追随者，个个是壮汉，策马直奔伦敦古城。

从路德门山到奇普坡，埃塞克斯一路宣称有人要谋害他的性命，并且呼喊："为了女王！为了女王！"这时，一个传令官宣称他为叛徒。埃塞克斯以为女王根本不会知道他们的意图，一个小小的传令官拿到两个先令是什么都肯做的。可是，他的一些追随者一听到叛徒二字便悄悄离开他，混入人群溜之乎也。那个答应给他提供武器的执法官这时也失信了。埃塞克斯开始大汗淋漓，意识到必须立即拨转马头返回自己的城堡。然而路德门山的通路已为铁索阻断，一支军队正在那里严阵以待。他的人马想冲过封锁线，克里斯托弗·布伦特爵士击毙了一名壮汉，但马上做了俘虏。埃塞克斯终于由河道回到自己的府邸。他发现人质已全部获释，城堡与陆地相连的一侧正遭到围攻。傍晚，海军大臣扬言要用炮火摧毁他的整座宅第。于是，埃塞克斯在销毁了他能找到的一切有关文件之后，终于缴械投降。这时，女王与往常一样独自一人在宫中用膳，她听到消息以后，丝毫不动声色，继续进膳。

翌日，女王才说："一个愚蠢的忘恩负义之徒终于暴露了他长久以来的企图。"伦敦加强了城防，王宫成了一座营垒。一些热衷于冒险的徒工计划组建一支五千人的队伍营救埃塞克斯，这自然纯属富于浪漫色彩的愚蠢举动，他们像今天人们看电视看得太多那样，看戏看得太多了，或许就是在玫瑰剧场看的。一个名叫李的军官倒是认真地进行了一番谋划，一心一意地想生擒女王，逼她释放埃塞克斯及其追随者。他潜到女王日常用膳的房间门口，自己反被就地生擒。

一周之后，埃塞克斯与南安普顿一齐受审。埃塞克斯一身黑色素服，蔑视法庭。"我不在乎如何处置我。我欠着上帝一条命。"《亨利四世》中那个女服裁缝被福斯塔夫强征入伍

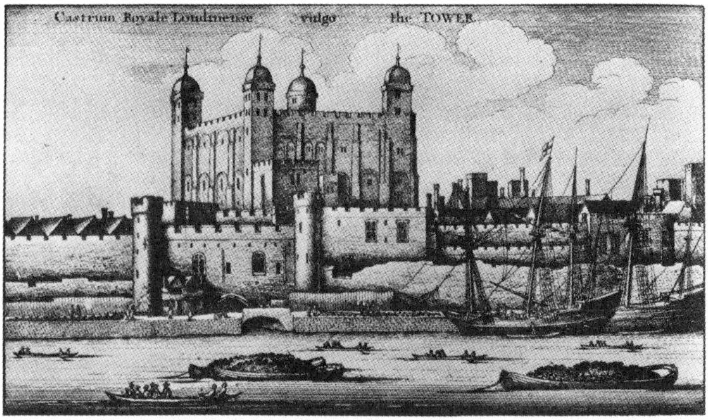

埃塞克斯谋反事败，供认一切之后便被关进伦敦塔。在等待行刑时，他称自己是“英国历史上最大、最可耻、最忘恩负义的叛徒”。

后也曾说过类似的话："我倒不在乎，死了一次不死第二次，我们谁都欠着上帝一条命。"[1] 埃塞克斯像是在舞台上表演，希望在人们心中留下良好的印象。他滔滔不绝地和盘托出自己的叛逆打算，供认了一切以后便回到伦敦塔。在等待行刑时，他称自己是"英国历史上最大、最可耻、最忘恩负义的叛徒"。他要求将自己秘密处死，因为他不愿在最后的时刻冒险，担心自己的灵魂被暴民的欢呼声腐蚀。

1601 年 2 月 24 日是忏悔礼拜二，宫内大臣剧团奉召入宫演出。我们不知道他们上演了什么戏，女王若是点《理查二世》，倒是完全符合她那种喜欢挖苦人的性格的。宫内大臣剧团必然会感到坐立不安，他们毕竟曾经为了四十块银币而吹响了星期日谋反事件的号角。第二天，圣灰礼拜三[2] 的早晨，埃塞克斯在伦敦塔院墙内被斩决。"他感谢上帝终于公正地把自己从这块国土上铲除。"死时年仅三十四岁。这在今天看来还很年轻，但是在当时，人们认为这样的年龄不应如此桀骜不驯、恣行无忌。至于南安普顿伯爵，他在伦敦塔内苦度岁月，直至两年之后女王驾崩才由詹姆斯王将他释放，并且从此在新王朝中诸事顺遂。

枢密院怀疑宫内大臣剧团参与了反叛活动：为什么要在那种动荡的时刻上演那出煽动性的悲剧呢？奥古斯丁·菲利普

---

1 见《亨利四世》下篇第三幕第二场。

2 圣灰礼拜三是复活节前四十日斋期的第一日，或称大斋首日；此前一日忏悔礼拜二是忏悔节的最后一日。

斯——或许就是扮理查的那位演员——在宣誓之后为剧团提供了证词。他们是应一些当朝的勋爵和爵士们之请重演《理查二世》的，拒绝这些地位比他们高的人似乎不太得体。枢密院承认他们清白无辜，没有进一步追究责任。虽然如此，他们从此再也不能视戏剧为专供人们排遣午后闲暇的无伤大雅的装饰。自从有了莎士比亚这样的人，戏剧已经懂得如何触及生活敏感之处。

那年，莎士比亚大部分时间都没有握笔。到了秋季，他写了一部古往今来世人最为不可或缺的剧本。

第十五章　王室丧乱
Royal Deaths

临近午后三时，宫内大臣剧团正在为世上首次公演《哈姆莱特》作最后的准备。理查·伯比奇照例领衔，哈姆莱特是他平生扮演的最重要、最有辩才的角色。他一身黑色素服，与埃塞克斯受审时一般模样，这时他正忙着用画笔细心为扮演坤角的两名童伶涂脂抹粉。后台拥挤得水泄不通，因为全体演员都要出场，其中有约翰·海明琪、奥古斯丁·菲利普斯、托马斯·波普、乔治·布赖恩、亨利·康德尔、威廉·斯赖、理查·考利、约翰·洛温、塞缪尔·克罗斯、亚历山大·库克、塞缪尔·吉尔伯恩、罗伯特·阿明、威廉·奥斯勒、纳撒尼尔·菲尔德、约翰·安德伍德、尼古拉斯·图利、威廉·埃克尔斯通、约瑟夫·泰勒、罗伯特·本菲尔德、罗伯特·高夫、理查·鲁宾逊（他是琼生喜欢的演员）、约翰·香克和约翰·赖斯。赖斯的真名叫里斯，阿普·里斯，是在《温莎的风流娘儿们》《亨利四世》和《亨利五世》中分别扮演休·爱文斯师傅、奥温·葛兰道厄和弗鲁爱林上尉而出名的威尔士人。

除此以外，威尔·莎士比亚也挤在后台化装，准备去演鬼魂。他这时是三十七岁，鬓发已相当灰白，渐渐谢顶的前额和胡须都无需过多化装。他是从银街的寓所步行来的，路上经过巴黎花园时，目光避开了狗咬撒克逊大熊（或许是哈里亨斯大熊？）的游戏，因为他越来越讨厌见到鲜血，这十年中伦敦流的血太多了。扮演鬼魂使他想起自己一家经历了多少丧事——今年是他的父亲去世，没有几年前是他的儿子。他，作为一个活着的父亲，将扮演一个死去的父亲。剧中那个活着的儿子几乎与他自己那个死去的儿子同名。人世间的事情安排得是多么奇怪！

他对于《哈姆莱特》是呕心沥血的，不过写这部悲剧原先并不是他的主意。伯比奇在放脚本的木箱中偶然翻到了汤姆·基德那部老《哈姆莱特》，提出既然如今复仇悲剧重新受到欢迎，何不利用丹麦王子装疯卖傻为父复仇的老故事，编一部奇巧复杂的现代戏？根据廉价席上的喧闹声判断，平民观众喜欢看的是类似琼生为海军大臣剧团改编的《西班牙悲剧》那样的戏。楼座中以及戏台两侧的上等观众（他们手执记事簿，随时准备记下一些警世箴言和名句）已经看过马斯顿的《安东尼奥复仇记》。他们在现实生活中全都经历过埃塞克斯荣辱兴亡的悲剧。不过哈姆莱特不是埃塞克斯式的人物；尽管身穿黑袍，他也不属于传统的忧郁型角色。他只是想起了一个民间传说，想到了那绿屋中装疯卖傻的阿姆洛思。“孩子，我要对你来阿姆洛思这一套了！”德比伯爵不是常说这句话以表示他要发怒了吗？丹麦常常是人们谈论的新闻。如今苏格兰王詹姆斯六世将继承王位似乎已成定局，经过令人震惊的埃塞克斯叛乱事件之后，谁都不会再反对这件事了。不久，一位出生于丹麦的王后将带着她的丹麦朋友来到伦敦。时下，丹麦人并不十分讨人喜欢，这与他们时常潜入英国的北海保护区捕鱼有关，也与他们令人厌恶的酗酒风气有关。那个叫约汉[1]或诸如此类名字的丹麦啤酒店的店主，喝酒时不到呕吐一地绝不罢休。眼下不喜欢丹麦人还是合乎时宜的，但不久之后这样做就有叛国的嫌疑了。

大部分演员在装腔作势地背诵台词，有的正从那个不知叫约汉还是什么的人开设的啤酒店送过来的酒桶中汲取荷兰人（或丹麦人）的酒后之勇。一个被雇来跑龙套的陌生人，看上去像是个速记员，他将在台上或戏台两侧偷偷记下全部脚本准备翻印。他显得愚蠢可笑。他会把克劳狄斯的台词记成“火把，火把，我要睡了”[2]，好像那位丹麦国王不是看了那场戏中戏之后惊慌失措，而是因为疲倦才想睡觉。这场戏中戏原是托马斯·基德的妙笔，是值得保留的。

音乐声。号角声。旌旗在高塔上飘扬。《哈姆莱特》开场了。楼台或廊子上出现一个神经紧张的军官——在埃塞克斯闹事时神经紧张的军官是相当多的。丹麦人都取了罗马人的名字，至少也是意大利化的名字，因为廉价席上的观众很难想象哪一出悲剧可以没有满腔热血的南方人。弗兰西斯科、霍拉旭、马西勒斯、勃那多在台上。演出的时间是白天，秋季的阳光和煦宜人，但是演员的台词很快就将观众带到北方严寒的冬夜。胆小的人谈到鬼魂，霍拉旭像现代人似的表示

---

1 原文为 Yaughan，《哈姆莱特》第五幕第一场丑甲打发丑乙买酒，即去约汉啤酒店。

2 见《哈姆莱特》第三幕第二场，克劳狄斯的原台词是“给我点起火把来！去！”。

怀疑。接着鬼魂果然出现，它是由全部台词的创作者而眼下却不赞一词的威尔·莎士比亚扮演的。霍拉旭回想起不久前上演的《裘力斯·凯撒》，回想起剧中那位雄才大略的人物遇害前的征兆：

> 这一类预报重大变故的征兆，在我们国内的天上地下也已经屡次出现了。[1]

此时此刻，丹麦就是英国；观众对于圣诞节的那次地震记忆犹新。在后台，阿明惟妙惟肖地学了一声鸡鸣。鬼魂消失。当霍拉旭和士兵们演完楼台上那幕戏时，丹麦的王公大臣已陆续登上下面的正台。

鼓号为克劳狄斯齐鸣，扮演乔特鲁德的童伶在他一侧。克劳狄斯全身上下一副国王的气派，在摆放着两张御座的高台上训政。说得太长吗？不要紧，观众可以看哈姆莱特那副阴郁、愠怒的面孔，它与国王的威严和权柄形成对照。哈姆莱特倚在舞台前方的柱子旁，尽量远离舞台深处的国王。现在轮到他说第一句道白了，观众一听便知道他并不是琼生笔下那种性格郁悒的人物，不是一棵缺乏根须、无精打采的黑色莠草。根是粗壮的：他穿黑色素服是为了服丧守制，他感到痛苦是因为父王崩殂而生母不忠，尤其是因为生母的乱伦

1　见《哈姆莱特》第一幕第一场。

婚姻所体现的国家道德的沦丧。接着，他诅咒人世间那荒芜不治的花园以及作为园中之花的女人的脆弱；他的怒火得到平衡，因为有那位头脑清醒、不轻易激动的学者霍拉旭出场，后来又有天真无邪、温柔可爱的奥菲利娅（在她身上自然没有乔特鲁德的特点，然而哈姆莱特在愤懑中却发现了许多），以及那位满嘴格言警句的波洛涅斯。

现在，戏又回到楼台上。寒风凛冽，冬夜的空气沦肌浃髓。哈姆莱特在责备丹麦人贪杯，他渐渐变得乏味。好，廉价席中观众的注意力开始飘离戏文，还可以听到几声咳嗽。就在这种沉闷的气氛中，鬼魂倏然再次出现，观众的注意力又立即集中起来。鬼魂招手，示意哈姆莱特跟它去。这意味着两位演员必须迅速离开楼台，走下扶梯，到下面正台重新上场。霍拉旭与马西勒斯二人说五行台词的时间，恰好使他们可以走完这段路。于是，鬼魂的那番话可以移到主要的演出场地上说。这时，提白员手持脚本随时准备提词，因为威尔并非总是可以信赖的，即便他亲手写的台词，他也记不住。现在清晨将至，鬼魂消失；这次没有鸡鸣声，因为重复就会减弱效果。四法学院的时髦人物坐在舞台两侧，已经在记事簿中记下了一二行诗句，准备在晚餐席间吟哦引用。哈姆莱特手中也有记事簿。“一个人可以尽管满面都是笑，骨子里却是杀人的奸贼。”他写下了这句话，这让那些时髦人物大吃一惊。霍拉旭和马西勒斯可以不慌不忙地从楼台走到正台，或许还有时间赶回后台喝几口啤酒；鬼魂也有充分时间隐到舞台底下的暗室。从地下深处传出了他的命令："起誓。"常持怀疑态度的霍拉旭感到十分奇怪。哈姆莱特告诉他，天地之间有许多事情是他的哲学里没有梦想到的。尽管哈姆莱特在此之前较为温和地进行过嘲讽，一些时髦的观众现在还是忙于在记事簿上记录戏文。哈姆莱特请鬼魂，即请那受难的灵魂安息。威尔果真可以安心休息了，他要在许多场以后再最后出场一次。

不久，我们便忘记了正在展开的悲剧故事，因为朝臣罗森格兰兹与吉尔登斯吞前来报告王子：那戏班子来了。于是我们听到了关于伦敦戏剧舞台的长篇议论。吉尔登斯吞和罗森格兰兹都是当铺老板的名字。哈姆莱特这两个同窗尽管满面都是笑，骨子里却是杀人的奸贼。不过奇怪的是罗森格兰兹的名字似乎预示着某个与他无关的人物将凄惨地死去；奥菲利娅拿着玫瑰花环没入水中；在葬礼上她得到了"处女的花圈"的覆盖。[1]但是，眼前戏中议论的只是"在城里专演悲剧的戏班子"，即宫内大臣剧团的不幸，他们来到遥远的丹麦，在艾尔西诺巡回演出。那么他们为什么不留在伦敦老家呢？因为童伶戏班那群羽毛未丰的黄口小儿或雏鹰抢走了所有的观众。"结果是娃娃们打赢了吗？"哈姆莱特问。"正是，殿下；连赫拉克勒斯和他背负的地球都成了他们的战利品。"罗森格兰兹回答。一时，他们全都抬头仰望环球剧场的塔尖上

1　罗森格兰兹（Rosencrantz）一名由 Rose（玫瑰）和 Crants（花圈）组成。

迎风飘扬的旌旗，看到了那个背负地球的赫拉克勒斯。

伶人们上场，哈姆莱特提起那出即使上演“也不会有一次以上”的戏，因为它“并不受大众的欢迎。它是不合一般人口味的鱼子酱”。伶人甲背诵了戏中一大段台词，内容是特洛伊被围困和普里阿摩斯、皮洛斯及赫卡柏的故事。我们立即明白这出戏就是《特洛伊罗斯与克瑞西达》。这段台词没有收入印刷本，很可能在排演时删节了。谁都不喜欢这出戏，平民观众从未为它鼓掌顿足。但是，莎士比亚仍然认为它是一部杰出的作品，并且决心将这段被删除的台词硬塞给观众。杰作是不可以浪费的。

不久，我们便听到哈姆莱特那段“存在还是毁灭”的独白。这时，一些较为幼稚的观众会皱眉蹙额，表示不解。因为这个人物明明已经证明，而且是通过自己父亲的亡灵证明，天堂与炼狱是存在的，却还想知道人死之后是否还会有什么，想知道“那从来不曾有一个旅人回来过的神秘王国”。但是，一些比较聪明的观众会懂得，这出新《哈姆莱特》其实是两出戏：一出是基德写的古老的复仇悲剧，有真正的地狱，复仇者可以将他杀死的恶棍投入其中；另一出则深入地探索了一个现代不可知论者的思想。这两出戏真能达到浑然一体吗？

苦思冥想是否自杀，借可怜的奥菲利娅之身疯狂诅咒一切女人，以及迷恋于舞台的艺术效果——这三者同时并存是多么刺激！哈姆莱特对伶人说：“请你念这段剧词的时候，要照我刚才读给你听的那样子，一个字一个字打舌头上很轻快地吐出来。”接着，他十分全面地讲授了演技问题，结束时还振振有词地说明，宫内大臣剧团把肯普开除是完全正确的。在那幕戏中戏即将开场时，波洛涅斯告诉哈姆莱特，他曾经演过戏，“扮的是裘力斯·凯撒；勃鲁托斯在朱庇特神殿里把我杀死”。这是无的放矢、毫不相干的吗？不尽如此，因为扮演波洛涅斯的那个演员很可能仅仅几天之前就在这个舞台上扮演过裘力斯·凯撒。勃鲁托斯自然是由眼前演哈姆莱特的理查·伯比奇扮演。此中自有其幽默之处：两个演员暂时离开自己扮演的角色，或许还面对观众鞠躬、微笑，而有些观众想起几天前那出戏则报以掌声。后来，发生了一件具有讽刺意义的复杂事情：勃鲁托斯－哈姆莱特把藏在帷幕后面的波洛涅斯－凯撒一剑穿透。“他在神殿里杀死了那么好的一头小牛，真太残忍了。”眼下只是一句笑语，后来就不是笑话了。

后来，随着波洛涅斯被刺死，故事情节急转直下，使观众想起比艺术手法更为严重的问题。哈姆莱特成了埃塞克斯。那国王说：

> 让这家伙任意胡闹，是一件多么危险的事情！可是我们又不能把严刑峻法加在他的身上，他是为糊涂的群众所喜爱的，他们喜欢一个人，只凭眼睛，不凭理智；我要是处罚了他，他们只看见我的刑罚的苛酷，却不想他犯的是什么重罪。[1]

1　见《哈姆莱特》第四幕第三场。

接着，在哈姆莱特被送走之后，被他刺死的波洛涅斯的儿子雷欧提斯成了埃塞克斯。一群暴徒称他为主上，并且高呼："我们推举雷欧提斯做国王！"发了疯的奥菲利娅唱的一句歌词"可爱的罗宾是我的宝贝"不就是已故埃塞克斯的回声吗？[1]

关于奥菲利娅之死，莎士比亚把场景直接移到他的故乡沃里克郡，移到他的童年时代。基德的《哈姆莱特》是让奥菲利娅失足跌下悬崖摔死的；莎士比亚则让她在沃克里郡的鲜花丛中落水淹殁：

> ……毛茛、荨麻、雏菊和长颈兰——正派的姑娘管这种花叫死人指头，说粗话的牧人却给它起了另一个不雅的名字。[2]

这"不雅的名字"就是牛鞭。转弯抹角地介绍花的名字与主题毫不相干（它毕竟只是一位王后在向一个失去理性的青年叙述他妹妹之死），人们不得不断定：威尔在创作时，让自己对沃里克郡的回忆完全淹没了手中的工作。他想到儿时离斯特拉福不出一英里，一位少女在埃文河投水自尽的惨状——有人说她是为了殉情。她的名字叫凯特·哈姆奈特。她与他笔下的奥菲利娅和他那个早逝之子融为一体了。

在掘墓的一场戏中，小丑甲派小丑乙到"约汉"开设的

1　埃塞克斯的教名是罗伯特，爱称罗宾。

2　见《哈姆莱特》第四幕第七场。

丹麦啤酒店去打一杯酒之前，剧作家回忆起斯特拉福验尸官关于按基督徒的仪式安葬自杀者的论点。当哈姆莱特与霍拉旭一齐出现时，小丑甲抛起几颗头骨，使莎士比亚有机会回顾自己一生事业的三个侧面，其化身是三位死者：一位朝臣（“从这种变化上，我们大可看透了生命的无常。难道这些枯骨生前受了那么多的教养，死后却只好给人家当木块一般抛着玩吗？”）；一名律师（诗人令人眼花缭乱地展示了一番法律知识，似乎在炫耀自己在斯特拉福那间发霉的办公室里所学到的东西）；以及一个著名的弄人郁利克，就是迪克·塔尔顿，因为假若莎士比亚的戏剧生涯确实始于女王剧团，那么形象地说塔尔顿就是把他这个见习戏剧作者驮在背上的人物。

戏接近尾声。夜幕降临，使最后的几场可以在华灯之下表演，哈姆莱特的尸体可以由手执火把的扈从护送，抬下舞台。此时，横陈于舞台的尸体死而复生，起身向观众鞠躬。波洛涅斯和他的爱女走出坟墓，接受观众的喝彩；同时，鬼魂也腼腆地登台谢幕。观众知道这就是剧作者，但是他们并不知道他的伟大；有的观众可能更喜欢原来的《哈姆莱特》。伯比奇当之无愧地博得了最多的喝彩。接着是为女王祈祷，然后散场。正戏之后再演一段猥亵的快步舞——好比吃完肥肉之后来一点小吃——那样的日子已经过去，是与威尔·肯普一齐退出舞台的。演员们一天的演出就此结束，但是他们还必须准备明天上演的戏——一出旧戏，也许是喜剧。这出悲剧已经把明天的戏从他们心中挤走了。

我们可以凭着想象详细再现伊丽莎白朝一次舞台演出的外貌，推测或猜想观众会看到什么。不过我们已经比较了解观众听到什么，知道他们听到的和我们今天听到的并不一样。今天的莎士比亚剧本，就四开本或对开本而言，看上去与近四个世纪以前的没有什么不同，但是英语的发音在这四百年中已经发生许多变化，如果时间老人把我们带回到环球剧场去看《哈姆莱特》，大多数人听到莎士比亚时代的那种乡土音都会感到震惊的。要对这种乡土音的影响有个大体的印象，我们就必须想象伯比奇兼有兰开夏、新英格兰和都柏林三个地方的口音。在那戏中之戏开场时，哈姆莱特对奥菲利娅说，这出戏叫《捕鼠机》，是个“象征的”的名字。“象征的”一词当时的读音与现代美国人的读音近似，几乎和“用机关捕捉的”一样。[1]这是双关语，但是按现代的英国标准读音，就听不出是双关的了。还有“O that this too too solid flesh would melt”（啊，但愿这一个太坚实的肉体会融解）一句中的 solid，念起来介于 solid、sallied 和 sullied 之间。又如 ea 这两个字母连在一起的单音，总是像如今在 steak 或 great 中一样发音，因此用都柏林方言就会把 raisins（葡萄干）和 reasons（理由）念成一个词——福斯塔夫曾借此说了一句双关语“reasons being as plentiful as blackberries”（理由多得

---

1 “捕鼠机”、“象征的”、“用机关捕捉的”原文分别为 mouse-trap，tropically，trapically。

像葡萄干一样)。see 和 sea 不同音;love、above 与 prove、move 同韵;r 总是发音;noble 这样的词里的元音,当时是高贵的圆唇低元音,不是现在这种紧缩的高双元音。尽管那时人们说的话听上去有外乡音,但是正如《哈姆莱特》所显示的那样,它是能够承载起大都会生活的无限复杂性的。

英国的戏剧舞台在不足十年之内,由蹩脚的通俗情节剧发展成一种充满智慧的戏剧,其深邃与精微鲜为后代戏剧家所及,莫说是能够超越了。这是了不起的成就,仅此一端则足以使任何一位贤明君主的政绩光彩夺目,而我们都知道,这只是伊丽莎白诸多功业之一。那个时代的一切伟大业绩,似乎都以某种方式带着伊丽莎白独具的、在英国历代君王中罕见的天才的特色。《哈姆莱特》固然是伊丽莎白的功绩,但是伯德的圣歌、皇家交易所、"金鹿"号环球航行、弗吉尼亚殖民地、《教会组织法》、股份公司[1]、大败西班牙,等等,无一不是伊丽莎白的功绩,而它们只是这个行将结束的朝代的无数丰碑中的几座。

埃塞克斯悲剧的阴影迟迟不散,不过谁都无法否认他受到了应有的惩罚,而在施行这惩罚时,女王比任何人都痛苦。她将在一种悲凉落寞的气氛中结束自己的统治。蒙乔在爱尔兰完成了埃塞克斯的未竟事业;蒂龙在金塞尔缴械投降,支

1 指东印度公司。1600 年 12 月 31 日,女王授予皇家特许状,支持其在印度从事贸易活动。

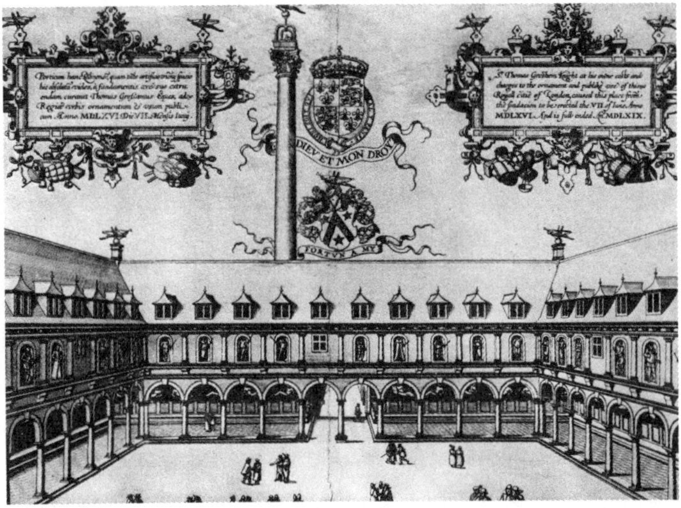

伊丽莎白一世功业无数，格雷欣爵士的皇家交易所只是其中之一。

持他的西班牙军见势不妙也迅速投降。理查·莱维森爵士在瑟津布拉航道摧毁了似乎不可摧毁的抵抗，截获一艘满载黄金的葡萄牙大帆船，他的豪举使人想起了德雷克和霍金斯。然而追溯往事并不是为了重振旧业。那种乐观主义的精神，那种认为给以时机人便能弃恶从善的乐观主义已经消失。理查二世的历史依然萦绕在伊丽莎白的脑际。“会忘记上帝的人，也会忘记自己的恩人，”她说，“这种悲剧已在街头和宅院内上演过四十次之多。”蒙乔如今是她派驻爱尔兰的总督，但是他也曾经与埃塞克斯一样，随时准备举兵反对她。人是不可信赖的，不能相信谁会从一而终（这是莎士比亚在新戏中试图说明的道理）。还有那个法王亨利四世，他曾经得到伊丽莎白的慷慨帮助，如今英国急需用钱，他却只会说漂亮话。伊丽莎白称他为“忘恩负义、反对基督的人”。然而，人们心中的爱与信任有时也会显得不完全是假情假意的。伊丽莎白最后一届国会的议员们，本来准备就王室专利权（如埃塞克斯曾经享有的专收甜酒税的特权）的丑闻狠狠抱怨一番，可到开会时却对女王发出了一片拥戴声。女王对此答道：“尽管上帝将我举升甚高，我依然认为我王冠上的荣誉应归于你们的爱戴。”

这句话与世间一切事物一样，既对又不对。早在无敌舰队覆没之前两年，女王就曾对国会说：“我曾经有过好邻居，也见过坏邻居，在信赖中还发现过背叛。”又说：“至于我，没有任何了不起的理由使我贪生或者怕死。”她在 1603 年七十岁时对于人生的态度更是如此。尽管她尚属健康，但她并不爱惜自己的身体。那年1月，天气严寒，宫中人人轻裘裹身，蜷缩一团，而她却衣衫单薄，傲然挺立。2月，她全副衮冕，接见威尼斯使臣；来宾庆贺她健康长寿，她不置一词。或许她并不希望自己更加长寿：她并不贪生。

约一周后，女王的表妹和挚友诺丁汉伯爵夫人去世，女王就此使自己的全部身心陷入郁悒哀伤之中。她不想康复，也拒绝服药，此时死亡似乎是她意愿中的归宿。不久以前，她已截下手上的加冕指环。[1]然而，她却留下了埃塞克斯赠送的小指环，一直戴到驾崩。1603年3月19日，苏格兰王詹姆斯接到谕旨，吩咐他做好准备：一位演员即将退出舞台，另一位演员必须随时听候上场的提示。伊丽莎白没有让他久等。她已处于昏迷状态，向壁而卧。3月24日凌晨二三时之间，她终于悄然与世长辞。

诗人们无话可说。舞台上并未上演《神奇的王朝》或《英国的童贞女王》之类的戏。演员们必须拭目等待随后登台的人物。过了十年，在环球剧场付之一炬的前夕，莎士比亚才在《亨利八世》中把昔日的荣耀当做日后的荣耀写出来。但是此时此刻，职业写手所能提供的只是应付葬礼的小册子，德克的《神奇年代》便是一例：

1　伊丽莎白在位近四十五年，加冕戒指无法正常取下，不得不截断戒指。

> 她在落叶时节来到，于初春离去，毕生守身如玉：始为童身女子，终为童身女子，完成了神奇的一周。她生于报喜节[1]前夜，殪于报喜节前夜，生殪皆因此奇迹而值得纪念。她即位时市长为李某，逊位时李某为市长，元年末年同样值得纪念。格林尼治、里士满、白厅因分别系其诞生、晏驾、葬礼之地而闻名于世。

究竟如何评价这样一位女王，或许无论谁，哪怕是莎士比亚，都无法找到恰当的语言。后世人依然在寻找。

---

1 据《圣经》记载，上帝派天使加伯列告诉玛利亚：圣灵将降临于她的童身，使她怀孕并生下耶稣。基督教以 3 月 25 日为天使报喜节。

第十六章　六世与一世

VI & I

詹姆斯王抵达伦敦，急于戴上一顶比苏格兰王冠更大的王冠。他在南下途中一路狩猎，猎物是装在篮筐中随运的野兔，因为他爱好猎兔。行至纽华克，他未经审讯便敕令绞死一名小偷；他是一位凌驾于法律之上的君主。从爱丁堡到伦敦，他一路封了三百名爵士。对于顺水人情，他很慷慨。詹姆斯不十分喜欢平民百姓。他们欢呼要求见驾，但是他缺乏他的前任那种宽厚仁慈的品格。“上帝作证！”他叫道。“我要扒下马裤，他们还可以看到我的屁股呢！”他癖好同性恋。男子气概不及前任一半，却自视为凯撒的凯撒，皇帝的皇帝。无论朝臣对他如何谄媚，他都不会觉得有什么庸俗粗鄙之处。宫中重新兴起了一些令人异常厌恶的歌功颂德、胁肩谄笑的礼仪。他用膳时必须有大臣在旁侍候，跪着端上饭菜。称呼他时，不冠以“至圣的”、“博学多才的”、“英明的”等东方式敬辞，他就根本不理睬。他被誉为智慧胜似所罗门的君主。喜欢讽刺的人想到他的母亲与乐师大卫·里齐奥的关系，说他本来就应该叫所罗门，因为所罗门是以色列王大卫之子，而他是竖琴师大卫的儿子。

詹姆斯比莎士比亚小两岁，外貌勉强算是过得去。“英俊，高贵，快活，身材匀称，不胖不瘦，充满活力。”这是一位意大利客人的评论，可能言过其实了。他的头发是褐色的，面色红润。换句话说，他的相貌尚属一般，不似他的敌人说的并且流传于后世的那样嘴角垂涎、体形古怪、步态别扭。他也确实有真才实学，散文写得刚劲有力，《抵制烟草》一文就是一例，其中似乎还预见到肺癌的发生。但是他没有韵文的禀赋。他喜欢好酒好菜，尤其是在查理王子的朋友白金汉伯爵乔治·维利厄斯的影响下，时常喝得酩酊大醉。詹姆斯虔敬上帝，信奉英国国教——英格兰的事物他真心实意喜欢的为数不多，这是其中之一。他是由严格的苏格兰加尔文派教徒教育成人的，如今恩将仇报，令英格兰的清教徒大失所望。尽管他的妻子丹麦公主安妮信奉天主教，他自己并不喜欢罗马教廷。不过他的主教们却喜欢他，而他也喜欢他们。詹姆斯执政期间所做的最好的一件事，就是谕旨重新翻译圣经。他从不洗濯沐浴，只是偶尔将指尖蘸入玫瑰香露。

现在诞生了一个新的王国：英格兰与苏格兰已合并成为一国，不列颠人的国土——实际上威尔士才真正是不列颠的国土啊。[1] 后来莎士比亚在《李尔王》中通过爱德伽之口庆祝了这件事：

> 罗兰骑士[2]来到黑沉沉的古堡前，他说了一遍又一遍，“呸，嘿，哼！我闻到了一股不列颠人的血腥。”

---

1 在古罗马和盎格鲁－撒克逊入侵不列颠时，威尔士均未被占领，一直由自古繁衍生息于此的不列颠人居住，故有此一说。

2 欧洲中世纪骑士文学中的著名英雄。

英格兰人曾经盼望新王朝会给他们带来和平与安宁，如今詹姆斯朝终于开始，却莫名其妙地使他们大失所望。伦敦城内充斥着野心勃勃的苏格兰人。王宫依然富丽堂皇，但是英国的魅力似乎已从全国的生活中消失。没有任何诸如以海上军事力量保障英国宗教改革的重大问题足以在英国人的血液中注入新的活力。鼎盛时期已过，荣耀竟成为往事！

但是，国王是在严格节制的环境中长大的，如今既然有了戏剧那样能够美化生活的消遣，他自然要尽情享受了。詹姆斯朝以其戏剧成就显赫于世，不过这些成就的核心部分多半是病态的、腐败的，虽然有时几乎使人无法觉察。这时，《白魔》取代了《罗密欧与朱丽叶》，《绿帽子的良药》取代了《皆大欢喜》。属于他这个时代的是莎士比亚那些最伟大的悲剧，是幻灭的无比绚丽动人的产物。写《终成眷属》和《一报还一报》之类喜剧的目的，不是为了引人发笑；对于在女王统治时期会显得不合礼仪的放浪不羁的情节，人们感到局促不安——意在与他人之妇苟合而意外与自己之妻寝合的事情太多，不加非议地嘲笑女子保守贞操的言论太多，男女之间肆无忌惮地使用的猥言亵语太多。威尔对于这些戏剧到底应该归入哪一类，连自己也产生了怀疑，这种心理负担也反映在《终成眷属》那些迂回曲折的诗句之中，将薄伽丘一个简单的道德寓言加以诠释。《一报还一报》的悲观主义与其说适用于一部结局圆满或结局并非不圆满的戏，莫如说更适用于悲剧。有一场戏可以为一部描写当今世界在一场核战之后苦难景象的书提供书名——奥尔德斯·赫胥黎[1]的《猿与本性》。另一场戏则写下了一切文学作品中所能见到的最骇人的怕死言论——同时也是迎接死亡到来的最有力的咒语。写得极好，但只能供宫廷中的王公贵族消闲解闷。在这位已届成熟之年或酸涩之年的严肃剧作家身上，那种质朴的欢乐品质已经荡然无存了。

无论威尔那颗形同提琴的脑袋里面在想些什么，在新王朝的统治之下他和他作为股东的那个剧团顺风顺水，外部环境几乎是无法再好的了。就在 1603 年詹姆新登基那年，宫内大臣剧团变成了“国王剧团”。那些老资格的演员，其中包括莎士比亚，封了宫廷内室侍从。翌年，西班牙使臣前来议和时，他们就以内廷侍从的身份充当使臣的陪同人员。于是，那位曾经写过大无畏的爱国主义豪言壮语的剧作家，如今则转而向昔日的敌人、今日的朋友鞠躬致意。兵戎相见的日子已经过去，干戈已化为玉帛。詹姆斯王憎恶战争，甚至见到士兵手中的战斧也会畏葸不前（猎鹿自然是另当别论）。伊丽莎白女王随时都乐于率领她的军队上战场，而女王的继承人却是货真价实的胆小鬼，这是大家心照不宣的事。像《亨利五世》那样硝烟弥漫的戏不会再有了。

作为某种皇家官员，威尔眼下必然已重新跻身于令人向

1 奥尔德斯·赫胥黎（Aldous Huxley，1894—1963），英国小说家、散文家，博物学家托马斯·赫胥黎之孙。《猿与本性》是他 1949 年的小说，书名取自《一报还一报》第二幕第二场第 120 行。

往的上流社会。南安普顿伯爵亨利 · 赖奥思利已从伦敦塔中获释，但是他们在那座充满耻辱的旧府邸中已经难以恢复往日的恩宠和亲近。威尔这颗行星如今很可能已经开始在一个新的太阳系中运行，其灿烂的中心或许不是亨利 · 赖奥思利在镜中的反照——威廉 · 赫伯特（William Herbert，HW 反照为 WH），而多半是威廉 · 赫伯特的母亲。赫伯特已于 1601 年承袭彭勃洛克伯爵的爵位，后来由于与宫女玛丽 · 菲滕那段私情，在女王当政时失宠；但是如今新王即位，他获得了自由，精力充沛，并且得到国王的宠幸。

他的母亲彭勃洛克伯爵夫人在 1603 年是四十二岁，美丽、宽厚、饱学，可谓女中完人，不亚于她的胞兄菲利普 · 锡德尼爵士；这位男性中的完人虽已作古，却永远活在人们的心中。兄妹二人曾在威尔顿府合力用散文创作田园传奇《阿卡狄亚》。威尔顿府是索尔兹伯里附近的一座乡间别墅，它一如约翰 · 奥布里所说，“像一座学院，有如此众多才思敏捷的博学之士”。锡德尼在苏特芬负伤阵亡之后，伯爵夫人辑成了他的十四行诗集《阿斯托菲与斯黛拉》。此后，她开始关心和保护其他十四行诗作者及学者，甚至包括剧作者。威廉 · 布朗为她写的挽诗最能反映她的品德：

在这阴森的灵柩里，
躺着一切诗文的题咏：
锡德尼之妹、彭勃洛克之母，

美丽，善良，通今博古。
死神啊，让时间将利剑向你投，
免得这样的奇女子再遭毒手！

史料表明：1603年莎士比亚住在威尔顿，不过他不是以客人的身份待在那里。詹姆斯在5月登基之后不久，伦敦发生瘟疫，王室及各剧团全部弃城他去。詹姆斯王在疫病流行期间，整个秋季临幸彭勃洛克家。国王剧团在牛轭湖躲避瘟疫，奥古斯丁·菲利普斯的家就在这一带。他们奉召去威尔顿演戏，有记载说，剧团的经理约翰·海明琪收到了三十镑的演出费。两个半世纪之后，彭勃洛克伯爵夫人的继承人发誓说，她从家族档案中找到一封老伯爵夫人写给儿子的信，信中要他带国王来看《皆大欢喜》，并说："那个叫莎士比亚的男人在我们家。"这封信已经失踪了，但是这句话却不知是什么神奇的缘故，听着使人顿时对其真实性肃然起敬。不是"莎士比亚"——剧作家兼诗人——而是"那个叫莎士比亚的男人"，无拘无束地呷着酒，谈笑风生，随和可亲而又机敏过人，一时成了游离于一群戏子之外的名人显士。是真是假，大体如此。

伯爵夫人显然喜欢戏剧，她甚至曾经动手写过一出戏，翻译了那位多少有点乏味的法国塞内加派戏剧家罗贝尔·加尼耶的《马克·安东尼》。或许她在1603年曾经给那个叫莎士比亚的男人看过，他会说：夫人，这出戏优雅、含蓄，诗文也流畅，一定能够成功。其实，莎士比亚心中或许会认为：这

The Accompte of the Office of the Revelles of this whole yeres Charge in An° 1604: Untell the last of Octobar: 1605:

The Chardges

Edmunde Tylney

The plaiers	1605	The poets
By the Kings Maiesties plaiers:	Hallamas Day	
By his Maties plaiers:	The Sunday ffollowinge A play of the Merry wiues of winsor:	
By his Maties plaiers:	On St Stiuens night	Shaxberd:
	On St Jons night A maske	
By his Maties plaiers:	On Inosents night	Shaxberd:
By the Queens Maties plaiers:	On Sunday ffollowinge	Heywood
The Boyes of the Chapell:	On Newers Night A playe Cauled: All ffoulles:	By George Chapman:
By his Maties plaiers:	Betwin Newers Day And twelfe day A play of Loves Labours Lost:	

上图：牛皮纸卷轴画描绘的是索尔兹伯里附近的威尔顿别墅。1603年国王剧团曾奉召去威尔顿演戏。

下图：在1604至1605年的宫廷飨宴记录中，可以看到剧作家“莎克比德”（Shaxberd）参加了七部戏剧的表演，记录单有其中五部的名字。

出戏根本不成。要写关于安东尼爱情生活的戏，必须充满激情，剧词、音乐必须粗犷，那位埃及女王也必须像克拉肯韦尔烟花巷中任何一个香气袭人、富于诱惑力的摩尔神女一般。是的，这一点我要牢牢记住。

萧伯纳认为，彭勃洛克夫人就是《终成眷属》中罗西昂伯爵夫人的原型，并且断言：这位夫人“是莎士比亚笔下最富魅力的老太太，甚至是最富魅力的女性，无论老少”。这样说未免言过其实，萧伯纳也是时常言过其实的。但是，就罗西昂伯爵夫人之子勃特拉姆拒绝别人为了他家族的繁衍替他安排的亲事而言，他们母子之间形成的那种关系显然与在南安普顿府上一样突出，只是时间有所不同而已。赫伯特晚于赖奥思利抗婚，更接近于《终成眷属》的创作日期，因而萧伯纳的“原型”论是说得过去的。

然而，彭勃洛克家族的恩惠和友谊又怎能与朝廷至高无上的恩光渥泽相提并论呢？詹姆斯王甚为器重以自己的名义命名的剧团。伊丽莎白对于每次谕旨演出犒赏十镑，詹姆斯——即王室内库——则犒赏二十镑。诚然，物价在上涨（马克思主义评论家认为这是当时普遍存在的忧郁气氛的原因之一），但是在詹姆斯的头脑中根本不可能想到生活消费指数的问题。他喜欢看戏，却又往往认为一分价钱一分货。他最喜欢的是假面剧，而假面剧是很花钱的。莎士比亚本可放弃写五幕悲剧而用独幕假面剧大赚其钱。不过艺术家的良心还是战胜了生意人的欲望，他从未写过任何假面剧。

假面剧是古老的道德剧或插戏与时新的歌剧的杂糅（其实它是这种歌剧的先导，蒙特威尔第[1]那出开拓性的歌剧《俄耳甫斯》迟至1607年才问世）。假面剧虽然很短却很豪华，着眼于感官刺激多于理性启迪。它是一种综合的艺术形式，需要诗人、作曲家、编舞和舞美设计师密切合作，这些人有时还必须抑制自己的高雅口味，因为需要请马戏班的人来制作特殊的舞台效果。当詹姆斯一世还是詹姆斯六世的时候，苏格兰王宫斯特林城堡中曾经演过一出假面剧，剧中还有一群狮子上场，把太太小姐们都吓坏了。莎士比亚写《仲夏夜之梦》时是知道这件事的。“列位，你们得好好想一想，”波顿说，“把一头狮子——老天爷保佑咱们！——带到太太小姐们的中间，还有比这更荒唐得可怕的事吗？在野兽中间，狮子是再凶恶不过的。”

假面剧的主题抽象，善与恶按道德剧的风格拟人化，只是服饰极为华丽；善恶双方较量，善必然战胜恶。舞台效果好，台词高亢，一切都很高尚，毫无粗陋之处。就像正戏演完了会接着来一场快步舞表演，假面剧结束之后也会演一出“反假面剧”。它追求怪诞的对比，野人、侏儒、黑人、土耳其人、乡巴佬和小丑在台上蹦蹦跳跳吵吵闹闹。

宫廷的假面剧具有某种表现主义的感染力。如果说舞美

1 蒙特威尔第（Claudio Monteverdi，1567—1643），意大利作曲家，威尼斯歌剧乐派创始人；作品标志着意大利文艺复兴后期世俗音乐发展的最高阶段，为近代管弦乐法的先导。

设计、剧本和音乐都出自专业人员之手，演员则通常是有地位的业余爱好者，即那些喜欢卖弄自己健美身段和嘹亮歌喉的贵族。大众舞台上以童伶去坤角的清规戒律并不适用于假面剧，于是太太小姐们便兴高采烈地在舞蹈和优美的亮相中尽情显露自己那洁白如凝脂的胸脯，乃至大腿。安妮王后是个非常活泼的丹麦女子，她在一出关于十二女神的假面剧中穿了一条非常短的裙子，一位观众说："我们可以看到女人原来也有脚有腿，这我可是从来都不知道的。"这些精彩的表演并非总是按剧本的设计进行，有时台上的男男女女都会喝得酩酊大醉——大概是受到丹麦人的影响——他们不但把尚能记住的几行台词说得含糊不清，而且还任意傻笑，倒在台上或干脆下台去呕吐。丹麦国王也是一位酒仙，他来访时英国王室款待他看假面剧，那是一场大发酒疯的戏，由他自己的女儿率众登台表演，个个目光呆滞，不断打嗝。这样的演出自然会使编剧感到沮丧，但是他们也会像好莱坞的编剧一样，尽管沮丧的原因各不相同，想到自己那份相当可观的稿酬，也就高兴起来了。

莎士比亚为了避免感到沮丧，除在后期的剧本中加入类似假面剧的鬼魂显灵的片断外，从未写过假面剧，而琼生为了取得高额报酬，从未放过任何机会在短小的假面剧中炫耀自己的智慧、学识与诗才。他很早就在赶时髦，奉命作田园诗式的假面剧《萨梯[1]》，准备在国王由苏格兰来伦敦途经奥尔索普时露天演出。他写的某些假面剧非常优美，其抒情诗尤为出色：

神仙向你微笑，
繁星为你闪耀
　　夜阑人静，
　　皓月冰清，
等到那火龙把你超！
命运的舵轮来引导，
执弓的童儿在照料，
　　向前走，
　　莫停留，
待白昼的鸟儿和鸿运来到！

这种形式不仅在钱财上于琼生有利，而且还克服了他的两大缺点——冗长和说教。他的观众不想听他滔滔不绝地教训他们，说他们是如何愚钝，他的票友们也背不出大段的台词。他们需要强烈、典雅、言简意赅的东西，这是超群绝伦的艺术家琼生能够给的。

琼生在大众戏剧舞台上是个一触即怒的好斗人物，他在

1　希腊神话中半人半羊的森林之神。

写假面剧时也可能由于妒贤嫉能而大发雷霆，因为这种戏剧形式需要多方合作，志趣相左是在所难免的。英尼戈·琼斯[1]是位才华横溢的舞美设计师，他把假面剧的观赏效果发展到奇妙的境界，甚至淹没了那些往往背得马虎念得更马虎的台词。琼斯比琼生小一岁，是个了不起的人物。他曾在意大利学观赏艺术，并且把伟大的帕拉弟奥[2]的想象力带回英国；英国当时虽然在许多方面都是世界性的，在绘画和建筑方面却显得乡野褊狭。琼斯的画笔无所不能，无论是设计建筑还是监督王室画藏，其艺术眼光都无懈可击。琼生最初与他在《黑色的假面剧》中共事，如果那也叫共事的话。这是为王室成员习演而编写的一出关于黑人文化的戏。事后，琼生怏怏地说："把他们都写成非洲黑人是王后的旨意。"这种题材丝毫不能激发他的灵感，整出戏也是由于有英尼戈·琼斯精心设计的服装和机关才幸免于失败。从此以后，除了诗人们以外大家都认为琼斯是万无一失的舞台设计师。为了加快场景的变换，他设计了复杂的转台装置（machina versatilis），并且首创了英国舞台前面的拱券。这些观赏效果上的惊人成就，加上他所设计的新奇戏装，成为王公贵族心目中的假面剧的真正精髓，而台词无非是装装样罢了。关于观赏效果的邪说已

1　英尼戈·琼斯（Inigo Jones，1573—1652），近代英国首位重要的建筑师，将意大利文艺复兴时期风格带入英国建筑中，在舞美设计方面也有杰出的贡献。

2　安德烈·帕拉弟奥（Andrea Palldio，1508—1580），意大利文艺复兴后期建筑师，他的《建筑四书》和一些别墅的设计对于十八世纪欧美的建筑风格影响极大。

经渗入戏剧，琼生对此感到厌恶。也应当考虑成本啊！单为一出发酒疯的戏就花几千镑钱，这足够环球或幸运剧场演出整整一个季度正经严肃的性格喜剧了。

莎士比亚丝毫没有卷入这股浪潮。他满足于写自己的戏，为环球也为御前演出写戏，1608 年以后又为黑僧室内戏院写。他的名字正是在这一年出现在一份确认他为黑僧戏院租赁人之一的文书上；这家戏院将成为国王剧团的冬季演出场地，而环球则继续是他们的夏季演出场地。黑僧的房客们关于扰乱安宁的控告已显得无足轻重，因为国王剧团是举足轻重的。

举足轻重的剧团又为何不早一点，譬如说 1603 年，去黑僧戏院演出呢？答案是那班执掌戏乐的儿童还在那里，他们与伯比奇兄弟订有合同，不可能把他们撵走。不过童伶戏班犯了一个错误，上演了一出讽刺法国国王的戏。法国使臣提出抗议，枢密院随即禁止他们在黑僧演出。枢密院改变了一直以来对他们那种异乎寻常的宽容态度，因为人们控告童伶戏班的所作所为非今日始。埃文斯曾像一个征兵长官那样，把一些有发展前途的男童强行征入他称之为“报效朝廷”的事业。但是有一天他做得太过分了，竟在大街上绑架了一位去上学的名叫克利夫顿少爷的男童。学童的父亲是一位乡绅，立即找到剧团要人。埃文斯却嗤之以鼻，声称自己有权把任何男童强征入戏班子，连公爵的少爷也不例外。接着，他当着老克利顿把一份脚本塞入那孩子的手中，命令他认真背熟，否则就挨鞭子。那位父亲整整用了两天才把自己的儿子解救出来。

那时候，黑僧的孩子们或者说是他们的主人名声不好，枢密院乐于让一些有造诣、受人尊敬的职业演员取代童伶在这家戏院里演出，他们之中至少有一位是乡绅。于是，这位宫廷内室侍从、产权所有者、小资本家、最杰出的剧作家之一威廉·莎士比亚先生，便在环球和黑僧将自己的事业推向巅峰。他已经拥有他希望得到的一切；他将进而把人生写成悲剧。

第十七章　病态世界
Sick World

1604年，莎士比亚年满四十。到这个年龄，是时候探究一下他的健康状况了；在找不到任何诊断书或药方的情况下，也大致可以猜到他在那时或那前后身体欠佳。如果说人生在世谁都欠着上帝一条命，那么勤奋的艺术家更免不了欠着命运之神，时不时会来一场心力交瘁的病患：他创造了如此广阔的新天地，不可能不损害自己的健康。多年来，莎士比亚始终在驱使自己拼命工作，演戏、写剧，兼做生意。在我们看来，他实在没有必要参加某些演出。1603年他便没在琼生的《西杰纳斯》中担任角色，他自己的工作也已经够他忙的了。然而，他的精力显然相当充沛，这种精力想必来源于他的精神。当他不在伦敦这座地上常年积水、空中家蝇乱飞、疫病不时流行的城市时，他就是骑马去英国各地巡回演出，或回斯特拉福照料自己的家庭和产业。他在伦敦只是寄宿在别人家里，而寄宿生活难得给哪个男子带来什么好处。他的酒量不大——传说他常以“身体不爽”为由，谢绝别人邀他去喝啤酒——但是他的食量有多大也是值得怀疑的。本·琼生的戏中有大吃大喝的场面，然而威尔的戏中却没有垂涎三尺的老饕。福斯塔夫吃得很多，但他只吃阉鸡，这是一种有益于健康的高蛋白食品。《温莎的风流娘儿们》称赞苹果和干酪，但也从未特别提到宴会。威尔的许多剧本给人的印象是：他想到丰盛的食物时更多的是倒胃口而不是食欲大振。在《特洛伊罗斯与克瑞西达》中，“糖”的含义是令人讨厌的；《雅典的泰门》则飨人以一盆净身的热水；像安东尼那样的强人，还曾吃过别人宁死不愿一顾的肉——或许是类似《泰特斯·安德洛尼克斯》中那可怖的人肉馅饼；麦克白在劝酒时说：“来，请放量醉饱吧，愿各位胃纳健旺，身强力壮！”这句话听来像是出自伍德豪斯先生[1]之口。

威尔便是为了健康而节制饮食，也未必会合理进餐。当时，人们对于摄生之道所知甚微，对于维生素更是闻所未闻。这里不妨抄录《主妇大全》中一份典型的菜谱，介绍如何配制碎肉饼：

> 取小牛肉四磅或羊腿肉三磅，投入水中稍煮之后捞出冷却，剁碎，加豆蔻子半盎司、丁香及豆蔻皮半盎司、桂皮半盎司、胡椒少许，食盐适量作调料。取熟蛋黄八枚，捣碎后加玫瑰露半品脱、白糖半磅，调成浆状，拌入碎肉。取橙皮或柠檬皮两份，切成碎粒，与葡萄干或枣泥一磅、干梅半磅拌和，铺在碎肉上。取多汁苹果或一冬梨二三枚，切碎后加入肉中。如要外皮酥软，可另加三四枚蛋黄、少许玫瑰露及大量白糖。

1　伍德豪斯是英国女作家简·奥斯丁（Jane Austen，1775—1817）的长篇小说《爱玛》中主人公爱玛的父亲，是个为自己的健康惶惶不可终日的老头儿。

这种肉饼味道非常浓腻，营养非常丰富——有点过分了。宴席上可能有许多诸如此类又甜又酸的食品而连一片绿色的菜叶都不见。这样，无论是男是女，个个都吃得脑满肠肥，最后不得不清肠放血。有许多人患坏血病，说明饮食中缺乏维生素 C。

威尔见到这种碎肉饼是否会垂涎欲滴是值得怀疑的，但是他除了面包就腌肉或腌鱼以外，是否还吃蔬菜之类的东西，这也是值得怀疑的。面包是很好的粗纤维食品，可是人们越来越喜欢把它做得又白又松软。马铃薯虽然已经传入英国，但是其价格之昂贵使人不敢问津。腌肉中的佐料可以刺激肠道的蠕动，尤其是冬季。马背上的颠簸对于肝脏也是一种有益的活动，而且使得人人汗流浃背，见面问候时总是伸出湿漉漉的手。麦酒虽说是头等饮料，只是谁都感到口干舌燥，嗜之过度。皮肤从不见太阳，连洗濯沐浴也被认为是有碍健康的陋习，虱蚤之类更是成了人的至亲好友。由于甜食过多，龋齿的发病率甚高；今日之牙科或口腔科，昔日是理发师的业余手艺。但是就总体而论，莎士比亚时代的饮食与我们今天的饮食是利弊相当的。那时，人们幸免于化学除虫剂和实验性化肥之害，没有罐头食品，又进行大量的运动。如果我们能够通过时间老人的安排，将现代那种奇怪的美国式色拉强塞给他们，我想我们是会感到高兴的。在他们那个时代，生之秘诀极为简单，避免幼年早夭就行了。

倘若我们真是为莎士比亚的摄生操心，那是由于我们想象他不太注意体力的恢复——常常是匆匆对付一顿便立即继续工作。待在伦敦就是为了工作，不是为了营养和享福。营养、享受和休息，等退休回到斯特拉福的“新宅”之后自然会有。莎士比亚决心在自己四十多岁成了财东再荣归故里，他似乎计划在四十六岁左右实现这个理想。但是在此之前，他要在伦敦拼命工作，宛如孑然一身浪迹海外殖民地过光棍生活的不列颠人——花一便士买一盘咖喱食品当一餐，贪婪地瞪着那节省下来准备带回家的钱则算是一份甜食。

无论莎士比亚是否营养不良，他在着手写《李尔王》和《雅典的泰门》时，神经是异常紧张痛苦的。这两部悲剧有许多共同之处。就其主人公李尔与泰门而言，他们都是几乎无法表演的角色：喊出所有那些狂言谵语，只怕还没演完就要中风。这两出都是悲观厌世的戏，也都完全脱离剧情地大声疾呼反对淫乱行为。莎士比亚倘不是积劳成疾，必然是染上了性病。以下泰门对雅典两个青楼女子的一番话，清楚地描述了梅毒的某些症状：

> 把痨病的种子播在人们枯干的骨髓里，让他们胫骨疯瘫，不能上马驰驱。嘶哑了律师的喉咙，让他不再颠倒黑白，为非分的权利辩护，鼓弄他的如簧之舌。叫那痛斥肉体的情欲、自己不相信自己的话的祭司害起满身的癞病；叫那长着尖锐的鼻子、一味钻营逐利的家伙烂去了鼻子；叫那长着一头卷曲秀发的光棍变成秃子；叫那不曾受过伤、光会吹牛的战士

也从你们身上受到一些痛苦；让所有的人都被你们害得身败名裂。[1]

泰门并没有染上这种病。作者只是说这位富翁过于天真无邪、宽厚慷慨，终于使自己落得一贫如洗。他的朋友悄悄地离开了他，他自己也变成一个愤世嫉俗的隐士。他对于忘恩负义者的所作所为感到愕然，诅咒他们染上花柳病。其实，咒诅人世间发生瘟疫与地震已经足矣，但是他却非说这些人因梅毒而喉咙嘶哑，变成秃子，烂去鼻子。他的心思无端为性病缠绕。

《李尔王》与《雅典的泰门》一样，疾言厉色地斥责忘恩负义之徒。李尔在荒原上发了疯，从女人身上发现了他但愿世人皆坠入其间的那座地狱的象征：

其实她自己干起那回事来，比臭猫和骚马还要浪得多哩。她们的上半身虽然是女人，下半身却是淫荡的妖怪；腰带以上是属于天神的，腰带以下全是属于魔鬼的。[2]

把人物的思想感情归之于作者，始终有如盲人骑瞎马，但是李尔与泰门二人把堕落与疾病的根源都归于女人，超越了单

1 见《雅典的泰门》第四幕第三场。
2 见《李尔王》第四幕第六场。

纯戏剧上的需要。莎士比亚似乎有其自身的癫狂，这种癫狂表现为一时的精神失调，使他将人世视为忘恩负义、伪善狡诈、人伦颠倒（“一条得势的狗，也可以使人家唯命是从”）的地狱。尽管如此，反复出现的永恒形象则是沦为情欲的奴隶而不能自拔，以及对于由此产生的令人羞辱的后果感到愤慨和羞愧。凡人俗士是无力排除情欲，避免其恶果的：

> 这一切人所共知；但谁也不知怎样
> 逃避这个引人下地狱的天堂。[1]

这是诗人自己的心声而不是他笔下的一个人物在说话。禁锢在一首十四行诗中的情感，宛如脓血或熔岩一般，在这两部悲剧中迸发。

奥卡姆的剃刀禁止人们增加无绝对必要的实在东西，[2] 这是写小说的有效武器，因为小说中的人物应该是为数有限的。但是在现实生活中，各种人物多如牛毛，而且时刻都在增加。我的意思是，人们很容易把莎士比亚的悲观主义和对于纵欲及隐疾的烦恼，与一个特定的对象——黑女子——联系在一起；但是假如我们认为威尔的情欲确实极为强烈，那么他的

---

1 见莎士比亚十四行诗第 129 首。

2 英国经院哲学家和唯名论者奥卡姆（William of Ockham，约 1300—约 1349）主张，哲学的对象只能是经验和根据经验而作出的推论，他宣称：“若无必要，不应增加实在东西的数目。”后人称之为“奥卡姆的剃刀”，把无现实根据的“共相”一概剃光。

过失就不是只爱一人而是乱交了。他爱得无方又过于频繁。然而，我们从他这一时期写下的悲剧中发现的，不只是一个非常黑的女子，还有一个黑男子，这似乎表明莎士比亚对于欧洲以外尤其北非某个人物的感情与举止产生了兴趣。克莉奥佩特拉是女色诱惑力的最后化身，世人会说：被她俘虏的后果比染上花柳病远为严重。（顺便说一句：特别具有讽刺意义的是，莎士比亚必然会发现，创造“梅毒”Syphilis 一词的吉罗拉莫·弗拉卡斯托罗，竟然是维洛那这座永恒的恋人之城的一位医师：1530 年他在一首诗中塑造了一个梅毒缠身的牧人，就叫 Syphilis。）其严重性就是生灵涂炭，王朝覆亡。但此时此刻莎士比亚正站在情欲一边，地狱多少有点遥远，有点抽象，没有表现为下疳和梅毒瘤。

黑男子的悲剧《奥赛罗》似乎是继《哈姆莱特》之后创作的那些伟大的黑色形象之中最早的，而且很可能是伊丽莎白在世时创作的。首次记录在案的演出是在 1604 年，但是其中一些片断可以在讹误甚多的 1603 年《哈姆莱特》四开盗印本中找到。此外，伊阿古是西班牙人名（意大利文为贾科莫），暗示一个依然是敌人的种族所特有的无耻背叛，而且它在英文中相当于詹姆斯。作者是不至于笨到在詹姆斯继位不久便以他的名字作为一个马基雅维利式反派角色的名字的。使我们今天尤为感到兴趣以及羞愧的是，一个黑人居然能够被那些排外的观众接受为伟大的领袖。奥赛罗的肤色丝毫不意味着他属于可以任人奴役的劣等种族。当时，伟大的黑人（或摩尔人，黑皮肤的人通称摩尔人）到处可见，例如刚果国王派驻罗马教廷的使臣安东尼奥·曼努埃尔·德·温思。黑皮肤的基督徒乃至非基督徒都被认为比白皮肤的穆斯林好得多，奥赛罗统率威尼斯大军去打的就是肤色比他白的穆斯林。

奥赛罗无疑是莎士比亚后期作品中最值得同情的悲剧人物，当年远比现在更能博得同情。那时，他在观众的心目中是一个男子汉，有着属于他这个种族的激烈的情欲，不仅是因为受到伊阿古的愚弄才使他心中的嫉妒发展到顶点。伊丽莎白以及詹姆斯时代的人会认为，苔丝狄蒙娜并不完全像奥菲利娅那样无辜可爱。她是威尼斯人，而威尼斯女人个个都被认为是青楼女子；她在使奥赛罗成为自己丈夫时过于无所顾忌，而且她的忤逆也不易得到人们的谅解。她在婚后虽然和蔼可亲，但是也过于随便。她的“杨柳歌”第二节显然是有失体统的：

我叫情哥负心郎，他又怎讲？
　　唱杨柳，杨柳，杨柳。
我见异思迁，由你另换情郎。[1]

然而，这出戏的情节扣人之处，或许是我们这些老于世故的人无法不假思索便轻易接受的：一个十足邪恶的幽灵向一个

1　见《奥赛罗》第四幕第三场。

品格仁厚、高尚的人兜售奸计，而居然能够得逞。

《麦克白》归根结底也是如此，只是莎士比亚在写这部悲剧时可以不使邪恶表现为某个具体的人，而是利用那迷住国王心窍的巫术。这是因为詹姆斯一世也颇为迷恋此道，甚至还曾就此写过一篇短文——《魔鬼学》。对于老妪，无论她们是单独与黑猫居住，还是身上长着许多像哺育精怪的乳头一般的赘疣，詹姆斯来到英格兰以后较他在苏格兰时或许更能加以容忍。英格兰已经开化，他的王位也显得固若金汤；苏格兰仍然处于半野蛮状态，他在那里时常会遇到危险，而这危险既潜伏于人世间，又潜伏于超自然界。当詹姆斯一世还只是詹姆斯六世的时候，他对于女巫的态度是令人生畏的，尤其是他似乎握有真凭实据证明：他母亲的第三任丈夫，那个满腹杀机的博思韦尔伯爵，始终试图以巫术达到弑君的目的。他发现了一具蜡制偶像，上面的标签写着："此乃苏格兰王詹姆斯六世，应贵族博思韦尔伯爵弗朗西斯的请求，注定遭受灭顶之灾。"有一次詹姆斯乘船去丹麦，发现有人将一些活猫缚在死人的断关节上抛入海中企图掀起风浪。魔鬼缠上了他，但是始终不能得逞，这使詹姆斯王更加深信自己是上帝的至亲骨肉，受到上帝的庇护。"他是上帝的人！"一个屡受挫折的巫婆以魔鬼的名义惊呼。就此而论，假如有谁说的话可以相信，那必然是魔鬼无疑了。

詹姆斯在苏格兰时曾经严厉斥责地方法官失职，未能给予有罪的女巫应得的惩罚。他甚至曾经亲自参加阴森可怖的刑讯，将女巫活活折磨死。但是他在英格兰只是进行一些学术研究，也曾为了探讨巫术的神学性问题协助法官盘问嫌疑犯。晚年，他对鬼神的迷信逐渐消失。历史学家托马斯·富勒说，他“对于女巫与魔鬼的法术渐渐变得将信将疑，最终断然斥之为谎言谵语”。但是，詹姆斯早年的关注足以促使地方小法官与百无聊赖的乡民恣意迫害行为古怪的无辜。整个时代依靠迷信得以兴旺。在莎士比亚看来，巫术是戏剧的好素材，适于编入一部严肃的悲剧。在琼生看来，巫术可以用于诸如《女巫的假面剧》之类供宫廷娱乐的剧目，而写《炼金术士》那样严肃的喜剧的目的，则在于揶揄那些对任何荒诞无稽的奇迹都深信不疑的人。

《麦克白》中的超自然成分，使莎士比亚得以引出一幕幻术哑剧，说明詹姆斯是班柯家族的后裔。当他在尽兴发挥其奇妙和神迹的内容时，他在最不合剧情之处插入了一小节华彩段，声称国王握有医治淋巴结核的回春妙术：

> 除了他自己以外，谁也不知道他是怎样祈求着上天，可是害着怪病的人，浑身肿烂，惨不忍睹，一切外科手术无法医治的，他只要嘴里念着祈祷，用一枚金章亲手挂在他们的颈上，他们便会霍然痊愈，据说他这种治病的天能，是世世相传永袭罔替的。[1]

1　见《麦克白》第四幕第三场。

关于詹姆斯，莎士比亚作为宫廷内室侍从，有一件事或许是会有所了解的，即詹姆斯并不相信国王真有用手一触便能治愈瘰疬的神力。那纯粹是罗马天主教的迷信，他说。但是国王对于那妄称神迹的恶感，或许是产生于他想到要用手抚摩庶民身上脓疮的厌恶心情。尽管如此，为了不显得唐突，他有时还是做出相信自己拥有那种回春之术的姿态。那么莎士比亚插入这一情节意欲何为呢？是想让自己的国王对这种装腔作势的举动感到不舒服？是想劝他认真对待这件事？是在运用一切手段编织一段传统的谄媚插戏？

威尔悠然自得地转移到了苏格兰，与他当年取得罗马或伊利里亚临时市民资格一样自在。[1]就以苏格兰为背景的戏而论，迄今尚找不到一出写得像《麦克白》那样好；其中麦克德夫的哀叹："啊，苏格兰，苏格兰！"尽管是出自沃里克郡人的手笔，却始终能够催得不列颠北部的人[2]落泪。看来詹姆斯王对《麦克白》是满意的，不过如果1606年夏季宫中是上演这出戏款待丹麦国王的来访，那么剧团或许会识时务地删节谋杀邓肯这场戏，因为詹姆斯对于这类事情一向甚为神经过敏，自从1605年11月5日发生国会炸药案以后尤为如此。

至于本·琼生，无论他曾经在暗中如何为侦破此案出力，他无疑并不属于他的朋友威尔那种受詹姆斯宠幸的诗人。由

1　指莎士比亚描写苏格兰就像以前写古罗马或伊利里亚一样得心应手。
2　指苏格兰人。

于他妄自尊大，盛气凌人，编剧时又常常过分尖锐地针砭时政，他总是与当权者格格不入。他曾与查普曼和马斯顿合写过一部喜剧，叫《东边去喽》。这三个硬凑在一起的搭档原以为取笑一下苏格兰人可以使全剧增色，不料反而引起詹姆斯的不悦。他们把弗吉尼亚殖民地描写成“只有几个勤奋的苏格兰人居住，或许他们真是散落在整个地球表面”——这是十八世纪的约翰逊喜欢用来伤害那些急于离开故土的苏格兰人的讥诮之一。这出戏还说苏格兰人是英格兰的好朋友，不过只有在他们“出了苏格兰来到英格兰”时才是如此。这种俏皮话的效果非常不佳，当权者的铁拳也落下来了。尽管如此，这事过去以后许久，琼生曾到苏格兰一游，从伦敦徒步旅行到霍桑登的威廉·德拉蒙的庄园。德拉蒙记下了琼生告诉他的关于这件事的经过：

> 詹姆斯·默里爵士向国王控告他在《东边去喽》一剧中诋毁苏格兰人。他主动要求与这出戏的其他二位编剧查普曼和马斯顿一齐坐牢。判决是他们将被割去耳鼻。他们获释后，他设宴款待诸亲好友，其中包括卡姆登·塞尔登等人。席间，他的老母亲举杯为他庆贺，并且出示一包毒药，声称一旦执行原判，她只能在狱中将此剧毒药粉混入他的酒中。她表示自己出身并不卑微，一定会先喝下这毒酒。

然而，琼生的说法令人难以置信。很难想象他会主动请狱卒打开牢门，让他到里面去品尝铁窗风味，与潮湿的石子及鼠类为伍，说“我乐于与朋友们同甘共苦”。他在《蹩脚诗人》中已经表示了自己对马斯顿的看法，而查普曼也过于博学多才，精通希腊，令他讨厌。他们在一起合作只是为了赚钱，不是为了友谊。不过，这仍是一段有趣的故事，很像琼生这种福斯塔夫式大言不惭的人物说的话，是他在霍桑登悠闲自得地呷着酒，看着主人恭恭敬敬地拿着记事簿随时准备记下他每一句话时说的。这真可谓琼生的“巧编排”（Ben trovato）。但是，有一段故事他似乎从未提到，即他是如何与凯茨比及其友人共进晚餐，又是如何听得他们谋划炸毁国会大厦的。

我们知道，每年11月5日英国儿童焚烧盖伊的摹拟像，燃放烟火，这是历史与某种古老的民间仪式重合并将之掩盖的一个例子。但是，有意思的是英国历史上发生过无数暗杀君主的图谋，唯独这一次竟如此不可磨灭地铭刻在公众的脑际。詹姆斯向其臣民强调王权受命于天远较伊丽莎白为甚：君主相当于神，以暴力谋取君主的性命——一如莎士比亚时刻准备在舞台上说明的——是颠倒纲常的渎神行为。詹姆斯的主教们布道时虽然每次长达九十分钟，又不如看戏引人入胜，却始终不忘声嘶力竭地说明王权神授的道理。可是如今竟然发生凯茨比的案件，人们几乎看到神示的世界末日一般的可怖景象扑面而来：他们这位仅以圣油沐浴洗濯的国王被炸上了天。詹斯姆的父亲也是被炸上天的，那是他母亲去参加舞会留他父亲一人在菲尔兹教堂时发生的事。

国会炸药案是天主教徒感到绝望的产物。詹姆斯娶了信奉天主教的女子为后，曾许诺天主教徒信仰自由。后来，他违反诺言，诏令残酷迫害天主教。罗伯特·凯茨比伙同其他天主教贵族以及那个骠勇的士兵盖伊·福克斯，一心乘国王、王后、亨利王子、主教、贵族、法官、爵士、乡绅等人出席新一届国会开幕之机，将国会大厦炸毁。盖伊·福克斯在大厦地下室堆放了二十桶炸药，铺上了干柴。此举是如此荒谬绝伦，人们说起它至今仍心情激动；倘若马洛在世，他无疑会为此编一出马基雅维利式的好戏，并且认定其精彩剧情为自古未见。然而，参与密谋的第十三个成员弗朗西斯·特里香，深患天主教贵族将与新教贵族同归于尽之不公（显然信奉天主教的王后不在此列，她是外国人），写了一封信给他的姐夫蒙特伊戈勋爵，说："国会中的人将遭到可怕打击而又无法知道是谁伤害了他们。此信阅毕请即销毁，免生意外。"蒙特伊戈并未销毁这封信，他将它送到索尔兹伯里伯爵罗伯特·塞西尔手中。塞西尔尽管身材矮胖、肥头大耳，却继承了乃父的全部机敏，立即呈报国王。国王想起自己生父达恩利勋爵在菲尔兹教堂的遭遇，立即敕令进行搜查。阴谋终于败露。詹姆斯王在上帝的弼佑下，不仅救了自己的性命，而且也救了整个王国。1606年，伦敦出版了一本小册子，题为《最新谋反事件破案记》。作者虽不是詹姆斯本人，却提供了关于这一案件的钦定说法。

或许因为国王已经把话说尽，戏剧家便懒得再把这位贤明君主如何揭露一宗弑君阴谋的事迹写成扣人心弦的剧本搬上舞台了。在《麦克白》中，邓肯的白银的皮肤及时地镶上一缕缕黄金的宝血。1606年圣诞节，宫中上演《李尔王》款待宾客。这出戏难以作为节日喜庆的娱乐活动，人们不知道那位热衷于寻欢作乐的安妮王后以为如何，也不知道詹姆斯本人有何感受，或许他会发现莎士比亚关于忘恩负义的谵妄幻想拨动了他的心弦。王权神授在第一幕中已是十分响亮的主题，但是就喜欢别人曲意奉迎、不愿听真话而言，李尔太像詹姆斯了，他的悲剧在于他不能容忍表里如一的诚实人。詹姆斯似乎不可能从中看到任何寓意，因为古代不列颠神话中的国王是不会有什么东西可以教给现代不列颠货真价实的国王的。再说，整出戏无非是新悲剧的一种离奇的试笔，连挖眼珠也搬上了舞台。不过，葛罗斯特关于国家衰微的一席话倒是有一点现实意义："我们最好的日子已经过去，现在只有一些阴谋、欺诈、叛逆、纷乱追随在我们的背后，把我们赶下坟墓里去。"葛罗斯特指的不仅仅是国会炸药案。但是，剧作家把故事情节编排得如此取决于通过信件揭露谋反事件，他心中想到的只有国会炸药案。时代赋予他一种戏剧手段，然而关于邪恶却没有什么新东西可以教给他了。

事实就是如此。除去那出忸怩地穿上苏格兰短裙，系上毛皮袋的《麦克白》以外，莎士比亚在詹姆斯一世时期所写的悲剧，往回看多于向周围看。即便在《麦克白》中，他也想起了埃塞克斯，我们听到的是埃塞克斯而不是考特被处决的消息：

> 我曾经和一个亲眼看见他就刑的人谈过话，他说他很坦白地供认他的叛逆，请求您宽恕他的罪恶，并表示深切的悔恨。他的一生行事，从来不曾像他临终的时候那样得体，他抱着视死如归的态度，抛弃了他的最宝贵的生命，就像它是不足介意、不值一钱的东西一样。[1]

淫荡妖妇克莉奥佩特拉的原型或许依然活着，但是女王克莉奥佩特拉的原型已经死了。她虽已离去，对新王朝的影响在某种意义上却超过在位的国王。克莉奥佩特拉的尼罗河也可以是三十年前的泰晤士河。就其反复无常、狡黠嫉妒、睚眦必报、雍容华贵、年华消逝却风韵犹存而言，伊丽莎白似乎继续活在一个出身克拉肯韦尔的摩尔或吉卜赛或皮肤黝黑的烟花女子的躯壳之中。去除一切而只保留其爱国心、力量与辩才，她便是科利奥兰纳斯的母亲、被元老们欢呼为“我们的女恩人，罗马的生命”的伏伦妮娅。同时，詹姆斯作为谁都无法仿效的原型，作为神而不是神话中的人物，他教育他的臣民要尊敬主教，要戒烟。

《雅典的泰门》中是否也有先朝的遗迹呢？主人公一开始

1　见《麦克白》第一幕第四场。

是一个类似南安普顿的贵族，富有、忠厚，也是艺术的保护者。第一幕，一个诗人正等待着向他献诗，诗句听起来难免像是出自现实生活中的莎士比亚之手：

诗句当为美善而歌颂，
倘因贪利而赞美丑恶，
就会降低风雅的声价。[1]

一名画师也在寻找庇护人，他问诗人："您又在吟哦您的大作了吗？一定又是献给这位贵人的什么诗篇了。"莎士比亚的心中无疑是在想着早年写《维纳斯与阿都尼》的往事。但是，那位诗人随即从剧中消失——我们无须怀疑莎士比亚实际上以何人自居：他就是泰门本人。把自己比作泰门是夸张、发狂、任性的，但也可以视之为作者为了避免陷入精神郁悒或智力衰退而必须采取的净化自己感情的举动。如今是新时代，不是旧时代。兼有诗人、演员、商人身份的莎士比亚已经成为一个引人敲诈的阔佬。乐善好施繁育忘恩负义；放债往往连债款和友谊都一齐失去；性爱的行为是通向疾病的大门。这部悲剧的基调，就是一个男子受够了大千世界中的阿谀奉承、吮痈舐痔、尔虞我诈以后的感情基调。泰门永远抛弃了雅典。此刻正是泰门的创造者抛弃伦敦的时候——或许不是

1　见《雅典的泰门》第一幕第一场。

永远抛弃，而是离开的时间越来越长，去享受乡间的安谧，然后不知不觉地过渡到类似退休那样的生活。说它类似退休，是因为从未有过哪位作家会真正退休的。

第十八章　新宅

New Place

从伦敦去斯特拉福有两条路线可走，一是取道埃尔兹伯里和班伯里，一是取道海惠康和伍斯托克。莎士比亚似乎更喜欢第二条路线，这样可以在牛津歇脚过夜。

“威廉·莎士比亚先生每年都要回沃里克郡一次。”约翰·奥布里曾经这样说过，然后他又谈到威廉·达维南爵士时常引以为豪的一件事。达维南是在清教徒禁戏几达二十年之后，使戏剧重新回到伦敦舞台出力最多的一个人。他自称是莎士比亚的非婚生子，莎士比亚在途经牛津时，总是在达维南夫人开设的王冠旅店下榻。奥布里说这位夫人是个“非常漂亮的女子，谈吐优雅，聪敏过人”。至于达维南，奥布里认为他时常挂在嘴上的话“损害了他母亲的名声，使人们称她为娼妇”。是啊，假若那个使自己成为私生子的嫖客叫威廉·莎士比亚，或许母亲当娼妇、自己当私生子也是值得的。

莎士比亚回斯特拉福的这两条路线，一条是走班伯里公路，另一条是走希普斯顿公路，两条公路正好在克洛普顿大桥前交叉。跨过大桥向左转入滨河路，再向右便是教堂巷。“新宅”就在教堂巷与教堂街的拐角，在这里莎士比亚有妻子安妮和女儿珠迪丝等待着他。苏珊娜已于1607年出阁，嫁给镇上那位深受上流社会欢迎的医生约翰·霍尔。

如今新宅早已不在了，但是我们还是十分了解它当时的样子。它是休·克洛普顿爵士在十五世纪九十年代修建的房子。这个斯特拉福人后来出任伦敦市长，修复了斯特拉福圣十字公会教堂，并且还架设起至今仍用他的姓氏命名的那座大桥。克洛普顿的日子过得不错，似乎也不会在那所他称之为“大宅院”的房子上惜力。房子的正面宽六十英尺，进深七十英尺，室内共有十只壁炉，就是说至少有十间房间。十六世纪中叶，有一个游客说它是“一座砖木结构的漂亮房子”。那是在沃里克郡的地主、四法学院内殿学院的律师威廉·安德希尔见它“破败不堪，即将坍塌”，把它买下进行修缮之前；那时，莎士比亚只有三岁。后来在1597年5月，安德希尔的儿子，也叫威廉，把它卖给了莎士比亚——要价六十镑，相当便宜，因为它还包括两片园子和两间谷仓。房子成交后两个月，卖主小威廉·安德希尔被他的儿子福尔克用毒药要了命，而福尔克也因此在沃里克上了绞架。呜呼，那不肖之子竟然毒死了生身父亲！是不祥之兆？是鬼魂附身？房子的新主人似乎并不特别在乎。

新房主在辞别舞台之前卜居异乡，他不得不把属于一家之主的各项事务——譬如修缮和改建工程——留给妻子办理。安妮买下了许多石料，实际上是买得太多了，因为后来镇上又从她手中买走十便士的石料（记录在案的自然是“Shaxpere先生”）。那两间谷仓使安妮或威尔有可能在伦敦街头饿殍横陈的荒年囤积谷物和麦芽。1597年2月，斯特拉福的史料中说“教堂街区的威廉·莎士比亚”有十夸脱麦芽。这一记载同时说明：莎士比亚在法定购房日期之前已经占有新宅。那时候，财产的转让颇费周折，它必须经过一个称为“法律假定”的手续，由财产受让人控告财产转让人非法阻碍自己占有财产。被告承认原告的产权，双方遂将妥协结果详细列入一份称为“结案文书尾联”的文件，即三联契约的下联。所谓三联契约，顾名思义就是在契约中间打两行骑缝，撕开成锯齿状边缘，合拢像上下两排牙齿那样啮合，以此证明文件的真伪。房产交易是卖方、买方和法庭各执一联。法庭备案的是最底下的第三联，故称“结案文书尾联”。莎士比亚在《哈姆莱特》中想到了这一切——“这家伙生前也许曾经买下许多地产，有那些……结案文书、双重保单、胜诉通知”。胜诉通知与限定财产的继承权有关。

莎士比亚对于自己在近乎大饥之年囤粮牟利似乎并不感到羞愧。买卖就是买卖。不过，他也是深知人们对于哄抬粮价的态度的。《科利奥兰纳斯》一开场就有“一群暴动的市民”要杀卡厄斯·马歇斯（后来又加称“科利奥兰纳斯”以纪念他征服科利奥里城的业绩），把他视为那些“让我们忍受饥寒，他们的仓库里却堆满谷粒”的家伙中最坏的一个。在莎士比亚身上可以看到科利奥兰纳斯的一点影子——他是一个鄙视暴民的乡绅。

然而，那些逛戏院的暴民却在填满威尔的腰包。1602 年，他可以从伦敦捎三百二十镑回家，由他的弟弟吉尔伯特充当代理人，买下孔家的一百二十英亩土地。同年，威尔又在新宅附近的教堂巷购得一间农舍给看园人居住，因为他的园子以及后来又成为他的私产的两片果园，需要雇佣一个专职的看园人照料。第二年，他又在斯特拉福镇、旧斯特拉福（镇北的农田）韦尔肯和毕晓普斯顿教区买下了价值四百四十镑的农产品什一税。此外，他还从环球剧场分红，后来又有黑僧戏院的红利。但是，莎士比亚一家虽然富有，仍然收了一户房客。苏珊娜出嫁以后，新宅腾出了房间（或许在这之前就有空房间），租赁给本镇执事托马斯·格林和他的妻子以及两个孩子居住。在保存下来的一份文书中，格林表示自己可能在 1610 年搬出新宅。人们自然会推断莎士比亚要在这一年把自己的基地由伦敦迁到斯特拉福。回到家乡之后，他在伦敦依然会保留一部分事务，但是比起他在斯特拉福的生活，那将是第二位的。他不希望自己退休后身边还跟着一个格林（对“暴发户似的乌鸦”那句话依然耿耿于怀？），也不希望别人的孩子在他的园子里吵吵嚷嚷。

1610 年，有一群人显得格外忙碌。他们正在对詹姆斯王钦定的新旧约全书译本作最后的润色。这项伟大的工程始于 1604 年，即詹姆斯王雄辩地对英格兰使用圣经的状况表示不满之后三年。国王的不满是有道理的，因为当时老百姓用的是日内瓦版的圣经，教会用的是主教版圣经[1]。日内瓦的版本

1 流亡日内瓦的清教徒 1560 年的英译本未被英国教会领袖接受，主教们遂于 1568 年译成伊丽莎白朝教会正式使用的译本，即主教版圣经。

这是画在一幅古老勘测图上的“新宅”；莎士比亚在这里度过了晚年。

非常糟糕，旁注中充满犯上作乱的情绪——“甚为偏颇、失实，蛊惑人心，有许多危险的叛逆性讽喻。”国王谕示：统一的新圣经必须通俗易懂，一目了然，没有难字。这是一条很好的原则，它产生了令人赞叹的结果。

新圣经的翻译人员共五十四名，分为六组——兰斯洛特·安德鲁斯在威斯敏斯特带两组，约翰·哈丁在牛津带两组，爱德华·莱弗利在剑桥带两组。一组译完一章之后即由其他两组仔细校核。遇到具体困难是请教大学中博学之士而不一定是找教士。旧约中的诗歌部分，如《诗篇》与《雅歌》，则请熟谙语言音韵的人审核是否和谐悦耳。鲁德亚德·吉卜林[1]在短篇小说《圣经校样》中，描写过莎士比亚和琼生二人共同讨论一位译者向他们提出的一个语言问题。人们没有理由认为这种事情不可能发生。他们是当时最伟大的诗人；圣经不仅应该是敬神之作，它也应是文学作品。

人们会乐于认为以下几段蔚为大观的文字是出自莎士比亚之手：

> 神是我们的避难所，是我们的力量，是我们在患难中随时的帮助。
>
> 所以地虽改变，山虽摇动到海心，

1 鲁德亚德·吉卜林（Rudyard Kipling，1865—1936），英国作家，作品大多描写英国殖民者在印度的生活，1907年获诺贝尔文学奖。

其中的水虽匉訇翻腾，山虽因海涨而战抖，我们也不害怕。
细拉。
有一道河。这河的分议，使神的城欢喜。这城就是至高者居
住的圣所。
神在其中。城必不动摇。
到天一亮，神必帮助这城。
外邦喧嚷，列国动摇。神发声，地便熔化。
万军之耶和华与我们同在。雅各的神是我们的避难所。细拉。
你们来看耶和华的作为，看他使地怎样荒凉。
他止息刀兵，直到地极。他折弓，断枪，把战车焚烧在火中。
你们要休息，要知道我是神。我必在外邦中被尊崇，在遍地
上也被尊崇。
万军之耶和华与我们同在。雅各的神，是我们的避难所。细拉。

无论莎士比亚是否参与其事，他本人已身在诗中了。这是《诗篇》第四十六篇。从头数到第四十六个词是 shake；不算收尾的“细拉”，倒数第四十六个词是 spear。1610 年莎士比亚适逢四十六岁。假如这纯属巧合，那么我们也可以异想天开地认为它是绝妙的巧合。属于所有世纪的最伟大散文巨著，巧妙地收入了属于所有世纪的最伟大诗人的英名。至于本·琼生，那个被父亲改名为本杰明的本，或本俄尼，他总是能够

自诩为雅各——英文为詹姆斯——的爱子。[1]这是非常近于真实的，因为在威尔打点行装回斯特拉福的时候，本·琼生的假面剧正在詹姆斯朝得势。他与英尼戈·琼斯最后闹翻并且失去朝廷的宠幸，是二十年以后的事。

在斯特拉福，莎士比亚有许多事情可做。他没有像他父亲那样谋求入选市镇议会，而是致力于“掌管国会公路维修法案之执行”。莎士比亚随剧团旅行较多，因此比大多数人都了解英国的公路破败不堪。没有材料说明他曾经为慈善事业掏过自己的腰包，不过在疫疠使女子变为寡妇、火灾使人们无家可归的时候，斯特拉福像任何其他城镇一样，倒是常常需要赈济。尤其是火灾，它给这座由木屋与茅舍构成而又没有消防队的城镇带来更大的破坏。（1594 年至 1614 年十年间，全镇共有二百幢房屋付之一炬。）镇上确实曾经募集捐款赈济灾民，但是有充分材料说明：受命募款的官吏为解救自己的困难多占了捐款的份额。

莎士比亚是业余的法律事务好手，我们当中有人认为他一度几乎成了职业律师，因此他在退休期间是可以在诉讼方面大显身手的。他曾经为了自己在韦尔肯某些土地的地界问题，同别人打了很长时间的官司；在购买那一百二十英亩土地时，又为了某些细节与孔家恶言相交。他需要索讨欠款，催逼那

1　据《圣经·旧约·创世纪》第三十五章记载，雅各之妻难产临终时给新生儿取名本俄尼，后由雅各改为本杰明，本杰明的爱称是本。

些蓄意赖账的人。清教主义在斯特拉福日益抬头，尤其是它造成镇上禁止演戏之后，更加激起了他的愤怒，使他血流加快，始终处于兴奋状态。镇上的生活并不乏味，连教堂中花样翻新地折磨人的布道，如责备居民犯了罪，因而招来大火、瘟疫等灾难，这些话会让莎士比亚那样在教堂拥有专属座位的人听得满腹愠怒或嗤之以鼻，但都还是会在座谛听。

1610年以后，莎士比亚的夫妻生活将会十分冷淡落寞，时而一言不合即遭到妻子一阵反唇相讥。那年，威尔是四十六岁而安妮已是五十四岁了。他们之间的性生活早已结束，但是安妮心中必然明了丈夫在伦敦时曾有外遇，无论是苦是甜都是对自己不忠。理查·菲尔德可能会向她透露她丈夫常去王冠旅店投宿之事，而她自己也可以找到一本十四行诗集，看到莎士比亚如何像日后奥尔德斯·赫胥黎笔下一个人物用粗话说的那样，不仅“打开了自己的心扉”，而且还解开了自己的裤子。她曾在二十多岁时如此急不可耐地寻求男女私情，但是在婚后与丈夫分居的日子里却始终过着从一而终的生活；在斯特拉福这样一个蜚短流长的城镇，舍此也别无他法。安妮也可能会像乔伊斯笔下斯蒂芬·迪达勒斯的说法，和她的小叔理查私通。如此乱伦不是没有可能的，尤其是有人认为理查一度在新宅保有一间卧室。这种行为尽管是罪孽，但并未做得有失审慎以至让她丢了体面。威尔的失慎已经以其诗章流传于世。安妮也可能像许多独守空房的妻子，变得异常虔诚，时常接待清教牧师来访；他们会告诉她戏子的职业如何渎神，并且还会留下几本小册子让她阅读，如《叛神者的头虱篦子》《藐视福音者的清肠泻肚良药》等。

莎士比亚无疑喜欢与女儿们相处，从他最后几部剧作中似乎能找到证明。人们可以认为，潘狄塔、米兰达和玛丽娜[1]的容貌与魅力，反映了为父的骄傲和慈爱。在莎士比亚的两个女儿中，苏珊娜显然是他的掌上明珠。我们将会看到，珠迪丝的不幸的婚姻使他甚为失望；而苏珊娜的亲事，就斯特拉福这样一个小镇而言，是无法使他更称心如意的了。苏珊娜二十四岁时嫁给了约翰·霍尔。三十二岁的霍尔是一个专为上流社会看病的医生，病人包括北安普顿伯爵、伍斯特主教和托马斯·坦普尔爵士。他留下了一本病案录，记载着他如何医治水肿、间日热和疥疮等疾病。对于他岳父临终前的病况，他只字未提。他或许认为保全面子比坦诚的医德更为重要。

那时候，医生无需具有起码的医学资格，连一张药剂师学会的开业证书都不需要。霍尔曾经在剑桥女王学院就读，未取得任何医科学位便中途辍学。不过这丝毫不意味着他无权自称能够救死扶伤，因为世代相传的本领比科学更为神奇。霍尔行医大量求助于清泻、发汗和催吐疗法，但是医治坏血病却采用符合科学的医术：用花和草药煎剂，补充维生素 C 的摄入量。下面摘引他在病案录中的一段记载，说明他

1 分别为《冬天的故事》《暴风雨》和《泰尔亲王配力克里斯》中的女主人公。

在 1624 年或 1625 年是如何诊治自己女儿伊丽莎白的嘴部痉挛的：

> 4 月初她去伦敦。22 日归途中受寒，致使颜面一侧出现方才所述症状……病情虽重，但感谢神的佑护，不出十六日即痊愈。治疗方法如下：……颈项用肉豆蔻、桂皮、丁香及胡椒的酒精浸剂热敷，并频频内服肉豆蔻。同年 5 月 24 日，她患间歇热：有时发热，渐渐大汗淋漓，随后又发冷，前后持续半个时辰，一日之间发作多次……就如此摆脱了死神及重病的威胁，此后多年未再患病。

这段文字的语气似乎表明：霍尔医生对于那未必真有疗效的处方居然奏效感到宽慰。人的身体是很结实的，能够经受各种药物的试验。尽管霍尔如此采取他的热敷和清泻疗法，他还是闻名遐迩。他说他要感谢神的佑护，无疑是说对了。

作为医生的妻子，苏珊娜能够经常登门安慰病家，敬神之心堪与丈夫媲美，又继承了父亲的才智，因而闻名于斯特拉福镇。她善于交际，意志坚强。但是，她至少有一个仇人，即离斯特拉福镇二英里阿尔维斯顿庄园的约翰·莱恩。此人曾不怀好意地说她"能勒住缰绳，曾同拉夫·史密斯一起缺德"。所谓"能勒住缰绳"是指在家里独揽大权，"一起缺德"就是私通。史密斯是一个经营缝纫用品和帽子的商人，与苏珊娜的姑父威廉·哈特同行，社会地位比医生低。在男女问题上如此诋毁别人的名声是必须由教会负责处理的。于是，1613 年 7 月，苏珊娜对莱恩发起反击；她向伍斯特的宗教法庭提交了一份诉状，以诽谤罪控告莱恩（她继承了乃父随时准备诉诸法律的秉性）。莱恩未出庭，而他玷污一位有身份的太太的名誉使他受到逐出教门的惩罚。苏珊娜的清白得到昭雪；给她取名苏珊娜是颇有预见的。[1]

苏珊娜是个资质聪颖、知书达理的女子，在镇上受到人们的尊敬。她妹妹珠迪丝给人留下的印象却是愚钝、乏味，而且命乖运蹇——最倒霉的就是给她起错了名字。[2] 她似乎确实不识字，因为 1611 年她在两份契约上作连署人签名时，胡乱涂了两个叉；就她而言，这并不只是因为她懒得签名。苏珊娜的签名总是字迹花哨有力。她的妹妹毕竟也是一位大文豪的女儿，那么为什么不像像样样地签上自己的名字呢？原因只能是她不识字。这个可怜的姑娘必然已经意识到，自己在双亲的心目中总是与不幸联系在一起，或许隐约间还是一个令人怨恨的对象：她的孪生兄弟哈姆奈特夭折了，而她却活了下来，给人带来痛苦的回忆。珠迪丝也可能是容貌过于丑陋，不然斯特拉福镇上一位富有自由民的千金，为什么非挨到三十才出嫁呢？那些黄花后生想到一份可观的妆奁和那自称曾在伦敦写过舞台剧本、如今又在领年金的秃老头儿将

1　参见本书第四章。
2　同上。

要留下的大笔动产和不动产，谁都会垂涎欲滴的。然而，珠迪丝待字闺中的日子却比她那位陪嫁菲薄的母亲还要长久。

关于珠迪丝的不幸婚事，既然那是在她父亲仙逝之前十周才开始的，我们尽可留待以后再说。那么，莎士比亚在自己退休以后的全部岁月中既然每时每刻都能见到珠迪丝，他对她自然也就无所谓了。但是对于苏珊娜，他是不能无所谓的。苏珊娜作为一个母亲和繁忙的医生的妻子，有她自己的事情，只能抽空回娘家看看，吃一顿饭或闲聊个把小时。这时，人们会把她当做客人款待，夸赞她的新发式，逗引和娇纵她的小女儿。珠迪丝作为家中的高级女佣（“丫头，把那瓶加那利甜酒拿来，不要那昆尼店里买的蹩脚货”），内心深处无疑会对自己的处境愤愤不平，夜间躺在床上或许还会暗暗落泪。女大当嫁，眼下这种生活是不堪忍受的。

作为外祖父，威尔自然十分宠爱小伊丽莎白。但是，苏珊娜自 1608 年生下这第一胎之后，再也未见有喜，而珠迪丝的婚事却越来越渺茫；随着流光飞逝，威尔可能会想：莎士比亚的姓氏究竟遭到什么厄运，似乎注定要逐渐消失；而且不仅是姓氏，还包括莎士比亚家族，全部男性后嗣，无论是用什么姓氏的，都一个接一个地死去。命运之神无法悄悄对他说，他威尔本人的英名将永垂不朽，若想要自己的血统也世代相传，未免奢求太多；命运之神和伦敦文坛一样，一时尚未认识莎士比亚的伟大。但是在威尔看来，一个人的血统远比事业重要。至于他的事业，他已完成自己的使命，使他能够向世人宣布：他的血统是伟大的。此外几乎仅余沉默而已。[1]

我们看过莎士比亚 1607 年至 1613 年间的家族史之后，就会明白他为何会产生一阵迷信的痛楚。他的母亲玛丽·莎士比亚于 1608 年 9 月故去，比丈夫约翰多活了整整七个年头。但是，在此之前，埃德蒙·莎士比亚已于 1607 年 12 月在伦敦先走一步，年仅二十七岁。他和哥哥一样是个演员，只是不属于国王剧团（其实威尔有足够的影响可以使他加入该剧团），安葬于如今称为萨瑟克的那座教堂的演员墓地。他生前从未娶妻，不过似乎留下一个私生子。吉尔伯特殁于 1612 年 2 月，享年四十五岁，也未曾婚配。随后便是理查，卒于翌年 2 月，三十八岁，又是未婚。这份记录是令人惊异的，尤其是考虑到那个时代人们都是讲究正式结婚的。

威尔坐在新宅的果园中注视着桑树长大时，心中有许多事情可以思忖，往事、故人皆如过眼云烟，而一个人必须学会乐天知命的伟大才能。有些作家的作品是会有助于此的，只要他们不过分摆出一副道貌岸然的面孔，卖弄枯燥无味的大道理。威尔既然是一位乡绅，自然必须拥有自己的藏书室；但是，他不想使他的藏书室充斥着波伊提乌及其与神交往的书籍[2]。他的两部诺思译的《名人传》和霍林斯赫德的《编年

---

1 这句话原文 The rest could very nearly be silence，化自哈姆莱特临终最后一句话 The rest is silence.（此外仅余沉默而已。）见《哈姆莱特》第五幕第二场。

2 古罗马后期唯心主义哲学家波伊提乌（Boethius，约 480—约 524）曾经宣称：任何灾难甚至死亡都不能剥夺人与神交往的真正幸福。

史》已经翻破，他再也不想从历史中汲取警世箴言了。可是，约翰·弗洛里奥在那新旧交替的1603年翻译出版的蒙田散文集，却是长短适中，与培根那些更为言简意赅的随笔一样，可以作为个把小时的读物。还有那些诗人，譬如说伟大的埃德蒙·斯宾塞的作品，需要重新吟味，只是他的《仙后》有些乏味，似乎在描述一个早已死亡的世界。约翰·邓恩的诗篇饶有趣味，有激情，也有理性的曲径，这二者的结合则能直接涌入威尔的心髓。不过他只能读到邓恩的手抄本，什么时候才能公开发表呢？有一些更老的诗人，如乔叟和高尔[1]，英文古怪，但是故事却很动人。高尔的《爱的忏悔》中有一段故事——“泰尔的阿波洛涅斯”——搬上舞台很可能获得成功。但是阿波洛涅斯这个名字听起来太像“波洛涅斯”，必须改掉。[2]显然，莎士比亚虽已退隐于斯特拉福，但是并未完全退出舞台。在他的藏书室中可以改编成戏的故事太多了，如薄伽丘的《十日谈》中关于吉尔内瓦的故事[3]，还有格林写的《潘多斯托》[4]。那位可怜的格林如今已不在人世，威尔也原谅了他。其实他乐于原谅所有人，或者说是几乎所有人。但是，他不会放弃任何钱财上的债务——那完全是另一回事。

1 高尔（John Gower，约1330—1408），英国诗人，乔叟的朋友。代表作《爱的忏悔》描写死后要罚入地狱的七大重罪。

2 莎士比亚后来根据泰尔的阿波洛涅斯的故事写成《泰尔亲王配利克里斯》。

3 莎士比亚以吉尔内瓦的情节为基础写成了《辛白林》，但故事背景取自霍林斯赫德《编年史》的古不列颠。

4 莎士比亚据此写成《冬天的故事》。

第十九章　天鹅终曲

Swansong

让我们回到伦敦的戏园子里。

莎士比亚走后的戏剧舞台由谁统治应是没有疑问的，而琼生也确实终于进入鼎盛时期，成为马洛的真正传人。他在早期的性格剧中曾抑制自己的诗才留待写宫廷假面剧时用——不过最后成了华而不实的东西。如今，在1606年的《伏尔蓬尼》和1610年的《炼金术士》中，他找到了一种方式把马洛的宏伟气势注入讽刺剧，将视野越过当时的伦敦，并以某种光彩夺目的颂词刻画永恒的无赖和永恒的傻瓜。伏尔蓬尼是威尼斯的老狐狸，他佯称自己家财万贯并且不久于人世。其实，他的全部财产就是那些渴望成为他的继承人的贪财者送给他的礼物。至于不久人世，人之将死，其言亦善乎？请听：

我的西莉亚，为什么垂头丧气？
你失去一个卑微的丈夫，
但找到了一位可敬的情人：
悄悄地尽情享受你的好运吧！
看，你是怎样一位王后呀！
我养活别人不是有所企求，
只是为了任人占有，任人报酬。

看这串明珠，比勇敢的埃及女王吞下的
更加光彩夺目：融化了吞下吧！
看这红玉，可以使圣马可双目失明；
当罗丽娅·宝琳娜身藏外省掠来的珠宝
星光一般走来的时候，
一颗钻石就可以把她买下；
都拿去带上，纵然丢失了也无妨，
因为还留下一副耳环，
可以将它们和这个国家全部赎还。[1]

西莉亚的丈夫已经将自己的妻子作为礼物暂时转让给别人，但是这种肮脏的事情被诗句淹没了。这是马洛的手法——让身份不相称的人吟出华丽的抒情诗句；但是马洛笔下的坏蛋是一些伟大的罪人、邪恶的英雄，而琼生笔下的坏蛋只是一些低级趣味的凡夫俗子。《炼金术士》中那个埃皮丘·马门爵士就是其中之一，他连做梦都想着点石成金，过放荡不羁的生活：

我的脚夫吃雉鸡、活鲑鱼、
红胸鹬、黑尾鹬和八目鳗。

1 据说埃及女王克莉奥佩特拉曾与安东尼打赌，用一亿银币吃一顿饭；她吞下一颗明珠赢了安东尼。圣马可是威尼斯的守护神。罗丽娅·宝琳娜是荒淫无道的古罗马皇帝卡利古拉之妻。

我自己要用白鱼须做生菜，

还要油渍香蕈；肥嫩滑腻的猪乳头

必须从怀崽肥母猪的身上刚割下，

淋上美味可口的酸辣汁。

为此我要对厨师说：那里有金子，

上前吧，做一名骑士！

我们在钦佩琼生纯熟的艺术作品之余，总是感到他笔下的人物毫无价值——道德上的缺陷使他们不足以成为严肃文学作品的题材。如此评语本应更适用于马洛的作品，但是若说帖木儿或巴拉巴斯毫无价值或缺乏道德却又显得荒唐。他们的邪恶需要由神学家而不是世俗的道德家裁断。绝对化的两大字眼——善与恶——似乎正在从英国的戏剧中消失。尽管琼生将在《魔鬼是蠢驴》中描绘地狱，那无非是老人们在吸烟室中谈论往事罢了。《浮士德博士的悲剧》的时代已经一去不复返。

约翰·韦伯斯特的悲剧不乏邪恶，他的《白魔》（1608）和《马尔菲公爵夫人》（1614）[1] 至少在语言上接近于莎士比亚最好的悲剧（然而又是在莎士比亚的悲剧基础上发展的）。以下是《马尔菲公爵夫人》中那位内疚的红衣主教出场时念的一段书：

1　英国戏剧家韦勃斯特（John Webster，1580—约 1625）主要以这两出悲剧成名。《马尔菲公爵夫人》说的是孀居的公爵夫人秘密与管家结婚，被红衣主教和她另一个弟弟勒死的故事。

关于地狱，有一个问题使我疑惑：
他说，那是一片熊熊烈火，
然而又不是人人都一样烧法。
随他说吧。内疚是多么无聊！
当我向花园的鱼池里探望时，
似乎看到一个带钉耙的东西
向我打来。

还有《白魔》中的恶棍弗拉米尼奥临死时说的话：

我的生命是黑魆魆的停尸场。
永恒的风寒使我失音难痊。
别了，光荣的恶棍们！

马尔菲公爵夫人那行凶的弟弟看到姐姐的尸体时是这样说的：

遮住她的脸；我眼花：她死得太年轻。

仅此数例便足以说明韦伯斯特的诗才是多么广博。但是，假如我们透过这些诗句，探索构成这两部悲剧的阴谋的迷宫，那么我们就会发现自己回到了昔日属于古罗马塞内加风格的《西班牙悲剧》的时代。剧中表现的邪恶不似马洛的作品中那样硕大无朋又涉及神学；腐蚀伟人的动机也不似莎士比亚的作品中那样经过仔细考察。那些阴谋以及由此引起的折磨、凶杀和癫狂，是为了引人入胜，是噱头，是为了制造多少有点腐败的娱乐而故意采用的令人毛骨悚然的手法。邪恶是表面的，这是装饰着所有意大利式浮华的马基雅维利派的特征。在莎士比亚的作品中，邪恶是内在的，是我们自身的一个侧面。

西里尔·特纳[1]的剧本——《复仇者的悲剧》(1607)和《叛神者的悲剧》(1611)——是更明显的例子，说明作者如何使用极为奇巧的语言以及连基德都梦想不到的恐怖场面俯就公众的口味，而这公众与卡利古拉和尼禄统治下的罗马人似无不同之处。虽说《泰特斯·安德洛尼克斯》精心设计的残酷之处比特纳的两部剧本更为骇人，但是莎士比亚早期的语言散发着相当的稚气，宛如一群纯真无邪的学童，吵吵嚷嚷地玩耍假扮坏人的游戏。詹姆斯一世的臣民已经完全懂得音调和韵律之中可能出现的每个令人胆寒的细微变化。我们在阅读《复仇者的悲剧》的剧情梗概时，可以超然物外，对其恐怖情节一笑了之。公爵因文迪斯的未婚妻拒绝遂其心愿而将她毒死，文迪斯便施计使公爵吻她那饱含毒汁的嘴唇，并在他倒地惨叫时用脚踩他。公爵不无道理地喊道："恶棍，除此之外难道还有别的地狱？"听着虽然过于戏剧性而不可信，但有特纳的剧词和韵律装点则不然。《复仇者的悲剧》中最后

1 西里尔·特纳(Cyril Tourneur，？—1626)，英国军人、外交官和剧作家。现在一般认为《复仇者的悲剧》为托马斯·米德尔顿所作。

一段主要台词是这样结束的：

老爷，既然我们已经永远卷入，
这就是我们的事了，不然是能避免的！
我们倘若愿意，本来可以拥抱贵族，
再袭击乞丐不如的人；但我们不愿
如此怯懦地流血，我们够了，
都很好，母亲回心转意；妹妹忠贞不屈，
大家等一窝公爵死了之后再死。永别了！[1]

无论是在韦伯斯特还是在特纳的作品中，使我们感到毛骨悚然的正是这临终前的最后一束智慧。

乔治·查普曼同样以其极为丰富的语汇和独树一帜的音韵，充实了詹姆斯朝的新编复仇悲剧：他在 1608 年和 1613 年写的两部巴锡·丹布瓦的戏[2]是十分出色的。但是，尽管他的语言刻意求工，又有流行的乖僻心理，其实这一切不就是回到《戈伯德》和《洛克赖因》[3]的年代了吗？那时的戏剧家托马斯·海伍德是会这样想的，因为他曾经写过一部不流血的悲剧——《死于恩情的女人》。剧本以当时的英格兰为背景，

1　指文迪斯说服母亲，使妹妹免遭公爵之子污辱，然后杀死仇人去自首。
2　描写主人公如何不能自制和抵御外界的诱惑，终于招至杀身之祸的悲剧。
3　《洛克赖因》是发表于 1595 年的悲剧，描写传说中的不列颠缔造者布鲁图的长子兼王位继承者洛克赖因的情人和他们所生的女儿如阿被王后溺死的故事。曾收入莎士比亚戏剧集第三对开本，但现代学者多认为它是乔治·皮尔所作。

描写一位丈夫发现妻子对自己不忠之后，没有像意大利人那样动刀子，而是将她送到一个远离自己和孩子们的地方过舒适却又是孤独的生活，使她可以在闲暇中反省自己的过失。但是她在悔恨中逐渐憔悴枯槁。临死时的一幕戏是感人肺腑的：丈夫虽然宽恕了她，却丝毫没有感伤之情。T. S. 艾略特认为其中两行会使“任何度过青年时代的男女读了都难免产生一番感触”：

苍天啊，苍天！我多么希望
收回往事，追还昨天啊！……

在莎士比亚后期，最受欢迎的戏剧家不是一个而是两个：即弗朗西斯·波门[1]，比莎士比亚年轻整整二十岁；和约翰·弗莱契[2]，年轻十五岁。二人主要是相互合作，有时也与别人合作。他们是商业性的剧作者，学识渊博，聪明能干，一心一意赚钱，观众要什么就给什么。他们之所以受到欢迎是因为他们懂得：观众，主要是女性观众，喜欢梦境甚于现实。于是他们便竭尽所能避免反映现实，因为对于现实，再借用艾

1 弗朗西斯·波门（Francis Beaumont，1584—1616），英国文艺复兴时期剧作家，以与约翰·弗莱契的合作著称。

2 约翰·弗莱契（John Fletcher，1579—1625），詹姆斯一世时期最有影响力的剧作家之一，在莎士比亚之后成为国王剧团的驻团编剧，是从伊丽莎白戏剧传统过渡到王政复辟时期大众戏剧的一个重要人物。其文学声誉一度可与莎士比亚分庭抗礼，后逐渐衰微。

略特的话就是：人类是忍受不了多少的。市民的妻子们需要甜蜜的梦，就给她们甜蜜的梦。对于这种一味追求传奇色彩和花团锦簇的资产阶级情趣，波门和弗莱契并非不敢公开表示自己的意见。在他们合编的那部非常动人的喜剧《火杵骑士》中，伦敦一家杂货铺的老板和他的妻子坐在舞台上看戏，那位老板娘喋喋不休地发表评论，表示他们喜欢看骑士的奇遇、好事多磨的爱情、严厉的监护人、奇迹出现，坏人受挫等，而且老天爷可以作证，他们花得起钱。于是作者们便俯首听命了，而俯首听命的作者在剧院中是天之骄子。就中产者而言，琼生、特纳和韦伯斯特的作品显得过于好了，波门和弗莱契的作品则恰到好处。

波门和弗莱契不断地编织着他们的传奇故事，二人分头编，合作编，也与别人一起编，其风格大同小异，堪称千人一面的泥塑木雕：

大地啊，请您为我作证！
难道还需要我来夸口？
这个被我生擒的王子，
这片国土上我的功绩，
还不足以替我说分明？
难道我真的应该吹嘘？
在这备受磨难的疆域，
哪一寸土地不曾留下

我战斗和征服的足迹？

让炫耀远远离开我吧！

波门和弗莱契的韵律是相当柔和的——他们研究过莎士比亚的诗句——但是毫无高深莫测之处，观众无需为艰深复杂的词句蹙额。故事情节和寓意都极为简单明了。遇到需要深邃道德观念的主题，他们就要滑头绕道而行。于是在《王也非王》中，兄妹二人似乎犯了乱伦罪，结果却发现他们原来不是亲兄妹。这种问题在查理一世时期约翰·福特[1]写的《可惜她是娼妇》那样的剧本中，是会正面对待而决不会要滑头的，乱伦真是发生，其全部含义贯穿到全剧之末。波门和弗莱契并不想作任何深入的挖掘。他们培植的花只有艳丽的外表，没有根。不过，他们倒是拼凑什锦蜜饯的专家。

对于新花样，莎士比亚从来都是跃跃欲试的。他写《李尔王》是想表明自己可以用任何风格进行创作，包括眼下时髦的艰深复杂的恐怖剧。不过他既然是天才，就不可能不超越时尚的局限；他对于人的心灵的关注，使他笔下的人物往往冲破形式的束缚，结果是丹麦王子的形象竟大大超出了《哈姆莱特》一剧。或许使他惭愧的是，如今他居然也在着手写波门和弗莱契那类剧本，其中第一部——《泰尔亲王配力克里斯》——

1 约翰·福特（John Ford，1586—约 1640），英国戏剧家，善写悲剧。《可惜她是娼妇》写于 1633 年。

是他编剧以来最大的败笔。1623年的对开本没有收入这部剧本，莎剧爱好者也很少为此抱怨过。这是一团糟的戏。

既然莎士比亚生活富裕而且已经退出舞台，为什么还会屈尊加入这场卑劣的竞争呢？很可能他在一次访问伦敦或国王剧团到沃里克郡巡回演出的时候告诉伯比奇，高尔的《爱的忏悔》故事情节合情入理，应该委托一个人改编成戏。受托的人可能是一个叫乔治·威尔金斯的打杂文人，其文辞之芜劣无疑使剧团不得不把威尔请回，尽量挽救这出戏。我们不敢相信扮演剧情解释者高尔老人的这番话是威尔写的：

从往昔的灰烬之中，
来了俺这白发衰翁，
唱一支古代的曲调，
博你们粲然的一笑。
在佳节欢会的席上，
这诗篇常被人歌唱，
贵人淑女午睡方醒，
也曾赖它消愁解闷。[1]

剧情也是包罗万象、破绽百出，有乱伦、翻船、海盗、生还的亡妻、未遂的谋杀、奇迹的出现，等等，根本没有使人物

1 见《泰尔亲王配利克里斯》第一幕序曲。

性格展开的余地。不过从渔夫的对白和妓院那场戏中（“咱们从来不曾像现在这样缺货，”那鸨妇说，“一共只有三个粗蠢的丫头，她们充其量也只能像现在这样应付；而且因为疲于奔命的缘故，都已经跟发臭的烂肉差不多了。”），尤其是从那位在海上诞生后即失踪的美丽的玛丽娜身上，倒是可以看到莎士比亚的手笔：

> 我的最亲爱的妻子正像这个女郎一样，我的女儿要是尚在人世，一定也和她十分相像：我的王后的方正的眉宇；同样不高不矮的身材；同样挺直的腰身；同样银铃似的声音；她的眼睛也像明珠一样，藏在华贵的眼睫之中；她的步伐是天后朱诺的再世；她的动人的辞令，使每一个听者的耳朵在饱聆珠玑以后，感到更大的饥饿。[1]

但总的说来，人们需要把《泰尔亲王配力克里斯》视为莎士比亚全部圣书中的一部，降心相从加以阅读，然后喝上一两杯解闷酒，再把它丢到脑后。

《冬天的故事》则拼凑得令人赏心悦目得多。但是它的形式呆板，要靠致辞者扮演“时间”上场，交代戏的第一和第二部分之间已经过了十六个春秋，琼生看了必然会慨然长叹（难道威尔就怎么也学不会？）。不过剧中还是有这样的台词：

1　见《泰尔亲王配利克里斯》第五幕第一场。

即使在现在，当我说这话的时候，一定就有许多人抱着自己的妻子，却不知道她在他不在的时候早已给别人揩过油：他自己池子里的鱼，已经给他的邻居，给笑脸先生捞了去。[1]

说这番话的是西西里国王里昂提斯，他毫无根据地认定王后赫米温妮与他的挚友有奸情。用弱介词 by 作一行的尾词（十五年前谁会想到如此收尾？）[2] 和“笑脸先生”，仅此神笔则足以证明作品之真伪。还有奥托里古斯那几场排得太后的精彩戏和那位迷人的潘狄塔。扮潘狄塔的童伶很可能同时反串出场不久便夭折的小王子迈密勒斯。果真如此，这对莎士比亚其人便包含着意义深刻的死而复生的内容。哈姆奈特死了，但是一个爱女代替了他；他们长得一模一样。

《辛白林》中有一曲哀悼一个早逝男孩的挽歌，委婉动人：

不用再怕骄阳晒蒸，
不用再怕寒风凛冽；
世间工作你已完成，
领了工资回家安息。
才子娇娃同归泉壤，
正像扫烟囱人一样。[3]

1　见《冬天的故事》第一幕第二场。
2　原文：And his pond fish'd by his next neighbor, by /Sir Smile, his neighbor.
3　见《辛白林》第四幕第二场。

不过，那男孩只是睡着了，他醒来时变成了另一个失散的女孩伊摩琴。《辛白林》是莎士比亚炮制的最为怪诞不经的一出戏，背景是正在受到罗马人入侵的古代不列颠，而罗马本身却又是文艺复兴时期的意大利首都。剧中有一个叫波塞摩斯的不列颠人，又有一个叫阿埃基摩的意大利人，中间由他们的朋友、一个叫菲拉里奥的罗马人填补其时间差距。主要情节是典型的波门和弗莱契式的：丈夫为妻子的贞洁与人打赌，受人骗后误以为妻子失节而极残酷地惩罚她。霍林斯赫德的人物和薄伽丘的故事被生拉硬拽地捏合在一起。这出戏像《泰尔亲王配力克里斯》一样，似乎说明莎士比亚又在与别人合作。为什么要与人合作呢？难道他在半退休期间没有更好的事情可做？

《暴风雨》虽然也属于这类新浪漫主义神话故事的风格，倒很像是出自莎士比亚一人之手；尽管莎士比亚随后还写了一出戏，但是《暴风雨》使人感到它是埃文河上这只长鸣天鹅的终曲。老魔法师普洛斯彼罗也是一个惹人厌烦的人物，有时候似乎也有自知之明；然而他的女儿米兰达却是莎士比亚最后塑造的最讨人喜欢的女主人公。作者在表现野性奴隶凯列班的本能冲动和小精灵爱丽儿富于诗意的想象力时，大胆的拟人化手法运用得很成功，甚至连凯列班都被莎士比亚在其根深叶茂的垂暮之年的抒情魅力所打动，他说：

> 不要怕。这岛上充满了各种声音和悦耳的乐曲，使人听了愉快，不会伤害人。有时成千的叮叮咚咚的乐器在我耳边鸣响。有时在我酣睡醒来的时候，听见了那种歌声，又使我沉沉睡去；那时在梦中便好像云端里开了门，无数珍宝要向我倾倒下来；当我醒来之后，我简直哭了起来，希望重新做一遍这样的梦。[1]

莎士比亚通过这出戏，像通过其他传奇故事一样，非但表明自己愿意给人们一些梦想，而且还暗示：一旦自己真的爱上假面剧的形式，就可以写出怎样的戏。普洛斯彼罗排演的那幕简短的假面剧是动人的，它在神话故事中有其一席之地；这神话故事由于注入了一种听天由命的人生哲学而得到加强。普洛斯彼罗说：这个世界是一个幻境，会飘忽不定，甚至烟消云散，宛如某个天上的英尼戈·琼斯设计的一出戏。这种见解是蒙田的，蒙田曾说："La vie est un songe ... nous veillons dormants et veillants dorimons."[2]（顺便提一句，沉船后那些显贵们关于乌托邦式的岛屿的那番议论同样取自蒙田的作品。）这是一种颓靡的人生哲学，它似乎与剧中莎士比亚便是在其更为生气勃勃的岁月中都未能超过的语言魅力格格不入。斯丹法诺和特林鸠罗这两个醉汉怒打着风，"因为风吹

1 见《暴风雨》第三幕第二场。
2 法语：人生是梦……我们醒时是睡，睡时是醒。

到了他们的脸上，痛击着地面，因为地面吻了他们的脚”。鲁钝的凯列班提到的不只是一般的清水，而是“清泉”（quick freshes）——死水必须变成活水。整个地球都狂热地活跃起来，连地底的瞎眼鼹鼠都在谛听人类的脚步声。倘若莎士比亚是在诗意地辞别剧坛，他一定要表示这是出于自愿，并非迫于机能衰退。魔法师是在自己依旧法力无边时宣布放弃这种狂暴的法术的。随后，他看到自己的女儿嫁了一位如意郎君，就要

……回到我的米兰，在那儿等待着瞑目长眠的一天。[1]

米兰应该读作斯特拉福。顺便说一句，这部拜别之作使用如此咆哮的标题是多么具有代表性呀！

其实，《暴风雨》并不完全是莎士比亚的临别赠言。他在美人鱼饭店的一次鱼宴上与朋友谈论流光易逝时可能会说，他感到遗憾的是未能完成那部长篇英国历史传奇剧。他只是写到第一个都铎家族的国王登基，在伊丽莎白朝再写下去则有失审慎；况且长期以来有明令禁写历史题材的剧本。再说亨利七世王朝似乎也没有什么值得大书特书之处：兰伯

1 见《暴风雨》第五幕第一场。

特·辛奈尔与珀金·沃贝克的冒险行动[1]无非是搔痒小事，国王的人品也毫无魅力可言。不过他的儿子倒是与众不同；这儿子的女儿如今许多人都公开说是私生儿，只是她已不在人世，不可冒渎。[2]遗憾的是公众的口味不再对真人真事的历史剧有利，他们喜欢波门和弗莱契随时都可以炮制的神话般的国王和王后。同样遗憾的是，就时间与精力而言，他威尔已经难以独力仔细研究亨利八世的朝政并以此为题材写出一部剧本。是啊，伯比奇会说，无需一切都由你单独去做嘛。可以找人合作。为什么不找约翰·弗莱契那样的年轻人试试看合作得怎样呢？写一部关于亨利八世的戏，或许就写到伊丽莎白出世，对环球剧场是会大有好处的。有热闹的庆典，锣鼓喧天，礼炮齐鸣，是一出真正的露天戏。我们在黑僧戏院上演那种卿卿我我的东西已经太多，眼下该是我们重新放开嗓门的时候了。

于是，《亨利八世》应运而生。这出戏并没有恣意添枝加叶地虚构，而是把亨利王描写成一如老年观众的父辈记忆中的人物：既和蔼可亲又会暴跳如雷。它没有卷入关于国王的离异、安妮·波琳的女儿以及与罗马教廷的决裂是否合法的争

---

1 1487年和1497年的两次企图推翻亨利七世夺取王位的行动。辛奈尔（Lambert Simnel，约1472—约1534）自称玫瑰战争中约克家族的继承人沃里克伯爵爱德华，谋反失败后得到赦免，留在王室中供职。沃贝克（Perkin Warbeck，约1474—1499）原为佛兰芒丝绸商，自封约克公爵理查四世，事败两年后被处以绞刑。

2 指亨利八世和伊丽莎白一世。

论，只是摆出事实，不下断语。它在环球剧场首演时，戏名虽为《事事真实》，却来不及说出多少真实的事情。第一幕最后一场戏是发生在约克府大厅。安妮·波琳及“各色各样的贵族、贵妇人”上场。亨利·吉尔福德爵士代表红衣主教大人向他们表示欢迎。宫内大臣和山兹勋爵、托马斯·洛弗尔爵士同上。接着，奏木管或双簧管乐，伍尔习红衣主教偕众多侍从上场。筵席开始。舞台外，亨利王“及其他人等，各戴假面具，牧羊人装束”准备不期而至，想使红衣主教出乎意外。亨利将在这次欢宴上遇见安妮·波琳，并且迷上了她。但是首演时，这场戏演到鼓号和礼炮声预报国王及其侍从到来便戛然而止，因为点燃礼炮的火绳杆也点着了环球剧场的茅屋顶。火势迅速蔓延，不可收拾。

于是，1613 年夏季，《暴风雨》中普洛斯彼罗的预言得到了应验：“地球自身”也烟消云散了。木结构迅速燃烧，一座宏伟的建筑瞬间化为灰烬。琼生说他“看着这世界成了一片废墟”。没有人受伤，只有一个观众裤子烧着了，但很快就被他用一杯麦酒泼灭了。不过国王剧团的物质损失必然令人十分痛心，除环球剧场整座漂亮的建筑物以外，戏装、道具、脚本全部荡然无存。谁知道莎士比亚本人还有什么未以四开本发表的剧本，与环球剧场一同付之一炬而未被收入 1623 年的对开本呢？

后来，人们又造起了一家环球剧场，但是它将与依然在世的莎士比亚毫不相干了。1613 年的大火标志着他的戏剧生涯的结束。他曾经如此呕心沥血地促使这座剧场的诞生，剧场的毁灭宛如他的一部分器官或肢体的毁灭。如今是真心实意地告老还乡的时候了。

第二十章　遗嘱
Will

这位老伶人离上帝对他的最后召唤尚需等待三年。在此期间，他不是扮演一个用阉鸡填圆肚皮的法官，便是扮演一个趿着拖鞋、疯疯癫癫的干瘪老头儿。不知何故，我们总是无法把他看作夏禄式的人物。他更像那个偷窃衣物的奥托里古斯而不像乡绅。我们也无法认为他会像领年金的乡绅那样染上猎兔宰鹿的嗜好，因为他一向是站在被追猎、被宰割者一边的。乡绅于他与其说是社会地位，莫如说是一种角色。凡是有一点造诣的艺术家永远都不可能成为一个地地道道的绅士。他心中的魔鬼会在教区会议上跑出来；人们还说他常在小酒店里喝得酩酊大醉。

然而，莎士比亚生来就是一个乡里人，他可以在这悠闲的日子里重温儿时学到的关于花鸟鱼虫的知识。如今他从书本中再也得不到什么了，甚至连神仙、仙女和古代的英雄豪杰或许也只是存在于挂满新宅四壁的油画和绣卷之中。我觉得他在这桑榆暮景比在进行写作时更有可能认真研究音乐。他早就认识一些音乐家，例如托马斯·莫利就曾为他剧中的部分抒情诗谱曲，甚至在主教门时还是他的近邻。当时他感到音乐这门手艺尽管如此接近于自己的行业，却多少有点神秘。现在是多学一点的时候了。

他曾经在《爱的徒劳》中为霍罗福尼斯创作过一段六个

音符的音乐主题。奇怪的是，后来竟然再也没有哪一位音乐家重新加以研究和发展。CDGAEF[1]——这适用于基础低音，可以发展成赋格[2]的主题。如果提高三全音或降低三全音重复一遍，便能得到适用于序列音乐的完整的十二音基础主题（Grundstimmung）[3]。我们期待着有朝一日听到以威廉·莎士比亚音乐主题为基础创作的变奏曲。

我可以看到，更确切地说是听到，莎士比亚一家人围坐在新宅客厅的桌旁，面前摊开着一首小曲的乐谱。这种乐谱印刷别致，从四个角度的任何一角都可以看到其中一个声部。我想苏珊娜大概是一个女高音，音色清脆甜美，读谱能力强。珠迪丝的嗓子不太好，学东西慢，只好默不作声做听众。女婿霍尔是男低音。安妮是女低音，声音低沉。威尔自然是个男高音了。

威尔想谈论文学就会欢迎迈克尔·德雷顿来作客。亨利·雷恩斯福爵士的府第在埃文河畔的克利福钱伯斯村，德雷顿时常在他家小住。霍尔医生也确实曾经在那里治愈过他的间日热，给他服用的催吐剂因为紫罗兰香露放得太少而臭不可当。亨利爵士夫妇都是博学之士，爵士夫人曾经是德雷顿

1 即 do，re，sol，la，mi，fa。

2 赋格曲是一种严谨的复调音乐。贯穿全曲、在各声部轮流出现的主要音乐素材称为“主题”，乐曲开始时由一种乐器奏出主题，然后其他乐器依次根据对位法对主题加以发展。主题旋律一般简单而富有特性。

3 “十二音体系”是美籍奥地利作曲家勋伯格（Schoenberg，1874—1951）首创的无调性序列音乐，乐曲由互为半音关系的十二个音为基础。

早年十四行诗的“意念”[1]。德雷顿比威尔大一岁，但是一直活到 1631 年才尽其天年。时下他正在写一首题为《多福之国》的长诗，描写英格兰的自然景色，以游记的形式对名山大川作系统的介绍，还涉及当地的一些史实。或许正是威尔的《亨利五世》启发了德雷顿写下他的关于阿金库尔[2]的诗篇，它的第一行是“顺风驶向法兰西”。这首诗是对弗吉尼亚殖民者的一曲颂歌，至今依然具有令人全身振奋的力量：

在遥远的疆场，
产生我们的豪侠
同样造就了你们；
并将我们的英名
立在我们北方
无人知晓的星下。

莎士比亚深知世界日益开阔。他的《暴风雨》已经有了一丝新疆域的情味。他在写《哈姆莱特》的时候，很可能想起了威廉·帕里的《安东尼·雪利爵士[3]游记新详本》，其中包括航海途中看到的真正奇观，而不是内陆水手编造的三头人

1 参见本书第九章《意念之镜》。
2 法国北部村落，亨利五世大败法军于此。
3 安东尼·雪利（Anthony Shirley，1565—1636），英国冒险家，曾组织海盗船队去牙买加和北非，在欧洲大陆作过广泛旅行，1613 年发表《波斯游记》。

和能爬树会说话的鱼等骗人的奇谈。帕里谈到“那灿烂、清澈的天穹覆盖着大地”，哈姆莱特则说是“这个覆盖众生的苍穹”。在帕里的心中，天底下有许多尚待发现的奇景，可以代替人们仍在寻觅的天国。哈姆莱特知道：无论这一好奇、探索的新人种——文艺复兴式的人——如何成为万物的灵长，他依然会有梦魇。

莎士比亚是否十分关心自己身后的归宿呢？每逢礼拜日，牧师们总是不厌其烦地叮嘱他：除非万能的造物主伸出他那无限仁慈的手，像伶人和编剧那样误入歧途的人死后可能会坠入一片火海与黑暗。以他的作品判断，他对于宗教毫无马洛那种残存的痴迷。十八世纪时有人说，他“死时信奉罗马天主教”。这和说他死时半心半意地信奉英国国教一样，都是可能的。但是无论他死时信奉什么教，人们不能认为他会利用自己最后的闲暇，认真考察这两大教派的主张。他的作品是基督教文化的产物，然而这文化由于专注于古代的罗马，包含着非基督教的成分。琼生的卡图鲁斯式的诗篇以及由他产生的那一批诗人，津津乐道未来的难明长夜，认为享受那瞬息即逝的阳光则是眼前的任务。莎士比亚已经享受过自己的阳光明媚的瞬间，当白昼将要逝去的时候，他准备迎来黑夜。

立下一份遗嘱是一个乡绅的责任，威尔认真地负起了这一责任。我们不知道他是否已经预感到自己将不久于人世，但他是在 1616 年 1 月，即逝世前两个月，拟好自己的遗嘱第一稿的。他在写剧本时总是一气呵成，从不起草，可是遗嘱比剧本重要得多。从拟好初稿到最后定稿，中间发生了一些事情，迫使他作重大的修改。这些事情涉及他的女儿珠迪丝。

在斯特拉福教区的记事录中有这样的记载："1616 年 2 月 10 日，托马斯·昆尼先生娶珠迪丝·莎士比亚为妻"。珠迪丝终于在年近三十一的时候出嫁了。新郎只有二十七岁，是莎士比亚家和整个斯特拉福镇所熟悉的一户人家的孩子。他的父亲理查·昆尼一度是莎士比亚家的邻居和朋友，是个体面、正经的人，只是家景不甚阔绰。他曾做过葡萄酒的生意，1592 年和 1601 年还两次出任镇长。1598 年，他住在伦敦中部东四区卡特巷的钟声旅店，并在那里给莎士比亚写过一封信（这是保存下来的唯一信件），向那位比他有出息的同乡告贷三十镑钱，帮助他"偿还在伦敦欠下的全部债务"。钱是借到了，但是以威尔的为人，必须偿还是毫无疑问的。理查·昆尼于 1602 年去世，留下的葡萄酒生意由他的遗孀在儿子托马斯的襄助下经营。托马斯租下一家客栈，以便扩大生意推销他从伦敦或布里斯托尔远道运来的葡萄酒，并且认为自己既然做了客栈老板，应该是择偶成亲的时候了。他选中了珠迪丝·莎士比亚。

将自己的小女儿许配给一个客栈老板，这很难说是威尔的本意，尤其是这门亲事办得像他当年一样仓促得蹊跷。说它仓促是因为 2 月 10 日是属于需要特许才能结婚的日期。许多年以前，威尔和安妮的特别许可证是通过正常手续从正当的主管人伍斯特主教的手中获得的。然而，托马斯·昆尼的特别许可证却是取自斯特拉福的教区牧师。这显然是很反常的，使他（按理应是那位牧师）受到伍斯特宗教法庭的传讯。他拒绝出庭，或是忘记出庭，因而受到罚款和逐出教会的处分。新婚燕尔发生这种事情，不能说是个好兆头。

威尔想到自己年轻时的遭遇，很可能怀疑仓促完婚的原因，但事实并非如此。珠迪丝并未珠胎暗结。但是有一个叫玛格丽特·惠勒的姑娘约在九个月之前失身于那个不能自持的昆尼，而这件私情终于在昆尼婚后一个月左右败露，其结局甚为悲惨：惠勒小姐和她的新生儿母子双双离开了人世，并于 1616 年 3 月 15 日举行了葬礼。3 月 26 日，经威尔的老房客格林律师起诉，昆尼在法庭上供认自己曾“与该惠勒发生性关系”，并对此自然感到遗憾。他有充分理由真正感到遗憾，因为就在开庭前夕，他的岳父对遗嘱作了重大的修改，大大削减了可怜的珠迪丝应继承的份额。她要为自己轻率的婚事受到惩罚；但是日后的事实表明，这桩轻率的婚事本身便是严厉的惩罚。

法庭判决托马斯公开以苦行赎罪。他必须白布裹身，连续三个礼拜日去教区教堂，使布道者可以在大庭广众之中如此这般地谴责他：“看哪，私通者的罪恶是如何受到他身上圣洁的颜色斥责呀！”不过，那个私通者付了五先令罚款，逃过了这种谴责；价钱非常公道，但是除了莎士比亚、霍尔两家和那位过门才六周的不幸的新娘外，斯特拉福人都感到大失所望，因为他们失去了三次其味无穷的幸灾乐祸机会。托马斯显然不是一个好人。他得以攀附上莎士比亚家这门高亲，凭的就是欺诈手段。他没有按婚约的规定，拿出他那份价值一百镑的土地。后来，他又因骂人和在客栈里纵容房客酗酒而受到罚款处分。有人说他遗弃了自己的妻子，但是找不到根据。谁都不知道他死于何时何地。他的客栈叫“樊笼”，这于珠迪丝倒是名副其实的。旧址现在是一家专营汉堡包的店铺。无论是客栈还是快餐铺都不是堂堂高雅的营生，即便是在珠迪丝这个饱经风霜的坚强女子 1662 年与世长辞三百余年之后的今天也是如此。

莎士比亚立下的遗嘱规定由珠迪丝的姐姐继承全部家产，包括新宅、亨利街的两所房子、伦敦黑僧戏院内的一处房屋和“我的其他房产、地产以及全部得以继承的财产”。这些财产在苏珊娜百年之后，将由她的长子继承——威尔对于自己无男性后嗣心犹未甘——倘若苏珊娜身后无子而其男性继承人约翰·霍尔尚在人世，财产则由他继承。（结果霍尔医生于 1635 年去世，而苏珊娜却一直活到 1649 年。）此后，财产遂由珠迪丝的儿子继承。珠迪丝本人所得甚微：遗赠给她嫁妆一百镑；她若放弃自己对教堂巷那所房屋的权利，可另得五十镑。她或她的任何一个子女倘在遗嘱签署生效三年之后依然在世，将可再得一百五十镑，但是她只可支取利息，不得动用本金。她的丈夫如未将同等价值的地产划入其妻子或子女名下，则完全无权支配这笔钱。

莎士比亚盼望外孙心切，生前始终未能如愿。1616 年 11

月，珠迪丝得一子，取名莎士比亚，但在襁褓中便夭亡了。次子理查生于 1618 年 2 月，卒于二十一岁，身后没有子女。第三个儿子托马斯于 1620 年 1 月出世；他是珠迪丝的最后一个孩子，也只活到十九岁。苏珊娜的独生女儿伊丽莎白结婚两次，但是始终未曾生育儿女。惟有威尔的妹妹琼·哈特能为莎士比亚家族生育男性后代。她的孙子乔治膝下有两个女儿，叫琼和苏珊娜，以及一个儿子，叫莎士比亚。但是，威尔本人的厄运几乎是神差鬼使：他最终连一个男性亲骨肉都没有。

伊丽莎白·霍尔的第二个丈夫是个爵士，叫约翰·巴纳德爵士。这样，莎士比亚家族终于有了一位略高于乡绅的低等级贵族，但是此时威尔早已不在人世，无法知道了。伊丽莎白夫人作为莎士比亚最后一个嫡系后嗣，继承了莎士比亚的全部遗产，后来又平均地传给了哈特和哈瑟维两家。这样分看来是公平合理的。于是，莎士比亚·哈特除了继承莎士比亚的名字以外，还得到了一份遗产，不过究竟有多少，我们不得而知。就遗产而论，我们也根本不知道威尔的动产一共有多少钱，是几百镑还是几千镑。在珠迪丝去世那年就任斯特拉福教区牧师的约翰·沃德，曾经听说莎士比亚“平均每年花费一千镑”，这在当时是相当可观的。不过无论他花多少钱，总不会花在不必要的地方，而且我们也可以断定，他决不会寅支卯粮。

说到哈瑟维这个名字，我们便接触到威尔传给他的遗孀那份财产的谜。他留给她的是那张“仅次于最好的床”，除此

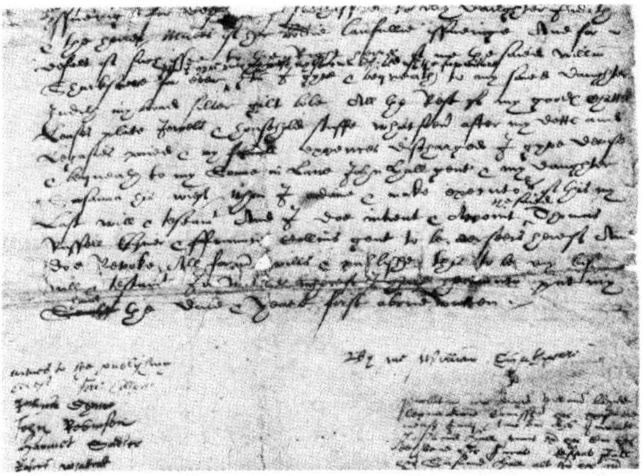

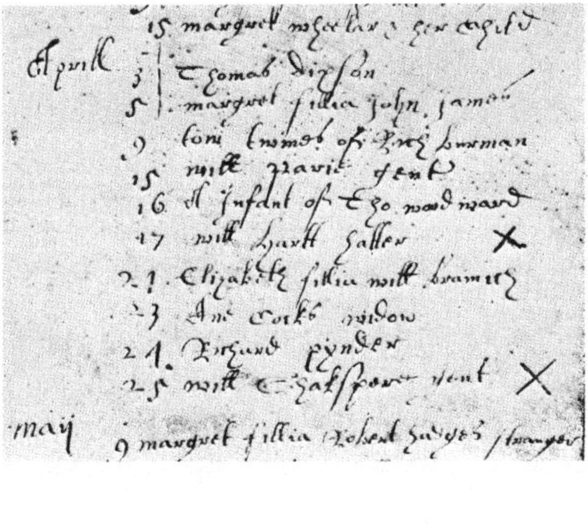

上图：莎士比亚签署的遗嘱，这大概也是他最后一次握笔。

下图：关于莎士比亚安葬于1616年4月25日的记录。

之外别无他物。无论这份孤零零的遗产有何意义，他在遗嘱中为她立下的条款实际上并不像看上去那么苛刻。按不成文法，她可以得到她作为未亡人应得的那份财产以及苏珊娜夫妇继承的那所大宅院中她作为孀居老太太的一席之地。能与苏珊娜住在一起，就心满意足了，而且她与女婿也相处得相当不错。那张仅次于最好的床放在单独的一间卧室，这卧室自然便不可分割地归她所有。那张最好的床是放在户主的卧室，理所当然要属于财产继承人苏珊娜所有。这也是一种澄清如何分割住房的办法。如果从坏的方面看威尔，我们可以认为那张等而下之的床就是安妮自己从肖特里娘家带来的双人床；因此，威尔无非是给了她本来就属于她的东西。这意味他对她缺乏感情或毫无感情，有的只是一种长期以来世人不知道的厌恶，希望自己长眠地下之后仍能羞辱她。不过，我们还是让威尔继续讨人喜欢吧！

1616 年 4 月，威尔的最后时刻终于来到了。约翰 · 沃德牧师的记事簿中提到莎士比亚与迈克尔 · 德雷顿和本 · 琼生的一次“欢聚”。莎士比亚吃了许多腌鲱鱼，喝了许多莱茵白葡萄酒。他出了汗，受了寒，终于弃世而去。如果死因确实是暴饮暴食，那么霍尔医生在他的病案录中未作任何记载是经过慎重考虑的。威尔可能已经比较虚弱，这也许是因为他染上了性病、季节性风寒或心肌梗塞，或任何一种我们想加在他身上的疾病。他的一生过于操劳，心力交瘁，女儿的婚事又使他心烦意乱，因而在那最后的一个春季，他或许已经没有强烈的求生欲望。他或许已无心爱惜自己的身体，遂在琼生相劝之下肆意狂饮，在闷热的房间里出了许多汗，然后不穿外衣、不戴帽子就送客出门；别人提醒他四月夜晚春寒料峭，当心受寒，他却一笑置之。若是染上了急性肺炎，他女婿那些催吐剂和糖浆是无法奏效的，这样就足以要他的命。关于德雷顿和琼生二人在一次怀旧的酒宴上推波助澜的说法，我是能够接受的。德雷顿常在这一带小住。琼生或许不会愿意从伦敦专程骑马北上去斯特拉福探望老友，不过后来他在1618年曾经徒步去苏格兰，或许他在1616年已经开始以步当车作长途旅行了，斯特拉福自然是他要歇脚的一个地方。但是，威尔之死可能使他颇为沮丧，跨上马背回伦敦，推迟了自己的减肥壮举。威尔是在4月23日与世长辞的。按历来的说法，这也是他诞生之日；倘若如此，他便是整整活了五十二个春秋。教区记事录中记载他的葬礼是在1616年4月25日，并称他为“威尔·莎士比亚，乡绅”。

根据他的身份，他安葬在圣三一教堂。他的半身像有点滑稽，不过那位雕塑家显然认为莎士比亚比较肥胖，自鸣得意，而且还略显蠢钝。不知是谁写下了这样的碑文：

好朋友，看在耶稣分上，
莫要挖开这里的墓葬。
容此碑石者老天保佑，
移我骸骨者要受诅咒。

这是属于《泰尔亲王配力克里斯》中扮演剧情解释者高尔老人所吟哦的那类打油诗。尽管如此，它仍旧是动人的，从他那些伟大的剧作中引述几行适当的诗句，也未必能够如此动人。那句诅咒的话十分可怕。所幸者我们大家都得到了老天的保佑。或许只有那些为他撰写传记的人除外，他们受到了诅咒。他们发现这些骸骨一旦被移动，便不能还莎士比亚一个真实鲜活的面目。倘若是莎士比亚本人写下了这几行字——这是很值得怀疑的——那么这是他所有诗句中唯一未加歪曲而又虔敬地提到耶稣的一首。

安妮的最后责任就是在亡夫的眼上放上几枚硬币。随后，她便开始安度其孀居的生活。她于 1623 年谢世，享年六十七岁。同年，第一对开本问世，但是安妮未能等到这一天（当然她也可能并不十分感兴趣）。威尔的这部戏剧集是约翰·海明琪和亨利·康德尔共同努力的结果，威尔生前还曾按当时的习俗，给他的这些朋友和同事留下了购买服丧指环的钱。第一对开本收入了莎士比亚作为唯一或主要作者的全部剧本，但是没有收入《泰尔亲王配力克里斯》，目录中也没有列入《特洛伊罗斯与克瑞西达》。后者可能是因为在与四开本出版者交涉再版时遇到了困难，直到对开本开印以后才得到解决。《特洛伊罗斯与克瑞西达》虽然原来是作为喜剧写的，在对开本中却成了第一出悲剧。

海明琪和康德尔辑成这部伟大的戏剧集是出于对死者的怀念，后世无论如何感激他们都不为过。詹姆斯王是最幸运的一位君主，因为两部最重要的英文书都出在他的朝代，前后只隔十二年。第一对开本是由剧团的人而不是博学的编辑集印的，可以看到国王剧团自用的演出脚本的本来面目，尽管常有涂改走样之处。这个本子是题献给彭勃洛克伯爵和蒙哥马利伯爵的，但是也未忘记"广大的读者"。约翰·海明琪和亨利·康德尔在一篇风趣动人的致读者辞中，说到他们的老伙伴如何才思敏捷，笔墨流畅："他心手并驰：心之所至，随手便成文章，得心应手，交来的稿本几无一处涂改。"后来，琼生在一篇追忆中甚至希望威尔当时曾多作涂改，说他才思过于敏捷，落笔一泻千里，需要加以约束，使他放慢速度，冷静、平息下来。

但是，琼生是以朋友而不是评论家的身份为第一对开本献诗作序的。他显得高尚、睿智、深情、豁达，所作的颂扬既无保留又不过分。他深知自己称之为"我所钟爱的"那个人的价值；在此之前，对莎士比亚作过恰当评价的人不多。在许多人看来，他比得上弗莱契或查普曼，显然超过德克，是个相当优秀的剧作家，但不是一个光照人间、永垂不朽的人物。在琼生看来，他"不属于一个时代而属于所有的世纪"，其悲剧堪与欧里庇得斯和索福克勒斯媲美，喜剧可与阿里斯托芬及泰伦斯并驾齐驱。尽管他机敏、犀利，以雷霆之气势震撼舞台，"埃文河上的可爱天鹅"始终是"温文尔雅的莎士比亚"——缄默深沉，和蔼可亲，豁达大度。

在马丁·德鲁肖特为他镌刻的第一对开本卷首画的说明

中，莎士比亚依然被称为“温文尔雅”。这幅肖像从未特别令人喜欢，科学家布雷恩勋爵说它长了两只右眼，《成衣匠与裁剪师》杂志则认为那件外衣有两片左襟。那相貌恰似一个风尘仆仆的推销员，为一家贪得无厌、冷酷无情的商号奔波得快要秃顶了。耳后的头发修剪得长短适中，暗色的衣服也还算得体面；这样的装束出现在斯特拉福哪家酒店的柜台上，几乎是不会引起人们注意的。

我们大可不必抱怨没有一幅令人满意的肖像。要想知道莎士比亚的相貌，我们只需照一下镜子。他就是我们自己，是忍受煎熬的凡人俗士，为不大不小的抱负激励，关心钱财，受欲念之害，太凡庸了。他的背像个驼峰，驮着一种神奇而又未知何故显得不相干的天才。这天才比人世间任何天才都更加能够使我们安于做人，做那既不足以为神又不足以为兽的不甚理想的杂交儿。我们都是威尔。莎士比亚是我们众多救赎者中的一个救赎者的名字。

图书在版编目(CIP)数据

莎士比亚 / (英) 伯吉斯著；刘国云译.
— 桂林：广西师范大学出版社，2015.6 (2019.9 重印)
ISBN 978-7-5495-6355-5
Ⅰ.①莎… Ⅱ.①伯… ②刘… Ⅲ.①莎士比亚，W.(1564 ~ 1616) – 传记
Ⅳ.① K835.615.6
中国版本图书馆 CIP 数据核字 (2015) 第 021812 号

广西师范大学出版社出版发行
广西桂林市五里店路 9 号　邮政编码：541004
网址：www.bbtpress.com

出 版 人：张艺兵
责任编辑：雷　韵
装帧设计：陆智昌
内文制作：韩　凝
全国新华书店经销
发行热线：010-64284815
山东鸿君杰文化发展有限公司

开本：787mm × 1092mm　1/32
印张：12.875　字数：230千字　图片：27幅
2015年6月第1版　2019年9月第4次印刷
定价：49.00元